AF548279

GAVIN MUELLER unterrichtet Media Studies an der Universität Amsterdam im Fachbereich Neue Medien und Digitalkultur. Er promovierte an der George Mason University in Kulturwissenschaften mit einer Arbeit über Politik und Kultur von Medienpiraterie. Er schreibt u. a. für *Jacobin Magazine* und *Viewpoint Magazine*, wo er Teil der Redaktion ist.

JOSEFINE HAUBOLD studierte Anglistik und Germanistik in Dresden und Berlin. Seit 2011 arbeitet sie als freie Lektorin und Übersetzerin aus dem Englischen, unter anderem übersetzte sie Bücher von Nellie Bly, Tennessee Williams, Amanda Leduc und Rose Macaulay.

GAVIN MUELLER

MASCHINENSTÜRMER

AUTONOMIE UND SABOTAGE

AUS DEM ENGLISCHEN ÜBERSETZT VON JOSEFINE HAUBOLD

EDITION NAUTILUS

Die Originalausgabe des vorliegenden Buches erschien 2021 unter dem Titel *Breaking Things at Work. The Luddites Were Right About Why You Hate Your Job* bei Verso, London.

Edition Nautilus GmbH
Schützenstraße 49 a
D - 22761 Hamburg
www.edition-nautilus.de

Deutsche Erstausgabe September 2022
Umschlaggestaltung: Maja Bechert
www.majabechert.de
Satz: Corinna Theis-Hammad
www.cth-buchdesign.de
Porträt des Autors
auf Seite 2: © Katherine Casey

Druck und Bindung:
CPI – Clausen & Bosse, Leck
1. Auflage
ISBN 978-3-96054-307-7

Inhalt

Für meine Kinder, Finn und Eve.

Danksagungen

Die Arbeit an diesem Buch begleitete mich über zwei Kontinente hinweg, durch drei Städte, mehrere Anstellungen und Aufträge und sogar durch eine Phase der Arbeitslosigkeit. Es ist also – im Guten wie im Schlechten – ein Produkt akademischer Prekarität. Soweit ich absehen kann, wird dies auch für meine zukünftige Arbeit gelten. Ich weiß aus erster Hand, wie schwierig es ist, unter solchen Bedingungen zu produzieren: Hektische Ausbrüche von Überforderung wechseln sich ab mit Phasen lähmender Unterforderung, immer wieder wird man aus den intellektuellen und sozialen Netzwerken herausgerissen, hat das sisyphushafte Gefühl, an einem neuen Ort wieder ganz von vorne anfangen zu müssen. Man verliert Menschen aus den Augen und wird von anderen aus den Augen verloren. In einer solchen Atmosphäre können sich Pläne und Projekte leicht in Luft auflösen. Ich kann nur darüber spekulieren, welche wunderbaren Werke aufgrund solcher Bedingungen nie das Licht der Welt erblicken – ein Schicksal, das auch dieses Buch durchaus hätte ereilen können.

Dass ich es dennoch schreiben konnte, verdanke ich den Beständigkeiten und Kontinuitäten, die ich in meinem Leben herstellen konnte. An erster Stelle steht dabei meine Frau Katie. An zweiter meine langjährige Mitarbeit beim *Viewpoint Magazine*, in dem ich einen Großteil der Ansichten, die in diesem Buch zum Ausdruck kommen, konkretisiert habe: meinen Widerstand gegen teleologische Geschichtsbetrachtungen und ontologische Darstellungen von Klasse, mein Interesse an Kämpfen von unterhalb und außerhalb der offiziellen Institutionen und Ideologien der Linken. In Hinsicht auf seine theoretischen und politischen

Festlegungen nimmt dieses Buch, davon bin ich überzeugt, ebenfalls einen Standpunkt, einen »Viewpoint« ein.

Die intellektuelle Tradition des Marxismus hat sich nie auf ausgewiesene Expert*innen verlassen, sondern stützt sich auf alle möglichen selbsterklärten Theoretiker*innen, Hobby-Autodidakt*innen, auf Zine-schreibende militante Arbeiter*innen, auf eine umherziehende antinomische Bohème und, ja, auch auf den einen oder die andere Universitätsprofessor*in. Diese bunte Assemblage intellektueller Produktion, ihre kontroverse und bruchstückhafte Gesamtheit, gehört zu den Dingen, die den Marxismus für mich so spannend machen. Ich habe daher versucht, der Heterogenität der marxistischen Praktiker*innen in diesem Buch gerecht zu werden. Anders ausgedrückt: Ich habe versucht, der ketzerischen Seite des Marxismus, seinen inoffiziellen Kanälen und para-akademischen Räumen treu zu bleiben, denn trotz meiner akademischen Referenzen haben sie mich und meine Arbeit letztlich entscheidend geprägt. Und so will ich an dieser Stelle – sicherlich etwas ungewöhnlich für ein Buch über den Luddismus – meine Social-Media-Netzwerke würdigen, die diesem Buch einen unauslöschbaren Stempel aufgedrückt haben, insbesondere die Facebook-Gruppe Relaxed Marxist Discussion.

Ich möchte auch einigen Personen danken, die für die Entstehung dieses Werkes bedeutsam waren. Andrew Culp, meinem früheren Kollegen in Dallas, verdanke ich wichtige Gespräche und Unterstützung bei dem formalen Prozess der Buchveröffentlichung. Lisa Furchgott versorgte mich in einem frühen Stadium mit wichtigen historischen Quellen. Mein besonderer Dank gilt meinem Lektor bei Verso Books, Ben Mabie, der mich mit seiner Geduld und seinem Scharfsinn auf diesem Weg, wenngleich er länger war als erwartet, begleitet hat.

Einleitung

Jeff Bezos fliegt zum Mond. Zu den schwungvollen Klängen von »Mr. Blue Sky« des Electric Light Orchestra und nur wenige Blocks vom Weißen Haus entfernt enthüllte er im Mai 2019 die von seinem geheimnisvollen Unternehmen zur Erforschung des Weltalls, Blue Origin, entwickelte Mondlandefähre. In der *New York Times* verglich Kenneth Chang die von Bezos mit der Line »Ins All fliegen, um die Welt zu retten« beworbene Gala mit der Ankündigung eines neuen iPhones. »Wir bauen eine Straße ins All«, versprach der Amazon-Gründer und reichte damit der Trump-Regierung und deren eigenen Ambitionen, Astronaut*innen auf den Mond zu schicken, die Hand. »Und dann werden wunderbare Dinge geschehen.«[1] Was für Dinge? Nichts Geringeres als ein planetarer Exodus: Bezos' oft verkündete Vision von Billionen Menschen, die in Millionen riesiger zylindrischer Kolonien durchs All schweben. Es ist ein Traum, der, wie so viele Träume der Silicon-Valley-Eliten, geradewegs aus alter Science-Fiction-Literatur stammt, in diesem Fall aus dem Buch *The High Frontier: Human Colonies in Space* des Physikers Gerard O'Neill, nach dessen Veröffentlichung im Jahr 1976 der US-Kongress prompt die gesamte Förderung für die Weltraumkolonisation strich.[2]

Doch für Bezos sind Weltraumkolonien ein ernstes Geschäft. Nicht, weil sie die schwerwiegenden Krisen auf der Erde lösen könnten: Weltweite Armut und Umweltzerstörung sind schließlich bloß »kurzfristige« Probleme.[3] Doch angesichts schwindender Rohstoffvorräte ist der zukünftige technische Fortschritt auf die Förderung der Unmengen Mineralien angewiesen, die in fernen Himmelskörpern eingeschlossen sind. Die Menschheit wird diese Reise wohl oder übel mitmachen müssen.

Natürlich ist Bezos nicht der einzige Milliardär, der in großem Stil auf den Weltraum setzt. Elon Musk hat mit seinem protzigeren Unternehmen SpaceX den Mars im Visier. Auf Twitter, wo er für gewöhnlich Hof hält, enthüllte er seine Pläne, jährlich einhunderttausend Menschen auf den roten Planeten zu befördern – kostenpflichtig, versteht sich. Wer sich kein Ticket für die Reise durchs Sonnensystem leisten kann, darf einen Kredit aufnehmen und diesen in einer der außerplanetarischen Anlagen von SpaceX abarbeiten.[4] Für Musk wie für Bezos ist die Raumfahrt kein profitorientiertes Unterfangen, sondern ein Projekt, das das Vertrauen in die Zukunft wiederherstellen soll. »Wir wollen morgens aufwachen und uns vorstellen, wie wunderbar die Zukunft sein wird. Darum geht es bei einer raumfahrenden Zivilisation«, erklärte Musk 2017 beim International Astronautical Congress. »Es geht um den Glauben an die Zukunft, daran, dass die Zukunft besser sein wird als die Vergangenheit.«[5]

Nicht alle unsere Tech-Milliardäre wollen das All erkunden, doch sie alle haben etwas gemeinsam (das heißt, neben ihrer Vorliebe für Abendessen mit dem verstorbenen, Sexhandel betreibenden Finanzier Jeffrey Epstein). Sie glauben, dass die Technik den Weg in eine bessere Zukunft weist, dass der Fortschritt der Menschheit und der Fortschritt von Maschinen und Geräten das Gleiche sind. Bill Gates will mit Computern die Bildung verbessern und mit genetisch veränderten Organismen den Hunger in Afrika besiegen; außerdem fördert er einen Wettbewerb zur Entwicklung neuartiger Toiletten, um die unzureichende sanitäre Infrastruktur im globalen Süden anzugehen. (Die Bill & Melinda Gates Foundation verlieh kürzlich dem rechtsgerichteten indischen Premierminister Narendra Modi den »Goalkeepers Global Goals Award« für sein

Engagement in der Toilettenfrage.) Mark Zuckerberg ist immerhin zugutezuhalten, dass er einige der Defizite seiner eigenen Firma eingesteht. »Früher dachte ich, wenn wir den Menschen eine Stimme geben und ihnen helfen, miteinander in Verbindung zu treten, dann wird die Welt automatisch besser. In vielerlei Hinsicht ist das auch geschehen. Doch unsere Gesellschaft ist noch immer gespalten«, schreibt er in einem Post auf Facebook – wo sonst. »Mittlerweile glaube ich, dass wir die Verantwortung haben, noch mehr zu tun. Es genügt nicht, die Menschen einfach nur miteinander zu verbinden, wir müssen auch daran arbeiten, sie einander näher zu bringen.«[6] Zuck, der noch nie für übermäßig kreatives Denken bekannt war, meint also, dass sich die durch Facebook geschürten Probleme lösen ließen: mithilfe von, nun ja, noch mehr Facebook.

Peter Thiel, ehemals Vorstandsmitglied von Facebook und Musks früherer Geschäftspartner bei PayPal, heute Risikokapital-Anleger mit einer Vorliebe für extrem rechte libertäre Politik, zieht zur Erklärung seines Glaubens an die Technik gar das Übernatürliche heran: »Was uns Menschen von anderen Tieren unterscheidet, ist unsere Fähigkeit, Wunder zu vollbringen. Diese Wunder nennen wir *Technologie.*«[7] Seine Begeisterung für die Versprechungen von Technologien wie der künstlichen Intelligenz und Maßnahmen zur Lebensverlängerung ist so groß, dass ihm alle verdächtig sind, die sie nicht teilen. Den Retro-Geschmack von »Hipstern« vergleicht er mit der »pessimistische[n] Haltung gegenüber der Technologie«[8] des Unabombers Ted Kaczynski.

In etwas abgeschwächter Tonlage erklärt uns der Harvard-Psychologe und Mitflieger in Epsteins Lolita-Express-Privatjet Steven Pinker, der so etwas wie einen Dr. Pangloss von Davos darstellt, dass es uns noch nie so gut ging wie heute. In seinem Buch *Enlightenment Now* (2018; dt.

Aufklärung jetzt: Für Vernunft, Wissenschaft, Humanismus und Fortschritt) prangert er die »Furcht vor dem Fortschritt« an, eine Krankheit, verursacht durch liberale Intellektuelle, die ihren jungen Schützlingen Adorno und Sartre zu lesen geben.[9] Doch selbst als bekennender Säkularist kann Pinker, wie auch Thiel, nicht umhin, nach dem Kosmischen zu greifen. »Auch wenn ich allergisch auf Schlagworte wie historische Zwangsläufigkeit, kosmische Kräfte oder die ausgleichende Gerechtigkeit der Geschichte reagiere, scheinen einige Formen des sozialen Wandels tatsächlich durch eine unwiderstehliche tektonische Kraft in Gang gesetzt zu werden.«[10] Diese Kraft ist womöglich genau jenes Milieu, das seine Bücher kauft, denn Pinker bemüht sich redlich, »Technophilanthropen«, Informationstechnologie, Smartphones, Onlinebildung, Mikrofinanzierung und – auf die Gefahr hin, mich zu wiederholen – Bill Gates persönlich zu feiern, dessen überschwängliches Lob das Cover des Buchs ziert. Statistiken, die die zunehmende gesellschaftliche Ungleichheit belegen, schiebt Pinker beiseite und warnt stattdessen seine Leser*innen vor den Feinden des Fortschritts – Umweltschützern, Marxisten, Populisten und Linken: »Der Eindruck, die moderne Ökonomie gebe den meisten Leuten das Nachsehen, befördert eine [ludditische] Politik«, mahnt er.[11]

Obwohl der technologische Optimismus der Milliardär*innen aus der politischen Mitte und Rechten kommt, findet er sich auch auf Seiten der radikalen Linken, wo sogenannte Akzelerationist*innen sich einen vollautomatisierten Luxuskommunismus auf Grundlage der wildesten Fantasien von Silicon-Valley-Geschäftsleuten erhoffen und die selbsternannte »prowissenschaftliche Linke« die logistische Organisation der ausbeuterischsten Unternehmen des Planeten abfeiert. Die Akzelerationist*innen folgen, wie sie selbst oft genug betonen, einer verbreiteten Sichtweise innerhalb der marxistischen Tradition. Historisch gesehen waren Marxist*innen nicht grundsätzlich kritisch gegenüber Technik, selbst wenn diese am Arbeitsplatz in einer Weise eingesetzt wird, die nachteilig für die Arbeiter*innen scheint. Für viele von ihnen ist Technik im schlimmsten Fall neutral: Es geht nicht um die Technik an sich, sondern darum, wer sie kontrolliert – die Arbeiter*innen oder das Kapital. Und für einige von ihnen ist Technik, selbst wenn sie von den Kapitalisten eingesetzt wird, ein Segen für den Sozialismus, da sie die Bedingungen für einen radikalen Wandel direkt unter den Augen der Bosse schafft. Das heißt, eine sozialistische Bewegung sollte die technische Entwicklung, selbst wenn diese kurzfristig gesehen negative Konsequenzen hat, als etwas Positives betrachten.

Ich stimme weder den Milliardär*innen zu noch den pro-technischen Marxist*innen, die meiner eigenen politischen und theoretischen Perspektive viel näher stehen. Meiner Ansicht nach spielt die Technik oft eine schädliche Rolle im Arbeitsleben und in den Kämpfen um dessen Verbesserung. Die technische Entwicklung führt zur Akkumulation ungeheuren Reichtums und damit von Macht auf Seiten derer, die die Arbeiter*innen ausbeuten. Im Gegenzug schränkt sie die Autonomie der Arbeitenden ein – ihre Möglichkeiten, sich gegen ihre Ausbeuter zu organisieren. Sie beraubt die Menschen des Gefühls, dass sie ihr Leben selbst kontrollieren, die Bedingungen ihrer Welt selbst bestimmen können. Wer sich für das Schicksal dieser Menschen interessiert und sich zu denjenigen zählt, die eine gerechtere Zukunft wollen, als das gegenwärtige System bieten kann, sollte nicht nur kritisch gegenüber der Technik sein, sondern auch die Momente würdigen, in denen die Menschen, insbesondere die arbeitenden Menschen, sich ihr entgegenstellen.

Damit will ich sagen, dass dies ein Buch über den Luddismus ist. Es ist kein Buch über die Luddit*innen, auch wenn ich diese im ersten Kapitel behandle. Vielmehr interessiere ich mich für die Politik hinter jener Bewegung, die von den Weber*innen im England des 19. Jahrhunderts ausging – eine Politik, die eine militante Haltung gegenüber der von den Frühkapitalisten unternommenen technischen Neuorganisierung der Arbeit einnahm. Die Luddit*innen glaubten, dass neue Maschinen ihnen die Lebensgrundlage rauben und ihre Gemeinschaften zerstören würden, und dass es daher eine wirksame Strategie war, sie direkt zu bekämpfen. Ich denke, dass diese Perspektive nicht nur die gegenwärtigen Debatten über Arbeit und die Zukunft der Wirtschaft voranbringen kann, sondern auch ein besseres Verständnis davon liefert, wie der Luddismus die Arbeiterbewegungen bis zum heutigen Tag durchzieht. Er ist, wie wir sehen werden, der unbändige, wenn auch noch weitgehend unbewusste Geist an den Arbeitsplätzen des 21. Jahrhunderts.

Eines meiner Ziele, die ich mit diesem Buch verfolge, ist es, Marxist*innen zum Luddismus zu bekehren. Dies werde ich auf zwei Weisen in Angriff nehmen: Als erstes lege ich im Rückgriff auf Marx selbst eine Denkrichtung in der marxistischen Theorie frei, die zeigen wird, dass der Luddismus mit dem Marxismus intellektuell kompatibel ist. Doch dies ist nicht bloß ein philosophisches Unterfangen. Vielmehr muss sich die marxistische Theorie an der Geschichte messen lassen, an den tatsächlichen Praktiken von Arbeiter*innen – die sowohl die Theorien von Marx als auch die der besten Marxist*innen nach ihm inspiriert haben. Außerdem erinnere ich an wichtige Kämpfe, in denen sich Arbeiter*innen nicht nur gegen ihre Klassengegner (in der Person von Chefs und Managern), sondern auch gegen die in diesem Kampf eingesetzten Maschinen richteten. Mein Argument läuft darauf hinaus: Um gute Marxist*innen zu sein, müssen wir auch Luddit*innen sein.

Doch ich will nicht nur Marxist*innen zu Luddit*innen machen, sondern habe auch noch ein weiteres Ziel: Ich will Menschen, die der Technik und Technologie kritisch gegenüberstehen, zu Marxist*innen machen. Wenn die herrschenden Ideen einer Gesellschaft, wie Marx sagt, die Ideen der herrschenden Klasse sind, dann müsste der Techno-Optimismus in unserer Gesellschaft ganz oben auf dieser Liste stehen. Und dennoch sind unsere Milliardär*innen und deren Ivy-League-Anhängerschaft nicht zufrieden. Ihr offensiv-fröhliches Eintreten für den Optimismus selbst kann nicht darüber hinwegtäuschen, dass unter denen, die nicht über astronomischen Reichtum verfügen, eben dieser technologische Optimismus schwindet. Wir wenden uns zunehmend gegen die Technik, die unsere Arbeit und Freizeit durchdringt, und ich glaube, dass darin machtvolle politische Möglichkeiten liegen – aber nur, wenn diese Perspektive an eine umfassendere Kritik des sozialen und ökonomischen Systems anschließt, in dem wir leben: dem Kapitalismus. Die marxistische Theorie liefert viele wichtige Werkzeuge zum Verständnis der Funktionsweise des Kapitalismus sowie der Möglichkeiten zu dessen Veränderung – Werkzeuge, die ich gerne mit Menschen teilen will, die sich selbst vielleicht nicht als Marxist*innen bezeichnen würden. Ich hoffe sogar, dass dieses Buch Menschen erreicht, die keine besondere Kenntnis von marxistischer Theorie besitzen. Vielleicht wird es eure Einführung in eine intellektuelle Tradition, so reich, so vielfältig und so schillernd, wie mir noch keine andere begegnet ist.

Ein großer Teil unserer gegenwärtigen Technologiekritik entspringt, ob wir es uns eingestehen oder nicht, einem romantischen Humanismus, der Vorstellung, dass die Technik uns von einem wesentlichen Teil unseres Selbst abgeschnitten hat, dass sie uns von dem entfremdet, was uns wirklich zu Menschen macht. So fordert etwa die

Sozialwissenschaftlerin und einflussreiche Technologiekritikerin Sherry Turkle, wir sollen »uns das Gespräch zurückerobern« von unseren Smartphones, die uns von dem »echten, menschlichen Teil« unserer Existenz entfremden, indem sie uns ein Leben in einer bequemen und kuratierten Realität ermöglichen.[12] Ähnlich beschließt Tim Wu seine faszinierende Geschichte der Reklame, *The Attention Merchants*, mit einem, wie er es nennt, »menschlichen Rückgewinnungsprojekt«, um unsere Aufmerksamkeit vor den Techniken und Technologien des werbegesteuerten Internets zu schützen. Wu preist dafür Praktiken wie das »Unplugging« als Anfänge eines größeren Unterfangens, »uns unsere Aufmerksamkeit wieder zu eigen zu machen und so die eigentliche Erfahrung des Lebens wieder in Besitz zu nehmen«.[13] In den Klagen von Turkle und Wu vernehmen wir ein leises Echo Martin Heideggers, der kritisierte, dass die Technik uns aufgrund ihres entzaubernden und instrumentalisierenden Charakters von der mystischen Erfahrung des Seins entfremde.[14]

Selbst wenn ich an eine universelle Essenz des Menschlichen glaubte (was offen gestanden nicht der Fall ist), würde es nicht genügen, diese einfach zurückzuerlangen. Das Problem mit der Technik ist nicht, dass sie uns vom Sein oder von einer authentischen Erfahrung entfremdet. Schließlich ist das ein Problem, für das die Techfirmen uns gerne die Lösung verkaufen: Google und Apple haben jeweils eigene »Wohlfühl«-Dienste entwickelt, mit deren Hilfe Nutzer*innen ihre Bildschirmzeit einschränken können.[15] Das grundlegende Problem mit der Technik ist vielmehr ihre Rolle bei der Reproduktion von Hierarchien und Ungerechtigkeiten, die den meisten von uns durch Unternehmer*innen, Chef*innen und Regierungen aufgezwungen werden. Mit anderen Worten: Das Problem mit der Technik ist ihre Rolle im Kapitalismus. In diesem Buch will ich zeigen, wie Technik, die vom Kapitalismus entwickelt wurde, dessen Ziele vorantreibt: Sie zwingt uns, mehr zu arbeiten, sie schränkt unsere Autonomie ein, und wenn wir uns zum Widerstand organisieren, bremst sie uns aus und spaltet uns. Ein erfolgreicher Klassenkampf muss sich daher zwangsläufig gegen die bestehenden Maschinen richten, und ich dokumentiere Fälle, in denen er genau das getan hat.

Damit erteile ich politischen Bewegungen nicht einfach den Ratschlag, loszuziehen und Maschinen zu zerstören. Vielmehr versuche ich zu zeigen, dass die *Arbeiter*innen selbst* im Kampf wiederholt zu Luddit*innen geworden sind. Dies galt für die selbsternannten Anhänger*innen von King Ludd im frühen 19. Jahrhundert, und es gilt ebenso für Arbeiter*innen in allen Jahrzehnten seither. Es gilt sogar für einige der technisch versiertesten des Computerzeitalters. Wenn es eine Sache gibt, die Marxist*innen tun sollten, dann ist das, die Geschichte vergangener Kämpfe zu studieren und von ihnen zu lernen, die Stimmen der vergangenen Bewegungen wiederzuentdecken, damit sie die heutigen Bewegungen inspirieren. Unsere Theorie sollte ihre Form aus diesen Kämpfen gewinnen, anstatt sie von oben herab zu belehren und zu schelten.

Als ich die Arbeit an diesem Buch begann, war mein Standpunkt nicht besonders populär. Der Akzelerationismus mit seinem Glauben, dass die exponenzielle technische Entwicklung die politischen und sozialen Verwerfungen unserer Zeit überwinden könne, stand bei Linken wie Rechten in höchster Blüte. Die Verheißung lautete auf einen kybernetischen Sprung heraus aus dem neoliberalen Trübsinn. Doch die Tendenz hat sich gewandelt. Nach der Wirtschaftskrise 2016 haben weniger Menschen denn je Vertrauen in die Zukunft, und noch weniger glauben an die heilsame Wirkung der neuesten Entwicklungen in digitalen Netzwerken, Automatisierung oder künstlicher Intelligenz. »Twitter-Revolutionen« im Nahen Osten wurden dem Erdboden gleichgemacht. Die billigen Roller der sogenannten Sharing-Economy verstopfen unsere Straßen, und auf dem Instagram-Account »Bird Graveyard« feiern wir kollektiv deren Zerstörung. Es gibt einen spürbaren Anstieg ludditischer wie antikapitalistischer Stimmungen. Wie die folgenden Kapitel zeigen werden, ergänzen diese Haltungen einander und stellen dabei den Schlüssel zur Zukunft radikaler Politiken bereit.

1

Die Legende von King Ludd

Im zweiten Jahrzehnt des 19. Jahrhunderts stand die Britische Krone unleugbar vor einem Problem. Unzufriedene Weber*innen, Tuchrauher*innen und andere Textilarbeiter*innen befanden sich schon seit Längerem im Aufstand gegen Eigentum und Staat. Im Mittelpunkt des Streits stand eine neue Art von Maschinen – der Strumpfwirkerstuhl, die Rauhmaschine und der Scherrahmen –, die Tuche in einem Bruchteil der zuvor benötigten Arbeitszeit herstellen und veredeln konnten und damit gelernte Handwerker*innen zu Akkordarbeiter*innen degradierten. Die Löhne fielen und Hunger brach aus. Tausende Menschen waren durch diese Umwälzungen in ihrem Lebensunterhalt bedroht.

Einige dieser Technologien waren schon lange in England und Frankreich im Einsatz, wo sie immer wieder den Zorn der Arbeiter*innen auf sich gezogen hatten. Insbesondere Tuchrauher*innen hatten es auf die Rauhmaschinen abgesehen: Gegen Ende des 18. Jahrhunderts waren mehrere solcher Maschinen in Leeds öffentlich zerstört worden. (Bei den darauffolgenden Untersuchungen gelang es der Obrigkeit bezeichnenderweise nicht, Zeug*innen dieser Ereignisse ausfindig zu machen.) In einigen Fällen beriefen sich Weber*innen erfolgreich auf frühere Entscheidungen der Regierung, die ihre Erwerbsarbeit zur Sicherung des Lebensunterhalts vor der Technik schützen sollten. Doch die Lage hatte sich seitdem rapide geändert. Das britische Parlament war mit den Kriegen gegen Napoleon beschäftigt und hatte wenig Geduld mit den Forderungen renitenter Handwerker*innen. Die neuen *Combination Acts* von 1799 und 1800, die Gewerkschaftstätigkeiten verbaten, schränkten die kollektiven Aktionen der Tuchweber*innen stark ein. Die Fabrikbesitzer nutzten die Gelegenheit und verstärkten ihre Bemühungen, Maschinen einzuführen und die Löhne zu senken. Als sich die Spannungen verschärften, änderten die Arbeiter*innen ihre Strategie.

1811 und 1812 wurden Hunderte neue Maschinen in Dutzenden koordinierten, heimlichen Aktionen und unter der Ägide eines mythischen Anführers namens »Ned Ludd« zerstört. Neben ihren berüchtigten Überfällen führten die sogenannten Luddit*innen lautstarke öffentliche Kundgebungen durch, zettelten Krawalle an und bestahlen immer wieder Fabriken – Aktionen, die von einem verblüffenden Ausmaß organisierter Militanz gekennzeichnet waren. Ihre Politik nahm jedoch nicht nur die Form gewaltsamer Aktionen an, sondern wurde auch von umfangreichen dezentralen Briefkampagnen begleitet. Dabei wurden lokale Industrielle und Regierungsvertreter angeschrieben – und manchmal auch bedroht – und Reformen gefordert, wie etwa höhere Mindestlöhne, die Beendigung der Kinderarbeit und die Einführung von Qualitätsstandards für Tuchwaren. Die politischen Aktivitäten der Luddit*innen brachten ihnen die Sympathien ihrer Gemeinschaften ein, deren breite Unterstützung die Identitäten der Aktivist*innen vor der Obrigkeit schützte. Auf dem Höhepunkt ihrer Aktivität attackierten und zerstörten disziplinierte Banden maskierter Luddit*innen in Nottingham zwischen November 1811 und Februar 1812 fast jede Nacht Maschinen. Fabrikbesitzer waren verängstigt. Die Löhne stiegen.

Der Aufstand der Weber*innen drohte sich mit anderen verbotenen, regierungsfeindlichen Strömungen, wie etwa den Jakobinern, zu verbinden. Tatsächlich wurde mindestens ein Brief der Luddit*innen mit dem Namen des kurz zuvor verstorbenen republikanischen Schriftstellers Thomas Paine unterschrieben. Immerhin war nun die Aufmerksamkeit des Parlaments geweckt. Es entsandte Soldaten ins ganze Land, um die Gewalt einzudämmen, und erließ neue Gesetze, die die Zerstörung von Maschinen zu einem Kapitalvergehen erklärten. Der Dichter Lord Byron prangerte in seiner ersten Rede im Parlament diese Maßnahmen gegen den ludditischen »Mob« an. »Sie können das Volk als Mob bezeichnen, aber vergessen Sie dabei nicht, dass der Mob nur allzu oft die Gefühle des Volkes zum Ausdruck bringt«, mahnte er.[1] Wie um Byrons Aussage zu bestätigen, trauten sich Besitzer kleinerer Fabriken oftmals nicht mehr, neue Maschinen einzuführen. Das hieß auch, dass die Besitzer der größeren Fabriken, die diese weiterhin benutzten, damit rechnen mussten, zur Zielscheibe zu werden.

Einer dieser Fabrikbesitzer war William Cartwright, der auf den unvermeidlichen Angriff der Luddit*innen vorbereitet war. Am Abend des 9. April 1812 hatten diese einen Überfall auf den riesigen Fabrikkomplex in Horbury unternommen, der Joseph Foster gehörte. Dafür hatten sie Hunderte von Menschen zusammengetrommelt, die zuerst Fosters Söhne unblutig in Gewahrsam nahmen, bevor sie das Gebäude zerstörten und niederbrannten. Cartwright würde nicht so ein einfaches Ziel abgeben. Er hatte seine Fabrik gesichert und sich mit einigen Milizionären darin verschanzt. Als die Luddit*innen am 11. April vordrangen und sich daran machten, das Tor mit Hämmern aufzuschlagen, eröffneten er und seine Männer das Feuer. Nach einem Schusswechsel flohen die Luddit*innen, wobei sie zwei Verwundete zurückließen, die später ihren Verletzungen erlagen. Trotz eingehender Kontrollen und Ermittlungen konnte niemand der Angreifer*innen identifiziert werden, ebenso wenig wie nach einer Reihe von Attentatsversuchen (einer davon erfolgreich) auf Fabrikbesitzer Ende April.

Doch schließlich zeigten Spionage und Razzien ihre Wirkung, und im Januar 1813 konnten die Behörden mehrere mutmaßliche Luddit*innen von hohem Rang identifizieren, verhaften und hinrichten. Die ausgeprägteste Phase der Maschinenstürmerei ebbte daraufhin rasch ab. Doch die Bewegung lebte im Untergrund fort, gestärkt durch eine machtvolle Mythologie und ihre geschichtsträchtige Konfrontation mit dem verhassten Staat. Gelegentliche Ausbrüche von Maschinenstürmerei fanden über Jahre immer wieder statt. Es war diese Beständigkeit, die Lord Byron 1816 in seinem Lobgesang »Song for the Luddites« (»Gesang der Ludditen«) beschrieb, in dem er die Bewegung als heroisch zum Scheitern verurteilt darstellte, aber auch hervorhob, dass sie die Grundlagen für künftige emanzipatorische Kämpfe schuf. Das von den Luddit*innen vergossene Blut war »doch gleichwol der Thau für den Baum / Der Freiheit, den Menschen beglückendsten Traum, / Den pflanzte der König, der treffliche Lud«.[2] Dieser mythische, untergründige Ruf begleitet die Luddit*innen bis in die heutige Zeit; so schreibt etwa E. P. Thompson: »[B]is heute sperrt sich der Luddismus gegen die völlige Preisgabe seiner Geheimnisse.«[3]

Trotz Byrons Bemühungen verfuhr die Geschichte nicht gnädig mit den Luddit*innen. Ihr militanter Widerstand gegen Maschinen wurde meist als eine Art von Technikfeindlichkeit interpretiert. Und weil ihre Rebellion in die Anfangszeit der Massenproduktion fiel, wurden sie zum Synonym für eine irrationale Angst vor dem unvermeidlichen Fortschritt. Technologiekritiker*innen lehnen entweder performativ das ludditische Erbe ab oder bekennen sich zu ihren ungebührlichen Sympathien. »Ich bin kein Luddit«, beteuert der technologieinteressierte Autor Andrew Keen, als er seine Abneigung gegen die Sozialen Medien erklärt,[4] während sich das Bekenntnis zum Luddismus unter Pädagog*innen, Musiker*innen und sogar Informatiker*innen als Essay-Genre etabliert hat.[5]

Gerade ihre Assoziation mit Technikfeindlichkeit bescherte den Luddit*innen manch lautstarke Fürsprache. »Ist es okay, Luddit zu sein?«,[6] fragte Thomas Pynchon 1984, und in den 1990er Jahren entstand die sogenannte Neo-Ludditen-Bewegung, ein loser Zusammenschluss von Gesellschaftskritiker*innen und radikalen Umweltschützer*innen, die sich gegen die modernen Technologien wandten. Auch wenn sie in ihrem Manifest behaupteten, nicht gegen Technologie als solche zu sein, zeigte ihre Ablehnung von Gentechnik, Fernsehen, Computern und »elektromagnetischen Technologien«, dass die Neo-Luddit*innen sich einer zivilisationsfeindlichen anarcho-primitivistischen Politik verpflichtet fühlten.[7] Seltsame Ausfälle, wie etwa die Identifikation mit dem Unabomber Ted Kaczynski[8] und die Liebäugelei des prominenten Neo-Ludditen-Sprechers (und Autors einer eindrucksvollen Geschichte der Luddit*innen) Kirkpatrick Sale mit Sezessionsbewegungen in den USA[9] lassen die Bewegung letztendlich eher verschroben wirken.

Mythen sind ihrer Natur nach flexibel und unbestimmt. Und tatsächlich eigneten sich die Luddit*innen schon zu ihrer Zeit eine mythische Gestalt an, indem sie sich auf einen imaginären König beriefen. Diese Konstruktion eines Mythos, gebunden an ein kollektives Subjekt, ist einer der Gründe dafür, dass der Kampf der Luddit*innen auch zweihundert Jahre später noch sprichwörtlich ist. Dem Medientheoretiker Marco Deseriis zufolge lag die rhetorische Stärke der Luddit*innen in der Verknüpfung vormals lose zusammenhängender Kämpfe zu konkreten Praktiken und Narrativen, was er als »Assemblage of Enunciation«, »gesammelte Artikulation« bezeichnet: »ein Netzwerk aus pragmatischen Handlungen und semiotischen Ausdrücken, die miteinander verbunden, aber auch relativ autonom sind.« Die Funktion des »uneigentlichen Namens« von Ned Ludd besteht laut Deseriis gerade darin, »sich der Fixierung zu entziehen, indem er eine Vielzahl von Verwendungen einschließt, die sich nicht ohne Weiteres auf eine einzige reduzieren lassen«.[10]

Letztendlich waren die Luddit*innen nicht die Ersten, die Angriffe auf industrielle Produktionen organisierten: Insbesondere der Strumpfwirkerstuhl war schon Jahrzehnte früher zum Ziel von Attacken geworden, so dass das britische Parlament 1788 ein Gesetz zum Schutz dieser Maschinen verabschiedet hatte. Nicht nur die Reichen und Mächtigen sahen in den Maschinen eine Methode zur Anhäufung von Macht, sondern auch die arbeitenden Klassen, über die sie diese Macht ausüben wollten. Und so war die Einführung von Maschinen immer auch von deren Zerstörung und Sabotage begleitet. Marx verweist darauf, dass Revolten gegen wind- und wasserkraftbetriebene Maschinen sich bis ins frühe 17. Jahrhundert zurückverfolgen lassen.[11] Industriemaschinen erregten besonderen Zorn, da sie nicht nur traditionelle Lebensweisen zerstörten, sondern auch die Arbeiter*innen brutal zermürbten. Die großen Albion Mills in London, von denen William Blake sich vermutlich zu seiner Zeile über die »dark satanic mills« (also die »dunklen teuflischen Mühlen«) inspirieren ließ, brannten 1791 bis auf die Grundmauern nieder – möglicherweise durch Brandstiftung der dort beschäftigten Arbeiter*innen, die das Feuer vom Ufer der Themse aus bejubelten und die Hilfsgesuche der Behörden zur Brandbekämpfung ignorierten. Die Satiriker*innen dieser Zeit waren schnell dabei, die Feiernden als gefährliche Radikale und Anhänger*innen veralteter Technik zu bezeichnen.[12] Als 1805 in Frankreich der Jacquard-Webstuhl vorgestellt wurde, versuchten französische Seidenweber*innen, seinen Erfinder zu ermorden und das Gerät in Lyon öffentlich zu zerstören.[13] Nach der kurzen Blütezeit der englischen Ludditenaufstände ging die Zerstörung von Maschinen und Fabriken in Frankreich, in den Vereinigten Staaten (wo eine Reihe von Textilfabriken vermutlich durch Brandstiftung in Flammen aufging) sowie in Schlesien und Bayern weiter.[14]

Angesichts einer Geschichte, die voll ist von Arbeiter*innen, die Maschinen zerstören, stellt sich die Frage, weshalb ausgerechnet die Luddit*innen bis heute den längsten Schatten werfen. Es kann nicht nur daran liegen, dass sie neben anderem auch einen guten Erzählfaden zu spinnen wussten. Schließlich mobilisiert die Krone nicht Tausende von Soldaten, bloß um einen Mythos zu zerstören. Es ist die Kraft ihres Kampfes, sowohl in der Literatur als auch in ihren historischen Errungenschaften, die den Luddit*innen so große Bedeutung verleiht. E. P. Thompson versuchte zwar, sie durch einen Akt radikaler Sympathie vor der »ungeheuren Arroganz der Nachwelt zu retten«, räumte allerdings ein, dass die militanten Reaktionen gegen den Industrialismus »unter Umständen [...] tollkühn [waren]. Aber sie waren es, die diese Zeit akuter sozialer Unruhen erlebten, und nicht wir.«[15] Ich bewundere Thompson dafür, dass er die Luddit*innen aus ihrer historischen Situation heraus zu verstehen vermag, anstatt sie als bloßes Hindernis auf dem Weg in unsere unvermeidliche Gegenwart zu betrachten.

Doch wir können noch weiter gehen. Die Geschichte hat zwar eine Form, aber diese lässt sich nicht vorhersagen, schon gar nicht vorherbestimmen mit den uns zur Verfügung stehenden Werkzeugen und Techniken. Marx zufolge erhält die Geschichte ihre Form durch die Kämpfe derer, die an ihr teilhaben. Dass die Luddit*innen letzten Endes erfolglos blieben, ist kein Schuldurteil: Schließlich ist der endgültige Erfolg ein schlechtes Kriterium, um eine

Handlung im Vorfeld oder während sie passiert zu beurteilen. Und wie ich außerdem zu zeigen hoffe, war der Luddismus keineswegs völlig zwecklos. Unsere Geschichte ist auch die Geschichte der Luddit*innen, und ihre Erkenntnis – dass Technik politisch ist und man sich ihr entgegenstellen kann und oft auch sollte – hat sich durch alle möglichen militanten Bewegungen bis in die Gegenwart erhalten. Von dieser Tradition können selbst die technophilsten Radikalen von heute vieles lernen.

Es muss jedoch festgehalten werden, dass der Widerstand der Luddit*innen gegen Maschinen nicht bloß einer schlichten Technikfeindlichkeit entsprang. Wie Sale feststellt, waren viele von ihnen Weber*innen oder andere gelernte Textilarbeiter*innen, die mit ihren eigenen komplizierten Werkzeugen arbeiteten.[16] Ihre Revolte richtete sich nicht gegen Maschinen an sich, sondern gegen die Industriegesellschaft, die ihre Lebensweise bedrohte und deren Hauptwaffen die Maschinen waren. Zu behaupten, dass sie gegen Maschinen kämpften, ist ungefähr so sinnvoll wie zu sagen, dass ein Boxer gegen Fäuste kämpft. Wie Sale ausführt, richtete sich die Rebellion der Luddit*innen nie nur gegen die Technik, sondern »gegen das, wofür die Maschinen standen: den greifbaren, täglichen Beweis dafür, dass sie Kräften unterworfen waren, die sich ihrer Kontrolle entzogen«.[17]

Die Maschinenstürmerei war nur eine von vielen Praktiken, die die Luddit*innen anwendeten. Sie war Teil einer umfassenderen Strategie zur Stärkung der Arbeitermacht und richtete sich nur gegen die kompromisslosesten Fabrikbesitzer.[18] Die Weber*innen beriefen sich auch auf King Ludd, als sie versuchten, kollektiv Akkordlöhne auszuhandeln, die zum Leben reichten, ebenso wie in ihren Forderungen nach Entschädigung, die sie an die Regierungsbehörden richteten. In einem Brief an das Home Office aus dem Jahr 1812, der mit »Ned Lud's Amt, Sherwood Forest« unterzeichnet war, hieß es, »alle Maschinen, gleich welcher Art, deren Arbeiter nicht in der gültigen Münze des Königreichs entlohnt werden, werden ausnahmslos zerstört«, wobei zugleich gelobt wurde, die Maschinen kompromissbereiter Besitzer zu schützen.[19]

In einer Neubewertung der Beweggründe der Luddit*innen für die Maschinenstürmerei beschreibt der Historiker Eric Hobsbawm diese als »Tarifverhandlungen mittels Randale«. Für Hobsbawm lag »der Wert dieser Praxis auf der Hand, sowohl als Mittel, um Druck auf die Unternehmer auszuüben, als auch um die unerlässliche Solidarität der Arbeiter untereinander zu gewährleisten«.[20] Maschinenstürmerei war eine Waffe von vielen, doch darüber hinaus erfüllte sie auch einen weiteren Zweck: den Aufbau eines gemeinschaftlichen Kampfes. Hobsbawm hält diese Praxis im Kontext des frühen 19. Jahrhunderts für vollkommen angemessen. »In diesen vorsozialistischen Zeiten war die Arbeiterklasse eine Masse, keine Armee«, schreibt er. »Aufgeklärte, geordnete, bürokratische Streiks waren unmöglich.«[21]

Hier verweist Hobsbawm auf das wichtigste Element der Luddit*innen: Seine Analyse lenkt die Diskussion weg vom donquichotischen Ergebnis der Bewegung und hin zur Betonung der *Klassenzusammensetzung*. Das Konzept der Klassenzusammensetzung, ein Versuch, Klasse sowohl in ihrer wirtschaftlichen als auch in ihrer politischen Dimension zu erfassen, wurde von italienischen Theoretikern wie Raniero Panzieri, Sergio Bologna und Mario Tronti entwickelt. Ziel war es, die neuen Formen des Widerstands der jugendlichen »Massenarbeiter*innen« zu erklären, die durch die Einführung neuer Maschinen in den Fabriken degradiert wurden.[22] Die Klassenzusammensetzung ist also eine Absage an die Vorstellung von Klasse als gegebene empirische Kategorie – wie man sie etwa in einem Soziologie-Lehrbuch antrifft, wo die Klasse einer

Person einfach mittels Beruf oder Einkommen bestimmt wird. Klasse im marxistischen Sinn bildet sich vielmehr durch den Kampf. Die Autor*innen der Zeitschrift *Zerowork* formulierten es in den 1970er Jahren so: »Für uns, wie schon für Marx, definiert sich die Arbeiterklasse durch ihren Kampf gegen das Kapital und nicht [nur] durch ihre Funktion in der Produktion.«[23]

Nach Hobsbawms Einschätzung muss die Aktivität der Luddit*innen im Hinblick auf die bestehende technische Zusammensetzung der Arbeiterklasse verstanden werden; so waren die Arbeiter*innen noch nicht in einer disziplinierten Masse organisiert, sondern arbeiteten meist in ihren eigenen Häusern und Werkstätten, oft mit eigenen Werkzeugen. Durch die räumliche Trennung und das Fehlen etablierter Organisationen wurden die Beziehungen zu Arbeitgeber*innen häufig durch individuelle Vereinbarungen ausgehandelt, so dass sie nicht die Militanz an den Tag legen konnten, wie wir sie von den späteren Gewerkschaften der Massenarbeiter*innen kennen. Doch Hobsbawm legt noch Weiteres nahe: dass sich die Luddit*innen durch die Zerstörung von Maschinen *selbst als Klasse zusammensetzten*, indem sie untereinander solidarische Beziehungen schufen.

Dabei geht es nicht – in der Hegel'schen Fortführung von Marx' Analyse – um den Begriff einer empirischen »Klasse an sich«, die sich in eine politisierte »Klasse für sich« verwandelt – Begriffe, die Marx selbst übrigens nie verwendet hat. Der Historiker Salar Mohandesi bemerkt, dass Autor*innen wie etwa Thompson dieses Vokabular zwar benutzen, um Klasse jenseits einer vulgärökonomischen Reduktion zu erklären, dass dabei jedoch einerseits wenig Raum für das plötzliche Aufkommen von Kämpfen bleibt und diese Kämpfe andererseits zu eng an eine bestimmte kulturelle Lebensweise gebunden sind.[24] Stattdessen können wir die Aktionen der Luddit*innen und andere

Fälle von Maschinenstürmerei auch als *Praktiken der politischen Zusammensetzung* betrachten. Die Arbeiter*innen werden entsprechend ihrer technischen Zusammensetzung organisiert und ausgebeutet; sie entwickeln in der Folge die Kampfformen, die zur Überwindung ihrer Spaltung und zur Bekämpfung ihrer Ausbeutung notwendig sind.

Im Fall der Luddit*innen handelte es sich um weitgehend unabhängige Arbeiter*innen, die sich gegen ihre Eingliederung in die Fabriken wehrten und dabei zugleich für den Erhalt anderer Elemente ihrer Lebensweise und ihrer Gemeinschaften kämpften. Sie konnten sich nicht selbst so zusammensetzen, wie es die Massenarbeiter*innen konnten, und sie beschränkten ihren Kampf nicht auf den Arbeitsplatz. Stattdessen setzte sich die Klasse um ein kollektives mythisches Subjekt zusammen – King Ludd – und entwickelte Praktiken der Geheimhaltung und Solidarität, um den Kampf aufrechtzuerhalten und die unmittelbar daran Beteiligten zu schützen. Diese Praktiken reichten von geheimen Schwüren und Verschwiegenheitsverpflichtungen – so konnten die Behörden die Luddit*innen nur schwer dazu bringen, ihre Kamerad*innen zu verraten – bis hin zu literarischen Praktiken wie dem Verfassen von Liedern, Gedichten und Briefen. Die organisierten Angriffe und die Zerstörung von Fabrikmaschinen waren keine isolierten Strategien, sondern die eigentliche Textur des Kampfes, das Gewebe, das die Weber*innen als Klasse zusammenhielt. Es war eine Praxis der Solidarität.

Genau diesen Punkt greift der Arbeitshistoriker Peter Linebaugh in seiner Schrift *Ned Ludd and Queen Mab* auf. Linebaugh sieht in der Politik der Maschinenstürmerei eine Form der Solidarität – ein Mittel zur Klassenzusammensetzung – und verknüpft so eine Vielzahl getrennter, aber zeitgleich stattfindender Kämpfe, die mit der Offensive der ursprünglichen Akkumulation im frühen 19. Jahrhundert zusammenhängen. Der Kapitalismus wurde auf Basis einer Reihe von weltweiten Einhegungen errichtet, ein zerstörerischer Prozess der Ordnung und Disziplinierung des Lebens und der Mittel zu dessen Erhaltung. »Die Welt wurde eingehegt«, schreibt Linebaugh. »Das Leben wurde abgeschottet, die Menschen eingeschlossen.«[25] Die Luddit*innen, die sich gegen die Einhegung ihrer Fähigkeiten durch »Maschinen, die der Allgemeinheit schaden«, zur Wehr setzten, bildeten nur eine von vielen Fronten in einem globalen Kampf, der entlang der atlantischen Baumwollwaren-Produktionskette ausbrach und gleichzeitige Aufstände von indigenen Völkern und Sklav*innen in der Neuen Welt umfasste. Bei diesen Rebellionen waren Angriffe auf die Produktionsmittel eine gängige Taktik. Aufständische amerikanische Ureinwohner*innen vom Stamm der Creek zerstörten die Webstühle anderer indigener Stämme, die sich dem Fabriksystem angepasst hatten, weil diese die neuen, mit dem Vordringen der Plantagenwirtschaft einhergehenden Handelsformen repräsentierten.[26] Und auf den Baumwollplantagen zerstörten die Sklav*innen so oft ihre Werkzeuge, dass die Besitzer »extra schwere Geräte anschafften, in der Hoffnung, dass sie die robuste Behandlung überstehen würden«, wodurch die Produktivität der Plantagen sank.[27] »Die Zerstörung von landwirtschaftlichen Geräten durch die Arbeiter*innen auf amerikanischen Plantagen gehört zur Geschichte des Luddismus«, schreibt Linebaugh, »und zwar nicht nur, weil auch sie Maschinenstürmerei betrieben, sondern weil sie Teil der atlantischen Neuzusammensetzung der Arbeiterschaft in der Textilwirtschaft waren.«[28] In diesen zusammenhängenden Kämpfen gegen einen gemeinsamen Feind liegt Linebaugh zufolge der Keim eines gemeinsamen Bestrebens.

Marx und die Luddit*innen

Die Rehabilitierung des ludditischen Erbes mag ein wichtiger Teil der zeitgenössischen Geschichtsschreibung sein, doch welche Bedeutung hat sie für die Kämpfe gegen den Kapitalismus? Hierfür sollten wir uns an Marx wenden, den größten Analytiker und Kritiker des Kapitalismus, und an andere radikale Autor*innen, die die bedeutenden technischen Transformationen in der Produktion während des 19. Jahrhunderts miterlebten.

Die Maschinenstürmerei rief bei vielen bürgerlichen Beobachter*innen des 19. Jahrhunderts Bestürzung und Enttäuschung hervor. Andrew Ure, aus dessen *Philosophy of Manufactures* (1835) Marx einen Großteil seines Wissens über Fabrikmaschinen bezog, erklärte, dass »insbesondere die Baumwollspinner so von Vorurteilen und Zorn geblendet« seien, dass sie die enorme Verbesserung der wirtschaftlichen Lage, die der Strumpfwirkerstuhl dem ganzen Land bringe, nicht erkannten.[29] Der Politökonom David Ricardo, eine weitere einflussreiche Figur in Marx' Denken, vertrat zunächst die Ansicht, dass die Einführung von Maschinen dem Wohl der Allgemeinheit diene, musste aber später zugeben, dass »die Ersetzung menschlicher Arbeitskraft durch Maschinen den Interessen der Klasse der Arbeiter oft schadet«.[30]

Doch was sagte Marx selbst über die Technik? Die Geschichte des marxistischen Denkens und der marxistischen Politik ist voll von Kontroversen über diese Frage. Die Überladenheit von Marx' Werk und die Unzugänglichkeit seiner dialektischen Darstellung haben zu einer Fülle von Mehrdeutigkeiten bei der Entwicklung marxistischer Techniktheorien geführt. Das Ganze wird zudem dadurch verkompliziert, dass Marx' Werk oft als Glaubenslehre statt als Anregung für eine Agenda radikaler Forschung aufgefasst wurde. Doch auch im nüchternen Blick auf sein

Gesamtwerk kommt man nicht umhin, eine deutliche Ambivalenz in Marx' Schriften zur Technik zu erkennen.

Einerseits gibt es Hinweise auf einen technophilen Marx. Der alte Herr war zweifellos von der Technik fasziniert, schrieb und forschte ausgiebig über sie und skizzierte in seinen Studien neue Erfindungen. Eine solche Technikbegeisterung wird mitunter als Ausdruck einer neidvollen Bewunderung für die Bourgeoisie angesehen, oft verbunden mit der Behauptung, der Kapitalismus sei eine notwendige Etappe auf dem Weg zum Sozialismus. Schließlich heißt es auch im Kommunistischen Manifest, das im Revolutionsjahr 1848 verfasst wurde:

> Die bürgerlichen Produktions- und Verkehrs-Verhältnisse, die bürgerlichen Eigentumsverhältnisse, die moderne bürgerliche Gesellschaft, die so gewaltige Produktions- und Verkehrsmittel hervorgezaubert hat, gleicht dem Hexenmeister, der die unterirdischen Gewalten nicht mehr zu beherrschen vermag, die er heraufbeschwor.[31]

Tatsächlich bezeichnet Marx diese modernen Produktivkräfte als »die Waffen, womit die Bourgeoisie den Feudalismus zu Boden geschlagen hat« – Waffen, die sich, sobald sie sich in den Händen des Proletariats befänden, »gegen die Bourgeoisie selbst«[32] richten würden. Dies scheint darauf hinzudeuten, dass Marx glaubte, die von der Bourgeoisie entwickelten Technologien könnten die Grundlage für einen künftigen Sozialismus bilden, wenn die Arbeiter*innen erst an der Macht sind.

In seinen späteren Schriften unterscheidet Marx zwischen den sozialen Produktionsverhältnissen (der Art und Weise, wie die Menschen durch Klassengegensätze zueinander in Beziehung stehen) und den technischen Produktionsverhältnissen (wie die Menschen zu den Maschinen in Beziehung stehen). Aufgrund dieser Unterscheidung wird oft davon ausgegangen, dass Marx die Technik vom dem Kapitalismus zugrundeliegenden ausbeuterischen Klassensystem entkoppelt habe, weshalb in einer sozialistischen Gesellschaft die siegreiche Arbeiterklasse das intakte kapitalistische Produktionssystem übernehmen würde. In seinem Vorwort zur *Kritik der politischen Ökonomie* scheint Marx mit seinem technologischen Determinismus noch weiterzugehen, wenn er behauptet, dass ein ausbeuterisches Klassensystem die technische Entwicklung sogar *behindert* und somit eine Revolution provozieren wird:

> Auf einer gewissen Stufe ihrer Entwicklung geraten die materiellen Produktivkräfte der Gesellschaft in Widerspruch mit den vorhandenen Produktionsverhältnissen oder, was nur ein juristischer Ausdruck dafür ist, mit den Eigentumsverhältnissen, innerhalb deren sie sich bisher bewegt hatten. Aus Entwicklungsformen der Produktivkräfte schlagen diese Verhältnisse in Fesseln derselben um. Es tritt dann eine Epoche sozialer Revolution ein.[33]

Wie der Soziologe Donald MacKenzie feststellt, beruht die technikdeterministische Interpretation dieser Passage jedoch auf einer fehlerhaften Annahme, nämlich der Gleichsetzung von Marx' Begriff der »Produktivkräfte« mit dem der »Technik«, ohne dabei die menschliche Arbeitskraft zu berücksichtigen.[34]

Auch wenn viele Leser*innen Marx' »Produktivkräfte« als Äquivalent zur Technik interpretiert haben, weist MacKenzie darauf hin, dass die menschliche Arbeitskraft – einschließlich all ihrer Fähigkeiten, Fertigkeiten, Techniken und vor allem ihrer bewussten Anwendung – ebenfalls eine Produktivkraft sei. Wenn die Produktivkräfte also richtig als *Vereinigung* von Mensch und Technik verstanden werden, dann fesselt das ausbeuterische Klassensystem nicht die technische Entwicklung an sich, sondern die Beziehung zwischen Arbeiter*in und Maschine, in der die*der Arbeiter*in handlungsfähig ist.

Wie MacKenzie zu Recht feststellt, ist das Vorwort nicht Marx' am weitesten entwickelte Überlegung zur Technik. Eine Reihe anderer Theoretiker*innen, insbesondere mit dem Post-Operaismus verbundene technophile Autoren wie Antonio Negri und Carlo Vercellone, verweisen dafür stattdessen auf das sogenannte »Maschinenfragment« aus den *Grundrissen*, einer der Vorarbeiten Marx' für *Das Kapital*. Im »Maschinenfragment« scheint Marx eine Zukunft der vollautomatischen Produktion zu skizzieren, ein »automatisches System der Maschinerie«[35], vielleicht sogar einen vollautomatischen Luxuskommunismus, der von einem »general intellect«[36] angetrieben wird – ein Zusammenspiel akkumulierten technischen Wissens, das eine Vorwegnahme der digitalen Netzwerke des Internets sein könnte. Nach Marx erreicht die Entwicklung der Produktivkräfte eine Stufe, auf der »die Maschine, die für den Arbeiter Geschick und Kraft besitzt, [...] selbst der Virtuose [ist]«. In dieser Konstellation ist die Tätigkeit des Arbeiters »so gesetzt, daß sie nur noch die Arbeit der Maschine, ihre Aktion auf das Rohmaterial vermittelt – überwacht und sie vor Störungen bewahrt«.[37]

Während der wirtschaftlichen Umstrukturierung in den 1980er und 1990er Jahren schien das »Maschinenfragment« zunehmend die Wissensökonomie dessen vorauszuahnen, was der italienische Soziologe Maurizio Lazzarato als »immaterielle Arbeit« bezeichnete – die Arbeit derjenigen, die koordinieren, kommunizieren und kreieren, anstatt bloß Maschinen zu bedienen.[38] Maschinen übernehmen die physische Produktion, während sich die Menschen auf Kreativität und Zusammenarbeit konzentrieren und sich weiterbilden, um neue Fähigkeiten und Fertigkeiten zu erwerben. Für Negri und seinen Co-Autor Michael Hardt verspricht dieser sich selbst aufwertende und organisierende Aspekt der immateriellen Arbeit eine egalitäre Zukunft: »Indem sie ihre eigenen schöpferischen Energien ausdrückt, stellt die immaterielle Arbeit somit das Potenzial für eine Art spontanen und elementaren Kommunismus bereit.«[39] Ähnlich verweisen auch zeitgenössische Akzelerationist*innen wie Paul Mason und Aaron Bastani weiterhin auf diese Passage bei Marx als Ankündigung einer zukünftigen Utopie.[40]

Ein derartiger Fokus auf diesen Teil der *Grundrisse* vernachlässigt jedoch wichtige Entwicklungen in Marx' Konzepten, die in das später veröffentlichte *Kapital* eingeflossen sind. Ich will daher Michael Heinrich folgen, der darauf hinweist, dass Marx seine Konzepte im »Maschinenfragment« noch nicht ganz ausgearbeitet hatte,[41] und uns dem Abschnitt des *Kapital* zuwenden, in dem Marx sich eingehender mit der Verflechtung von Maschine und Arbeiter beschäftigt. Im 13. Kapitel gelangt Marx zu einer anderen Theorie über die Maschinen. Auch hier erscheint die Maschinerie als Waffe, allerdings einer anderen Art:

> Sie wird das machtvollste Kriegsmittel zur Niederschlagung der periodischen Arbeiteraufstände, strikes usw. wider die Autokratie des Kapitals. [...] Man könnte eine ganze Geschichte der Erfindungen seit 1830 schreiben, die bloß als Kriegsmittel des Kapitals wider Arbeiteremeuten ins Leben traten.[42]

Die am weitesten entwickelte Schrift von Marx über Technik stammt jedoch aus einem unveröffentlichten Kapitel des *Kapital* mit dem Titel »Resultate des unmittelbaren Produktionsprozesses«, das er ursprünglich als Abschluss des ersten Bandes vorgesehen hatte. Hier vergleicht Marx zwei Arten der Kontrolle des Produktionsprozesses durch das Kapital und deren jeweilige Auswirkungen auf die damit verbundene Technik. Die erste, die »formelle« Subsumtion, »[unterscheidet] sich nur *formell* von den frühern Produktionsweisen [...], sei es nun, dass darin der Producer selfemploying, sei es, dass die unmittelbaren Produzenten Surplusarbeit für andre liefern müssen«.[43] Bei der formellen Subsumtion arbeiten unabhängige Handwerksarbeiter∗innen, wie die Weber∗innen, die die Ludditenrebellionen bildeten, für Kapitalisten, die die Produktionsmittel besitzen. Die Kontrolle über den Arbeitsprozess wird jedoch an die Arbeiter∗innen delegiert, die so weitermachen wie zuvor, als sie selbst noch ihre Werkzeuge besaßen. »Der *Arbeitsprozess, technologisch* betrachtet, geht grad vor sich wie früher«, schreibt Marx, »nur jetzt als dem Kapital *untergeordneter* Arbeitsprozess.«[44]

Bei der zweiten Form, der »realen« Subsumtion, restrukturiert das Kapital selbst den Arbeitsprozess, indem es Maschinen und andere Technologien einführt: Es »findet eine völlige (und sich beständig fortsetzende und wiederholende) Revolution in der Produktionsweise selbst statt, in der Produktivität der Arbeit und im Verhältnis von Kapitalist und Arbeiter«.[45] Hier interessiert, wie Marx beschreibt, »den Kapitalisten der Arbeitsprozess nur als Träger und Mittel des Verwertungsprozesses«. Mit anderen Worten: Die Arbeitspraktiken und -techniken dienen der Produktion von Tauschwert für den Profit, unabhängig vom Nutzen der Waren oder gar einer Verbesserung der Lebensqualität der Arbeiter∗innen, die »ein bloßes Produktionsmittel« sind.[46] Wie der Soziologe Nicolas Thoburn es ausdrückt, ist die Technik also »ein Mittel zur Konsolidierung einer bestimmten Form der Wertgewinnung. Den Produktionskräften waren somit kapitalistische Verhältnisse immanent.«[47] Marx zählt einige der destruktiven Aspekte der realen Subsumtion auf: »Produktion um der Produktion willen«, Überproduktion und die Schaffung einer für die bestehende Produktion unnötigen Überschussbevölkerung.[48]

Gelegentlich scheint Marx zu implizieren, dass die formelle Subsumtion eine historische Stufe vor der realen Subsumtion darstellt. Dies würde bedeuten, dass es eine Art Telos der Produktionstechniken gibt, das von jeder marxistischen Politik berücksichtigt werden muss. Eine Gesorgfältige Lektüre sowohl von Marx als auch der Geschichte zeigt jedoch, dass es in der Produktion keinen notwendigen Übergang vom einen zum anderen gibt. Im Plädoyer des kommunistischen Theoriekollektivs Endnotes heißt es: »Sofern die Kategorien der Subsumtion überhaupt auf die Geschichte anwendbar sind, dann nur im ›nicht-linearen‹ Sinne. Sie können nicht vereinfachend oder unidirektional auf die historische Entwicklung des Klassenverhältnisses angewendet werden.«[49] Der Philosoph Patrick Murray argumentiert, dass »Marx die Möglichkeit eines bestimmten historischen Stadiums der rein formellen Subsumtion in Betracht zieht, ohne jedoch Beispiele dafür zu finden«.[50] Vielmehr ist die formelle Subsumtion bei Marx »eine *besondere* Form neben der entwickelten *spezifisch-kapitalistischen Produktionsweise*«.[51] Jan Breman liefert dafür mit seiner ethnografischen Arbeit über die wechselseitige Durchdringung des formellen und informellen Sektors im indischen Gujarat ein gutes Beispiel: Der formelle Sektor mit seinen real subsumierten Fabriken ist bei der Versorgung mit Ziegelsteinen und Rohstoffen auf den informellen Sektor angewiesen, ebenso wie die Produktion modernster Technik des Silicon Valley seltene Erden benötigt, die von Kindern mit primitiven Werkzeugen im Kleinbergbau gewonnen werden.[52]

Eine teleologische Perspektive, die formelle und reale Subsumtion als aufeinanderfolgende »Stufen« der kapitalistischen Entwicklung betrachtet, geht davon aus, dass die kapitalistische Entwicklung unaufhaltsam zur realen Subsumtion und damit zur Dequalifizierung und Automatisierung strebt, und dass jegliche Art von Kommunismus vollautomatisch sein würde. Dies zwingt Marx einen *Post-Arbeits*-Futurismus auf, den sein Spätwerk nicht hergibt. Vielmehr war es Marx' politischer und intellektueller Rivale Pierre-Joseph Proudhon, der die Mechanisierung als unvermeidlich und letztlich wünschenswert betrachtete. Er ermahnte die Arbeiter*innen, »immer mehr aufmerksam [zu] sein auf die Lehren des Schicksals«, und bestand darauf, dass die kapitalistische Technik zwar unmittelbar katastrophale Auswirkungen hätte, aber letztlich zu größerer Produktivität und Wohlstand führen würde: »Im Fortschritt unseres Leidens liegt das Unterpfand unserer Freiheit.«[53]

Marx selbst äußert sich an einigen Stellen abschätzig über die »rohe Form« der Ludditenaufstände: »Es bedarf Zeit und Erfahrung, bevor der Arbeiter die Maschinerie von ihrer kapitalistischen Anwendung unterscheiden und daher seine Angriffe vom materiellen Produktionsmittel selbst auf dessen gesellschaftliche Exploitationsform übertragen lernt.«[54] Doch eine der Grundfesten von Marx' Auffassung radikaler Praxis, die ihn zeitlebens davon abhielt, programmatische und taktische Aussagen über eine künftige egalitäre Gesellschaft zu machen, war seine Überzeugung, dass der Kommunismus »nicht ein *Zustand* [ist], der hergestellt werden soll, ein *Ideal,* wonach die Wirklichkeit sich zu richten haben [wird]«. Vielmehr sei der Kommunismus »die *wirkliche* Bewegung, welche den jetzigen Zustand aufhebt«.[55] An diese Auffassung von Marx – nicht als Visionär einer zukünftigen Gesellschaft, nicht mal als Theoretiker der Voraussetzungen für den Sozialismus, sondern als Kartograf des proletarischen Kampfes – sollten wir uns gegenwärtig halten. Die Kämpfe gegen die Maschinen *waren* Kämpfe gegen die Gesellschaft, die sie einsetzte, und sie hatten darüber hinaus wichtige Auswirkungen auf die Zusammensetzung der Arbeiterklasse. Indem wir den Blick auf die technologische Gesellschaft der Zukunft richten, wenden wir ihn gerade von dem ab, was für Marx am allerwichtigsten war: die Kämpfe, die die Menschen gegen den Kapitalismus führten, sowie das Wissen und die Erfahrungen, die diese Kämpfe uns hinterlassen haben.

Ein Beispiel: Die Historikerin Michelle Perrot dokumentiert den vielgestaltigen Widerstand gegen die Industrialisierung in Frankreich, wo die Kämpfe der Weber*innen anders abliefen als die in Großbritannien, die Marx untersuchte. Perrot zufolge war der Widerstand gegen die Mechanisierung des Arbeitsprozesses, der unter anderem in Form von Verzögerungen, dem Fernbleiben von der Arbeit und Sabotage stattfand, ein wichtiger Bestandteil des Widerstands gegen eine »produzentistische« Vision der Gesellschaft und ihrer Arbeitsethik. Die Arbeiter*innen begriffen, dass die Mechanisierung nicht nur ihre Mühsal steigerte, sondern ihnen darüber hinaus eine Weltanschauung aufzwang, die diesen Prozess rechtfertigte. Das Erbe dieses Widerstands prägt die französische Kultur bis heute. »Die französische Bevölkerung, die stets bereit ist, den Müßiggang zu preisen, hat eine Vorliebe für Spiele und Verschwendung, die von Arbeitgebern und Ökonomen gleichermaßen beklagt wird«, kommentiert sie augenzwinkernd.[56]

Perrot zufolge war die Opposition der Weber*innen gegen die Mechanisierung keine grundsätzliche Opposition gegen die Industrialisierung, da die Arbeiter*innen oft auch selbst Elemente der neuen Baumwollspinntechnologien in ihre Arbeitsabläufe übernahmen. So beklagten sich etwa englische Weber*innen, dass die Fabrikbesitzer sich weigerten, sogenannte »Racks« einzuführen, die die Produktivität genau gemessen und somit den Akkordlohn der Arbeiter*innen gesichert hätten. Was die Arbeiter*innen hingegen erbittert ablehnten, war die »industrielle Konzentration«, die ihre Lebensweise zerstörte, indem sie die Autonomie ihrer kleinen heimischen Manufakturen bedrohte, wo »die Tätigkeiten bedarfsgerecht angepasst waren«, so dass die Arbeiter*innen selbst über ihre Arbeitszeiten und ihren Arbeitsaufwand bestimmen konnten.[57]

Bemerkenswerterweise hatte der umfassende Widerstand der Bevölkerung gegen die Mechanisierung in Frankreich zumindest eine Zeit lang Erfolg. Die Fabriken gingen in Konkurs, und die Heimproduktion blieb erhalten. Die Kapitalisten gaben sich jedoch nie völlig geschlagen und setzten sich schließlich mit der Errichtung von Fabriken durch, nachdem eine Reihe von Wirtschaftskrisen die Weber*innen lahmgelegt hatte. Andere Industriezweige, wie etwa die Schafschur, konnten nur mit staatlicher Unterstützung mechanisiert werden. Perrot macht deutlich, dass die Einführung der Technik, wie Marx sie beschrieb, eine Waffe im Kampf war: »Die Mechanisierung erfolgte nicht nur aufgrund technischer oder wirtschaftlicher Notwendigkeiten, sondern aufgrund von Autoritätskonflikten.«[58] Da der beschriebene unbeugsame Widerstand in einer Arbeitsweise wurzelte, bei der die Produktion von Gütern nicht von den reproduktiven Tätigkeiten im Haushalt und in der Nachbarschaft getrennt war, begegnete er jeglichen Versuchen zur Umstrukturierung des täglichen Lebens, von der Einführung des Massenwohnungsbaus bis hin zur Straßenbeleuchtung, mit Feindseligkeit. Die Arbeiter*innen streikten (oder kamen einfach nicht mehr zur Arbeit), machten ausgiebige Pausen und betranken sich sogar während der Arbeitszeit. Als die Essenspause auf dreißig Minuten verkürzt wurde, kam es in der gesamten Gemeinde Houlme zu Ausschreitungen. Zum Umzug in neugebaute »moderne«, näher an den Fabriken gelegene Unterkünfte mussten die Textilarbeiter*innen von der Polizei gezwungen werden. Die Proteste waren oft mit gemeinschaftlichen Ritualen verbunden, wie etwa dem Charivari, bei dem Bilder von unliebsamen Autoritäten durch die Stadt getragen und verbrannt wurden.[59] Der Kampf gegen den Kapitalismus war also nicht nur ein Kampf am Arbeitsplatz, sondern er griff auch auf eine Politisierung der Technik im Alltag über. So »zerstörten die Pariser Aufständischen 1848 Laternenmasten als Symbole für das Auge der Polizei«.[60]

Marxismus – Morrisismus

Anklänge an den Widerstand der französischen Handwerker*innen gegen die Maschinen als Instrumente der Plackerei statt der Befreiung der Arbeit finden sich auch in den Schriften des englischen Architekten, Kunsthandwerkers und Sozialisten William Morris. Morris glaubte, wie der Dichter Clive Wilmer es ausdrückt, dass »die Maschinen im Kapitalismus in erster Linie dazu dienten, die Produktion zu steigern und damit die Fron des Arbeiters zu vergrößern«.[61] Anstatt endlose Mengen billiger Waren zu produzieren, sollte sich die Gesellschaft jedoch lieber auf die Qualität der Waren konzentrieren, was nicht nur die Arbeitsbelastung verringern, sondern auch die Arbeit selbst angenehmer machen würde. Zwar befürwortete Morris den Einsatz von Maschinen zur Verkürzung der Arbeitszeiten, doch sein Ideal des Sozialismus war qualitativ orientiert und bestand aus dem, was er als »würdige Arbeit« bezeichnete, welche die »Hoffnung auf die Freude der Erholung, Hoffnung auf die Freude an der Verwendung des Hergestellten, und Hoffnung auf die Freude an unserer täglichen schöpferischen Fähigkeit in sich birgt«.[62]

Damit unterschied sich Morris von vielen Sozialist*innen seiner Zeit, die für mehr Freizeit und Erholung in

Form von Arbeitszeitverkürzung eintraten. Seiner Ansicht nach reichte dies jedoch nicht aus. Nicht, dass Morris einer protestantischen Arbeitsethik anhing, die die Arbeit um ihrer selbst willen schätzte. Morris' Haltung beruhte vielmehr auf seinem Verständnis des Marx'schen Diktums, dass das Reich der Freiheit dort beginnt, wo das Reich der Notwendigkeit endet, und dass die Notwendigkeit »erst dann endgültig besiegt sein wird, wenn unsere Arbeit ein erfreulicher Teil unseres Lebens wird«[63] – das heißt, wenn wir unsere Arbeit als lohnend empfinden. Ein wesentliches Element dieser »erfreulichen Arbeit« ist ihr Vertrauen auf die Herausbildung von Fertigkeiten der Arbeiter*innen, ihnen »ein vergnügliches Interesse an allen Einzelheiten des Lebens zu ermöglichen.«[64] Eine solche erfreuliche Arbeit würde jedoch ein grundlegendes Neudenken von Maschinen voraussetzen.

Für Morris produzierte das industrielle System keinen Wohlstand, sondern diente lediglich dem Profit, und er erkannte, dass ein real subsumierter Produktionsprozess unwiderruflich verbunden war »mit der Notwendigkeit, aus dem Leben der Menschen Gewinne herauszupressen und billige Waren für den Gebrauch (und die Unterwerfung) der Sklaven zu produzieren, die ausgepresst werden«.[65] Der Kapitalismus erfordere diese Art der Produktion, der Sozialismus jedoch nicht; außerdem werde das Fabriksystem in der neuen Gesellschaft nicht einfach übernommen werden, sondern es würde ebenso wie alle anderen Aspekte der Arbeitsorganisation hinterfragt werden müssen. Ohne die Notwendigkeit von Profit und Wettbewerb würden viele Maschinen dann als die Zerstörer des Lebens und der angenehmen Arbeit angesehen werden, als die sie frühere Kämpfe, wie die der Luddit*innen, bereits erkannt hatten:

> Sie werden als »arbeitssparende« Maschinen bezeichnet – eine oft verwendete Phrase, die ausdrückt, was wir von ihnen erwarten; doch wir bekommen nicht, was wir erwarten. Was sie in Wirklichkeit bewirken, ist die Herabsetzung des gelernten Arbeiters auf den Rang eines Ungelernten, die Vergrößerung der »Reservearmee der Arbeiter«, d. h. die Vermehrung der Unsicherheit im Leben der Arbeiter und die Intensivierung der Arbeit derjenigen, die den Maschinen dienen (als Sklaven ihrer Herren).[66]

Sobald der Arbeitszwang aufgehoben sei, würden viele dieser Maschinen, so glaubte Morris, nicht mehr benötigt. Letztlich würde die Gemeinschaft zu entscheiden haben, welche Technologien ihren Mitgliedern am besten ein lohnendes Leben ermöglichen würden.

Mit seiner Definition des Sozialismus als qualitative Umstrukturierung von Arbeit und Gesellschaft – und zwar nicht nur im Sinne einer gerechteren Umverteilung der vorhandenen Arbeit und Güter, sondern einer Neukonzeption der sozialen Beziehungen von Grund auf – stand Morris in diametralem Gegensatz zu einem anderen Utopisten seiner Zeit: Edward Bellamy. Bellamys Proto-Science-Fiction-Roman *Looking Backward: 2000–1887* (*Ein Rückblick aus dem Jahre 2000 auf 1887*) nimmt viele der heutigen Vorstellungen von Post-Arbeit und Luxuskommunismus vorweg. Bellamy entwirft darin eine Welt der Ordnung und des Wohlstands, die sich aus der Abschaffung des Profitstrebens und der Umverteilung der Güter der bestehenden Gesellschaft ergibt, wobei die produktive Basis erhalten bleibt. In seiner Rezension des Buchs kritisiert Morris Bellamys allzu simplen, undialektischen Glauben, dass der Sozialismus das, was ihm an der Moderne gefalle, einfach unverändert übernehmen und sich der missliebigen Teile entledigen könne. Diese »halbe Veränderung« entlarve Bellamys Sichtweise als die der »fleißigen, *professionellen* Mittelschicht von heute, die von ihrem Verbrechen der Komplizenschaft mit der Monopolistenklasse geläutert ist«.[67]

Morris stieß sich an Bellamys Utopie ebenso, wie Marx sich am bürgerlichen Sozialismus stieß. Im *Manifest* bezeichnet Marx die »zu einem halben oder ganzen System [ausgearbeitete] tröstliche Vorstellung« des bürgerlichen Reformsozialismus als eine trügerische Halbveränderung, die die Notwendigkeit des Kampfes vernachlässigt: »Die sozialistischen Bourgeois wollen die Lebensbedingungen der modernen Gesellschaft ohne die notwendig daraus hervorgehenden Kämpfe und Gefahren. Sie wollen die bestehende Gesellschaft mit Abzug der sie revolutionierenden und sie auflösenden Elemente. Sie wollen die Bourgeoisie ohne das Proletariat.«[68]

In seiner schlimmsten Ausprägung verlange dieser Bourgeois-Sozialismus, dass die Proletarier*innen den politischen Kampf aufgeben und stattdessen auf wirtschaftliches Wachstum und Entwicklung setzen, »durch den Nachweis, wie nicht diese oder jene politische Veränderung, sondern nur eine Veränderung der materiellen Lebensverhältnisse, der ökonomischen Verhältnisse ihr von Nutzen sein könne«. Den militanten Kampf aufzugeben und stattdessen auf politische Reformen zu drängen, würde jedoch »an dem Verhältnis von Kapital und Lohnarbeit nichts ändern, sondern im besten Fall der Bourgeoisie die Kosten ihrer Herrschaft vermindern und ihren Staatshaushalt vereinfachen«.[69] Oder, wie Morris über Bellamy sagte: »Er stellt sich den Übergang zum Sozialismus so vor, dass dieser ohne jeden Zusammenbruch des [modernen] Lebens oder gar ohne dessen Störung erfolgt.«[70]

Wer sich politisch auf Marx beruft, darf nicht außer Acht lassen, dass der Marxismus eine Theorie des Kampfes ist. Ziel der Marx'schen Kapitalismuskritik war es nicht, eine Anleitung zur Verwaltung der Wirtschaft zu geben, sondern die Widersprüche und Risse aufzuzeigen, die Stellen, an denen soziale Kämpfe wahrscheinlich entstehen werden. Die Technik ist ein wichtiger Schauplatz dieser Kämpfe: Der militante Widerstand gegen die Technik ist nicht nur eine historische Tatsache, sondern er weist auch in Richtung einer befreienden Politik der Arbeit und der Technik – eine Politik, die sich leichter auf Marx' Werk stützen kann als die zeitgenössischen Post-Arbeits-Utopien.

Anstatt uns eine Welt ohne Arbeit vorzustellen, die es nie geben wird, sollten wir untersuchen, wie historische Kämpfe ein alternatives Verhältnis zu Arbeit und Befreiung postuliert haben, in dem die Kontrolle über den Arbeitsprozess zu mehr Kontrolle über weitere gesellschaftliche Prozesse führt und die Arbeit der Bereicherung der Menschen dient statt einer abstrakten Produktivität. Darüber hinaus deuten diese Kämpfe auf das einzige Mittel zur Befreiung vom Kapitalismus: die Bildung einer militanten kämpfenden Klasse, die das Kapital in all seinen Herrschaftsformen angreift, auch der technologischen.

Im nächsten Kapitel wende ich mich der Behandlung der Technologie durch die organisierte Arbeiterbewegung des 20. Jahrhunderts zu, einschließlich der Gewerkschaften und Arbeiterparteien. Deren Ansichten entsprechen weitgehend denen der Post-Arbeits-Utopist*innen: Für sie ist Technik politisch neutral und kann sogar nützlich sein. Für eine angemessene Analyse dieser katastrophalen strategischen Entscheidung müssen wir daher die häretischeren marxistischen Strömungen unter ihnen konsultieren – die die kapitalistische Technologie in Frage stellten und die Kämpfe der Arbeiter*innen gegen die Maschinen unterstützten.

2

Taylor und die Wobblies

Am 11. August 1911 legten die Gießer im Watertown Arsenal in Massachusetts, einer der größten Rüstungsfabriken in den Vereinigten Staaten, unvermittelt ihre Arbeit nieder. Es war eine spontane, von der Gewerkschaft nicht unterstützte Aktion, die durch ein einfaches technisches Gerät ausgelöst wurde: die Stoppuhr.[1]

In Watertown hatte das gefürchtete »Taylor-System« Einzug gehalten. Unter dem Druck, die Kosten zu senken, hatte General William Crozier, der Leiter des Waffenamts der US-Armee, beschlossen, die neuesten Techniken des »wissenschaftlichen Managements« zu übernehmen, benannt nach ihrem Erfinder Frederick W. Taylor, einem magenkranken und fanatischen Ingenieur, der unter Wirtschaftsführern für seine Methoden zur Optimierung der industriellen Produktivität angesehen war.[2] Taylor und sein Team versprachen, die Produktion zu rationalisieren und somit effizienter und produktiver zu gestalten, und zwar durch die Ermittlung der »einzig besten Methode« für jeden einzelnen Aspekt des Arbeitsprozesses. Die Arbeiter*innen sollten detaillierte Anweisungen befolgen, welche Werkzeuge sie in welcher Geschwindigkeit benutzen, wie weit sie zu den verschiedenen Stationen gehen und sogar welche Körperhaltung sie dabei einnehmen sollten. Doch um diese Anweisungen entwickeln zu können, mussten die Taylorist*innen den Arbeitsprozess zunächst eingehend studieren. Hier kam die berüchtigte Stoppuhr ins Spiel: Die wissenschaftlichen Manager*innen stoppten jede einzelne Bewegung einer jeden Arbeiterin, eines jeden Arbeiters und zerlegten dann die Tätigkeit in eine Reihe einzelner und voneinander abgrenzbarer Aufgaben. Dann verlangten sie von den Arbeiter*innen, diese Aufgaben schneller auszuführen.

Der Biograf Robert Kanigel beschreibt es folgendermaßen:

> Früher verdienten die Arbeiter*innen einen festen Betrag für das Drehen eines Reifens auf Maß. Doch nachdem Taylor mit ihnen fertig war, bestand ihre Aufgabe nicht mehr darin, einen Reifen zu bearbeiten, sondern in einer Abfolge kleinerer Aufgaben: Reifen zum Drehen auf die Maschine legen. Vordere Kante vorbearbeiten. Vordere Kante fertig bearbeiten. Vordere Kante grob ausbohren. Und so weiter, wobei jeder Schritt minutiös beschrieben und auf die Zehntelminute genau getaktet wurde.[3]

Als ein Gießer sich weigerte, seine Zeit stoppen zu lassen, wurde er fristlos entlassen. Seine Kollegen, die nach einer Woche wissenschaftlichen Managements mit ihrer Geduld bereits am Ende waren, streikten aus Solidarität. Es war der Beginn eines Konflikts, der schließlich bis in die Hallen des US-Kongresses vordringen sollte.

Für Taylor war der Widerstand der Arbeiter*innen gegen seine Methoden nichts Neues. Genau genommen begrüßte er ihren Hass geradezu. Als Sohn eines wohlhabenden Rechtsanwalts aus Philadelphia wollte Taylor ursprünglich in Harvard studieren, um dann als Jurist in die Fußstapfen seines Vaters zu treten. Aufgrund seiner nervösen Veranlagung musste er diese Pläne jedoch aufgeben, machte stattdessen eine Lehre als Maschinist und arbeitete sich bis in leitende Positionen in der Fertigung hoch.

Taylors Fabrikkarriere hinterließ bei ihm jedoch kein besonderes Bewusstsein für die Nöte der Arbeiterklasse; wenn überhaupt, dann verstärkte sie nur seine Verachtung für die Arbeiter*innen, die er als dumm und faul ansah. Sein Reizthema, das auf seine Erfahrungen als Vorarbeiter zurückging, war das Bummeln, bei dem weniger als die maximale Leistung erbracht wurde. Aufgrund seiner Erfahrungen in den Fabriken wusste Taylor, dass die Arbeiter*innen ihr Arbeitstempo deshalb selbst bestimmen konnten, weil sie gegenüber ihren Vorgesetzten einen entscheidenden Vorteil besaßen: ihre Kenntnis des Produktionsprozesses. Um die Jahrhundertwende wussten sie oft besser als ihre Vorgesetzten, wie die Produktion funktionierte, und ihre Methoden zur Erledigung von Aufgaben gründeten sich nicht selten auf intuitive und informelle »Faustregeln«: welche Farbe eine chemische Mixtur annehmen sollte, welches Gewicht ein bestimmtes Teil haben musste und dergleichen. Fabrikeigentümer und Betriebsleitung hatten oft nur eine ungefähre Vorstellung davon, wie die Produkte tatsächlich zusammengesetzt wurden, und waren nicht in der Lage, dies selbst zu tun. Diese Kontrolle über das Wissen bedeutete, dass die Arbeiter*innen das Tempo ihrer Arbeit selbst bestimmen konnten. Wenn sie wollten oder mussten, konnten sie die Arbeit verlangsamen oder sogar ganz einstellen.

Beim wissenschaftlichen Management ging es, bei allen Ambitionen, weniger um die Festlegung idealer Arbeitsmethoden als vielmehr um die Zerschlagung dieser Quelle der Arbeitermacht. Durch die Zerlegung des Arbeitsprozesses in sorgfältig geprüfte Teilaufgaben konnte Taylor das Geheimnis des Vorteils der Arbeiterschaft knacken und damit der Leitung die vollständige Herrschaft über den Produktionsprozess übertragen. Die sich modern gebende Terminologie von »Wissenschaft« und »Effizienz« verschleierte dabei das Ziel, die Disziplinierung und Kontrolle der Arbeiter*innen durchzusetzen. Nach Einschätzung des Politökonomen Harry Braverman »erhob [Taylor] den Begriff der Kontrolle auf eine völlig neue Ebene, als er die Behauptung aufstellte, *für ein adäquates Management sei es absolut notwendig, daß dem Arbeiter genau diktiert werden müsse, auf welche Art und Weise die Arbeit auszuführen sei*«.[4]

Taylors eigene Methoden entsprachen dabei durchaus nicht denen der Wissenschaft. Damit die Arbeiter*innen seine Anweisungen befolgten, griff Taylor auf eine bunte Mischung aus Täuschung, Schmeichelei und unverhohlener Bestrafung zurück. Die von den Schnellsten erzielten Bestzeiten wurden zum neuen Maßstab für alle; wer nicht mithalten konnte, dem wurde der Lohn gekürzt. Taylors »wissenschaftliche« Schätzungen der Arbeitsleistung basierten oft auf willkürlichen, von ihm selbst erfundenen Maßstäben. Der Physiologe Reynold Spaeth, ein Zeitgenosse Taylors, stellte fest, dass dessen »Gesetz der Schwerarbeit«, dem zufolge Arbeiter an 43 Prozent des Tages schwere Lasten bewältigen konnten, »nur bruchstückhaft veröffentlichte Daten« enthielt und daher »im guten Glauben« hingenommen werden musste.[5] Die meisten Historiker*innen sind sich einig, dass die berühmte Geschichte von Schmidt, dem »hoch gepriesenen Mann«, der unter Taylors Aufsicht sein Arbeitstempo beim Verladen von Roheisen vervierfachte, und die Taylor nicht müde wurde zu erzählen, eine Erfindung war.[6]

Das wissenschaftliche Management war also weniger eine Wissenschaft der Effizienz als vielmehr ein politisches Programm mit dem Ziel der Umformung der Arbeiter*innen zu gefügigen Subjekten – was Taylor selbst als »eine vollständige mentale Revolution bei der Arbeiterschaft [...] gegenüber ihrer Arbeit, ihren Mitmenschen und ihren Arbeitgebern« bezeichnete.[7] Diese Revolution hatte ihre eigene Philosophie. Dem Historiker Bryan Palmer zufolge wurzelte sie in einer »konservativen Analyse des Menschen und der menschlichen Natur«: dass der Mensch von Natur aus faul und seine Arbeit maschinenähnlich sei und sein Streben letztlich auf den Erwerb von Gütern reduziert werden könne.[8] Diese »mentale Revolution« sollte eine des vollständigen Gehorsams sein.

Adam Smith hatte in *The Wealth of Nations* (*Der Wohlstand der Nationen*) seine Befürchtung zum Ausdruck gebracht, dass sich die Arbeitsteilung nachteilig auf den Geist der Arbeiter*innen auswirken könnte: »Der Mann, dessen ganzes Leben ein paar einfachen Verrichtungen gewidmet ist, deren Wirkungen vielleicht stets dieselben oder ziemlich dieselben sind, hat keine Gelegenheit, seinen Verstand anzustrengen oder seine Erfindungskraft zu üben, um Hilfsmittel gegen Schwierigkeiten aufzusuchen, die ihm niemals begegnen. Er verliert mithin natürlich die Gewohnheiten solcher Übungen, und wird gewöhnlich so dumm und unwissend, wie es ein menschliches Wesen werden kann.«[9] Für Taylor hingegen war das, was Smith als »Verknöcherung des Geistes« bezeichnete, sowohl sein Ausgangspunkt als auch sein Ziel. »Eine der wichtigsten Anforderungen an einen Mann, der geeignet ist, beruflich regelmäßig mit Roheisen zu hantieren, ist, dass er so dumm und so phlegmatisch ist, dass er in seiner geistigen Verfassung eher dem Ochsen ähnelt als irgendeinem anderen Typus«, schrieb Taylor.[10] Er wurde nicht müde, Arbeiter*innen mit Tieren zu vergleichen – mit Pferden, Ochsen, selbst mit Singvögeln und Spatzen –, die der Ausbildung und Disziplinierung bedürften.[11]

Zum Leidwesen Taylors waren die Arbeiter*innen jedoch selten so leicht zu kontrollieren wie ein Zugpferd. Bei Bethlehem Steel in Pennsylvania, wo er mit seinen Experimenten begann, kam es nach der Einführung von Taylors neuen Zeitnormen zu einer Reihe mechanischer Ausfälle. Die Arbeiter*innen gaben dem erhöhten Tempo die

Schuld an der Zerstörung, doch Taylor behauptete, »daß sie ihre Maschinen absichtlich infolge des Stückarbeiterkriegs unbrauchbar gemacht hätten«, und zwang sie, für die Reparatur der Maschinen aufzukommen.[12]

Mit der Verbreitung von Taylors Methoden wuchs auch der Widerstand gegen sie. Nach dem Streik in Watertown wandte sich die Gewerkschaft an ihr wohlgesonnene Politiker aus der Region, worauf Taylor und seine Leute im Januar 1912 zur Rechenschaft vor den Kongress geladen wurden. Dort trug Taylors launisches und arrogantes Auftreten nicht gerade dazu bei, seine Sache voranzubringen, insbesondere nicht im Kontrast zu den Aussagen der Arbeiter, von denen viele schon seit Jahren in der Waffenfabrik arbeiteten. »Es ist demütigend für uns, da wir immer versucht haben, unser Bestes für die Regierung zu geben«, erklärte einer der Gießer. »Diese Methoden sind an sich schon unamerikanisch, und wir bitten Sie höflichst, sie sofort einzustellen.«[13] Die Gewerkschaften unterstützten diesen Standpunkt. In einer Folgestudie protokollierte der Wirtschaftswissenschaftler Robert F. Hoxie »mehr als hundert spezifische Gründe«, die Gewerkschaftsvertreter*innen gegen das verhasste Taylor-System anführten. »Die allgemeine Einführung des wissenschaftlichen Managements«, schrieb er, »würde den Untergang der wirkungsvollen Gewerkschaften, wie wir sie heute kennen, besiegeln«.[14]

Erstaunlicherweise stellte sich der Kongress auf die Seite der loyalen Arbeiter*innen und ihrer Gewerkschaft. Der Taylorismus in Watertown wurde abgeschafft und der entlassene Gießer wieder eingestellt. Taylor ließ diese Erfahrung fassungslos zurück. Wie Hugh Aitken, Historiker des Watertown-Streiks, beschrieb, war Taylor überzeugt, dass die neue Methode

> weit mehr für die Arbeiter tun würde, als es die Gewerkschaften je getan hatten oder tun konnten –

> wenn sie nur »kooperieren« würden. Denn das wissenschaftliche Management basierte auf dem Verständnis der Produktionsgesetze und nicht auf der Meinung von Unwissenden. Und diese Gesetze waren nicht verhandelbar.[15]

Taylor selbst erholte sich von den zermürbenden Verhören nicht mehr, er starb 1915. Doch seine Revolution wurde fortgeführt, und zwar nicht selten von unerwarteter Seite: den Anführer*innen radikaler Arbeiterbewegungen.

Die Anführer*innen der marxistischen Arbeiterbewegungen des frühen 20. Jahrhunderts sahen kapitalistische Technologien wie das wissenschaftliche Management ähnlich wie Taylor: als objektive Methode zur Verbesserung der Produktivität und damit der Lebensbedingungen der Arbeiter*innen. Auf der Grundlage einer spezifischen Interpretation von Marx' Theorie glaubten sie, dass der Kapitalismus in seinem Streben nach Profit die Produktivität durch wettbewerbsfähige technische Neuerungen und die Entwicklung effizienter Arbeitsmethoden steigerte. Für sie war diese Entwicklung nicht politisch; Technik war neutral, und wenn sie erst durch einen Eigentumswechsel vom Privatbesitz in die staatliche Kontrolle überführt wäre, könnte sie die Arbeiterschaft von der Plackerei befreien. Diese neuen Formen der Arbeit waren zwar schwierig, gefährlich und weithin verhasst. Aber wenn die Arbeiter*innen ihre Proteste gegen die Produktivkräfte zurückstellten, könnten sie – irgendwann – in den Genuss einer Welt des Überflusses an Gütern und Freizeit gelangen. Mit anderen Worten: Für die orthodoxe marxistische Theorie war die sozialistische Produktion in der kapitalistischen Produktionsweise *bereits enthalten*, solange sich die kapitalistische Produktionsweise weiterhin entwickeln konnte.

Diese Auffassung von der Objektivität und Zwangsläufigkeit von Technologie, Wissenschaft und Fortschritt war das Herzstück der Philosophien, von denen die erfolgreichsten marxistischen Bewegungen der Geschichte angetrieben wurden. Dennoch stand sie oft im Widerspruch zu den praktischen Aktivitäten der Arbeiter*innen. Außerdem prägte sie die sozialistische Strategie in einer Weise, die dem Ziel des Aufbaus emanzipatorischer Gesellschaften letztlich schadete. Diese Fehler sind nicht nur historische Kuriositäten, sondern sie beeinflussen die linke Technologiepolitik bis heute. Bevor wir also unsere Zukunft erfinden können, sollten wir in die Vergangenheit zurückkehren und eine Bestandsaufnahme des Umgangs dieser Bewegungen mit Maschinen und Technologie vornehmen.

Die Zweite Internationale

Die im vorangegangenen Kapitel beschriebenen Kämpfe gegen die Mechanisierung im 19. Jahrhundert wurden von der offiziellen Arbeiterbewegung, die in den ersten Jahrzehnten des 20. Jahrhunderts in Europa stetig an Zulauf gewann, weitgehend vergessen oder unterdrückt. Karl Kautsky, der sogenannte Papst des Marxismus, hatte das Vermächtnis von Marx und Engels direkt von Engels persönlich geerbt. Als führender Theoretiker der offen marxistischen Sozialdemokratischen Partei Deutschlands (SPD), der populärsten politischen Partei des Landes, hatte Kautsky großen Einfluss auf die Rezeption und Interpretation von Marx' Werk sowie auf die Strategie der Arbeiterbewegung, die auf den Kongressen der Zweiten Internationale koordiniert wurde. Heute ist Kautsky vor allem aus Lenins polemischen Denunziationen bekannt, doch in der Zeit vor dem Ersten Weltkrieg war er unter Marxist*innen, einschließlich Lenin selbst, hoch angesehen.

Kautskys »orthodoxem Marxismus« zufolge war der Sozialismus praktisch vorherbestimmt, da er gemäß den durch den Motor der Produktivkräfte angetriebenen Gesetzen der Geschichte unweigerlich aus der Saat des Kapitalismus hervorgehen würde. In seinen Worten: »[I]n letzter Linie [wird] die Geschichte der Menschheit nicht durch die Ideen der Menschen, sondern durch die ökonomische Entwicklung bestimmt [...], welche unwiderstehlich fortschreitet, nach bestimmten Gesetzen, nicht nach den Wünschen und Launen der Menschen«, und dabei »neue Produktionsformen schafft, welche die Notwendigkeit neuer Gesellschaftsformen mit sich bringen«.[16] Der Sozialismus würde auf der Grundlage der Entwicklung der kapitalistischen Produktion entstehen, die ihrer eigenen Logik und ihren eigenen Gesetzen folge.

Nach Kautskys Theorie bestand das Problem des Kapitalismus im »stets wachsenden Widerspruch zwischen den Produktivkräften und der bestehenden Eigentumsordnung«[17], der nur durch den Sozialismus gelöst werden könne. Mechanistische Vorstellungen des Übergangs verwirft er:

> Wenn wir die Aufhebung des Privateigentums an den Produktionsmitteln für unvermeidlich halten, so meinen wir damit nicht, daß den Ausgebeuteten eines schönen Tages ohne ihr Zutun die gebratenen Tauben der sozialen Revolution in den Mund fliegen werden.[18]

Und doch ist das Erfurter Programm, das von Kautsky mitverfasste Parteiprogramm der SPD von 1891, voller Fatalismus: Jede kapitalistische Entwicklung bringt die Gesellschaft dem Sozialismus näher, und jeder Widerstand dagegen, wie etwa die Zerstörung von Maschinen, kann die Revolution nur behindern.

> Die kapitalistische Gesellschaft hat abgewirtschaftet; ihre Auflösung ist nur noch eine Frage der Zeit; die unaufhaltsame ökonomische Entwicklung führt den Bankrott der kapitalistischen Produktionsweise mit Naturnotwendigkeit herbei. Die Bildung einer neuen Gesellschaftsform anstelle der bestehenden ist nicht mehr bloß etwas Wünschenswertes, sie ist etwas Unvermeidliches geworden.[19]

Dieser Glaube, dass das Fortschreiten der kapitalistischen Produktion unvermeidlich zu einer sozialistischen Bestimmung führen würde, entsprach der vorsichtigen und geduldigen Haltung der SPD, die die Macht der Arbeiterklasse mit parlamentarischen Mitteln aufzubauen gedachte, mit der Partei als parlamentarischem Arm. Denn da die kapitalistische Wirtschaft immer größer, immer komplexer und immer bürokratischer wurde, brauchte die Arbeiterklasse ein ebenso mächtiges politisches Organ. Das führte dazu, dass die SPD Forderungen nach betrieblicher Demokratie eher geringschätzte. Wie Geoff Eley in seiner Geschichte der europäischen Linken beschreibt, »lehnten führende Theoretiker wie Karl Kautsky die Arbeitermitbestimmung ausdrücklich ab – und zwar mit dem Argument, dass die Komplexität der modernen Industriewirtschaft und Unternehmen direkte demokratische Verfahren in der Wirtschaft ausschließe«.[20] Die Organisation der Produktion sei eine wissenschaftliche, keine politische Angelegenheit. Die Politik sollte sich nach Auffassung der SPD vielmehr darauf konzentrieren, die Zügel der Wirtschaft in die Hand zu nehmen, indem sie eine Parlamentsmehrheit anstrebt.

Doch gegen Ende des 19. Jahrhunderts kamen Zweifel an der Unausweichlichkeit des Sozialismus auf. Die kapitalistischen Volkswirtschaften hatten zwar eine lange Phase des Niedergangs durchlaufen, doch nun schienen sie durch die Konsolidierung in Monopolen und Trusts in eine neue Phase der Stabilität einzutreten. Bei den Sozialist*innen, die versuchten, sich einen Reim auf die neue Situation zu machen, kristallisierten sich zwei führende Haltungen heraus. Die eine Seite, vertreten durch Kautsky und die junge polnisch-deutsche Kommunistin Rosa Luxemburg, vertrat die Auffassung, dass die zunehmende Konzentration des Kapitals der letzte Schritt vor einer Krise und damit einer revolutionären Situation sei. Auf der anderen Seite war Eduard Bernstein, Mitverfasser des Erfurter Programms, der Meinung, dass die Situation vielmehr auf eine unvorhergesehene Widerstandsfähigkeit des Kapitalismus hinweise, was bedeute, dass die Revolution vom Tisch sei. Luxemburgs 1899 erschienene Polemik gegen Bernsteins »Revisionismus«, *Sozialreform oder Revolution?*, greift genau diese Frage auf. Darin argumentiert sie, dass die Widersprüche des Kapitalismus nicht überwunden, sondern vielmehr verschärft worden seien, die endgültige Krise nur vorübergehend aufgeschoben. So offenbarte Luxemburg, dass sie nach wie vor Kautskys Determinismus anhing: Bernsteins revisionistischem Sozialismus setzt sie die »objektive Notwendigkeit [des Sozialismus], das heißt die Begründung durch den Gang der materiellen gesellschaftlichen Entwicklung« entgegen – mit anderen Worten, einen Sozialismus, der mechanisch aus einer endgültigen Krise hervorgeht, die sich aus den inneren Widersprüchen der kapitalistischen Produktion ergibt.[21]

Wie unterschieden sich diese Erb*innen des »wissenschaftlichen Sozialismus« in ihrem Ansatz von Marx? Lucio Colletti weist in seiner philosophischen Analyse des Marxismus der Zweiten Internationale darauf hin, dass »das, was Marx als *historische Tendenz* bezeichnet hatte« – also die Krise –, »vom Marxismus dieser Zeit zu einem ›unvermeidlichen Naturgesetz‹ erklärt wurde«.[22]

Trotz ihrer unterschiedlichen Auffassungen über Zusammenbruch und Revolution teilten Bernstein, Kautsky, Luxemburg und selbst Figuren außerhalb Deutschlands wie der russische Theoretiker Georgi Plechanow bestimmte Annahmen:

> Die sogenannte »ökonomische Sphäre« – die bei Marx sowohl die Produktion von Dingen als auch die Produktion (Vergegenständlichung) von Ideen, die Produktion und die intersubjektive Kommunikation, die materielle Produktion und die Produktion sozialer Beziehungen umfasst hatte (für Marx war das Verhältnis zwischen Mensch und Natur auch ein Verhältnis zwischen Mensch und Mensch) – wurde nun als ein isolierter Faktor betrachtet, der von den anderen »Momenten« getrennt und damit jeglichen wirksamen sozialgeschichtlichen Gehalts entleert war, der sogar im Gegenteil eine antezedente Sphäre darstellte, die jeder menschlichen Vermittlung vorausging.[23]

Mit anderen Worten: Die Theorie der Zweiten Internationale hatte den Fehler begangen, verdinglichte Kategorien einer »ökonomischen Basis« aus Maschinen und eines »Überbaus« aus Sprache, Recht und anderen Elementen der menschlichen Sozialität, die lediglich als Epiphänomene der Basis verstanden wurden, zu konstruieren. Indem die Zweite Internationale die »ökonomische Basis« ausschließlich als Technologien – »Produktionstechniken« – auffasste und diese als objektive, »wissenschaftliche« Merkmale der Produktion behandelte, ließ sie den sozialen Inhalt dieser Produktion außer Acht: nämlich wie die Produktion das Leben der Menschen, ihre Kultur und ihre Kämpfe entscheidend prägt. Es war eine sozialistische Theorie, in der der Klassenkampf zweitrangig war, in der stattdessen die endogenen Widersprüche des Kapitalismus die Geschichte bestimmten und die Grundlage für den Übergang zum Sozialismus bildeten.[24]

Diese deterministische Überzeugung bildete schließlich die Grundlage für Kautskys Kritik an der bolschewistischen Revolution von 1917 in Russland. Denn die Machtübernahme in diesem überwiegend bäuerlich geprägten Land, in dem die kapitalistischen Gesellschaftsverhältnisse sich gerade erst durchzusetzen begannen, war nicht dem planmäßigen Verlauf der Entwicklungsstufen gefolgt. »Es ist ein alter marxistischer Grundsatz«, mahnte er, »daß Revolutionen sich nicht machen lassen können, daß sie aus den Verhältnissen entstehen.«[25] Diese Sichtweise führte dazu, dass Kautskys SPD beim Ausbruch des Ersten Weltkriegs die deutschen Kriegsanstrengungen unterstützte, anstatt sich für den Internationalismus einzusetzen. Eley zufolge rechtfertigte die SPD den Verrat an ihren internationalistischen Verbindlichkeiten und die Unterstützung des Krieges zum Teil damit, dass sie ihre Errungenschaften gegen die »zaristische Reaktion und die slawische Rückständigkeit« verteidigte, was dem plötzlichen Rückfall in den nationalistischen Militarismus einen »progressiven« Elan verlieh.[26]

Nach dem Krieg hielt Kautsky weiterhin an seiner, wie sein Biograf Dick Geary es nennt, »mechanistischen Sichtweise historischer Veränderungsprozesse«[27] fest und vertrat die Ansicht, dass der Sozialismus nur dann entstehen könne, wenn die Produktivkräfte »reif« dafür seien (ein Begriff, den er wiederholt verwendete). »Nicht aus dem verkommenden, stagnierenden, sondern aus dem zur höchsten Produktivität entfalteten Kapitalismus kann der Sozialismus hervorgehen«, schrieb er 1922.[28] Darin folgte ihm eine ganze marxistische Tradition endlos aufgeschobener Aktionen, die den Kämpfen in der »Peripherie« der kapitalistischen Produktion mit Geringschätzung begegnete. Um ein aktuelles Beispiel zu nennen: Bhaskar Sunkara, Herausgeber der Zeitschrift *Jacobin*, wiederholte jüngst in seinem *Socialist Manifesto* Kautsky'sche Argumente über Marx: »Die Erfahrung der Dritten Welt mit dem Sozialismus bestätigt Marx«, der »argumentierte, dass eine erfolgreiche sozialistische Wirtschaft bereits entwickelte Produktivkräfte erfordert«.[29]

Wobblies und Technokraten

In den USA, wo sich einflussreiche Arbeiterparteien wie die in Europa nicht entwickelt hatten, herrschte eine andere Sichtweise vor. Die Industrial Workers of the World (IWW), eine große Organisation militanter Arbeiter*innen, Wanderarbeiter*innen und Arbeitsloser, deren bevorzugtes Mittel die direkte Aktion war, erkannten die Auswirkungen des wissenschaftlichen Managements auf den Klassenkampf. Als sich die tayloristische »Rationalisierung« in der Industrie ausbreitete, versuchten die »Wobblies« genannten Mitglieder der IWW, wie Mike Davis berichtet, »eine Rebellion der Basis gegen Taylors Rationalität und die Beschleunigung zu entwickeln«.[30] Angesichts des verstärkten Interesses der Arbeiter*innen am militanten Widerstand gegen die neuen Arbeitsmethoden veröffentlichten die IWW 1913 zwei beachtenswerte Traktate zum Thema Sabotage. Nachdem eine dieser Broschüren verwendet wurde, um einem Gewerkschafter den Prozess zu machen, nahm die Gewerkschaft die Veröffentlichung zurück und erklärte öffentlich, auf Sabotage als Taktik zukünftig verzichten zu wollen.

Unter »Sabotage« fiel zu dieser Zeit jedes subversive Mittel, das Arbeiter*innen anwenden konnten, um die Produktion zu beeinträchtigten – darunter Fernbleiben vom Arbeitsplatz, Verlangsamung der Arbeit, »Dienst nach

Vorschrift«, bei dem nur die ausdrücklichen Anweisungen befolgt wurden, und sogar Streik. Sabotage konnte die Störung von Anlagen betreffen – »das Versetzen von Maschinenteilen oder einer ganzen Maschine« –, es konnte aber auch bedeuten, dass Produkte von besserer Qualität hergestellt wurden, als die Eigentümer beabsichtigten. Das führende IWW-Mitglied Walker C. Smith erklärte:

> Die Arbeiter erkennen allmählich, dass es ihre Klasse ist, an die gepanschte Lebensmittel, minderwertige Kleidung und schlechtes Material verkauft werden. Indem sie sich weigern, Produkte zu verfälschen, zerstören sie nicht nur die Profite der Unternehmer, sondern sie schützen auch ihr eigenes Leben.[31]

Tatsächlich, schrieb er augenzwinkernd, könnte »Sabotage« sogar das Handeln der Unternehmer beschreiben, wenn sie die Arbeiter*innen aussperrten und damit die Produktion unterbrachen.

Smith zufolge konnte Sabotage in zweierlei Hinsicht von Nutzen sein. Erstens hatte sie eine direkte wirtschaftliche Auswirkung auf die Kapitalisten: »Das Ziel ist, den Unternehmer an seinem wunden Punkt zu treffen, seinem Herz und seiner Seele, mit anderen Worten: seinem Geldbeutel.« Zweitens, und das ist noch wichtiger, war sie ein Mittel zur Entwicklung von Militanz und Solidarität unter den Arbeiter*innen. Die Auswirkungen von Sabotage auf den Klassenkampf verglich Smith mit denen eines Guerillakrieges:

> Der Guerillakrieg bringt den Mut des Individuums hervor, er fördert dessen Initiative, Kühnheit und Entschlossenheit. Die Sabotage bewirkt dasselbe bei den Saboteuren. Sie ist für den sozialen Krieg, was die Guerilla für den nationalen Krieg ist. Wenn sie

> nur einen Teil der Arbeiter aus ihrer Lethargie aufweckt, dann ist sie gerechtfertigt. Aber sie kann noch mehr tun als das, sie kann die Arbeiter zur Wachsamkeit anhalten und sie zum Kampf gegen ihre Herren anspornen. Sie kann der militanten Minderheit, den Wenigen, die immer die Hauptlast des Kampfes tragen, zusätzliche Hoffnung verleihen.

Die Sabotagetechniken beruhten auf der Tatsache, dass die Arbeiter*innen innerhalb eines Produktionsprozesses platziert waren, »eine Waffe, die die Herren ihnen nicht entreißen können«. Und dass diese, wie der Guerillakrieg, eine Waffe der Schwachen war, gab Smith ebenfalls zu:

> Ist es nicht so, dass die Arbeiter noch weitgehend ohne Machtbewusstsein sind? Es wäre selbstmörderisch, nach der Theorie zu handeln, dass wir heute schon die Macht besitzen, für die wir kämpfen. Da wir schwach sind, müssen wir unsere keimende Organisation schützen, indem wir jedes uns zur Verfügung stehende Mittel nutzen, nur nicht das des Kompromisses mit unserem Feind, der Unternehmerklasse.[32]

Die legendäre IWW-Aktivistin Elizabeth Gurley Flynn bemühte sich in ihrem Traktat um eine präzisere Definition: »Sabotage« beziehe sich auf jeden Versuch, »die eigene Produktion im Verhältnis zur eigenen Entlohnung einzuschränken«, oder mit anderen Worten »die vorsätzliche Zurücknahme von Effizienz durch einen qualifizierten Arbeiter«. Anstatt wie Smith die heilbringende Wirkung von Sabotage auf das Klassenbewusstsein zu betonen, argumentierte Flynn, dass die Arbeiter*innen *bereits ständig* Sabotage betrieben, ohne jedoch einen einheitlichen Namen für ihr Tun zu haben. Flynn zitiert einen Arbeiter der

Seidenfabrik in Paterson in New Jersey, wo die Gewerkschafter*innen während des Streiks von 1913 über die Wirksamkeit von Sabotage diskutierten:

> Ich hatte noch nie etwas von Sabotage gehört, bevor Mr. Boyd auf dem Podium darüber sprach. Ich weiß, dass ich ab und zu, wenn ich einen halben Tag frei haben will und sie ihn mir nicht geben, das Band von der Maschine schiebe, damit sie nicht mehr läuft, und dann bekomme ich meinen halben Tag. Ich weiß nicht, ob man das als Sabotage bezeichnen kann, aber ich mache das jedenfalls so.[33]

Wie Flynn berichtet, »gab ein Mitglied des Exekutivausschusses nach dem anderen zu, dass sie diese Sache gemacht hatten, aber sie ›wussten nicht, dass man das so nennt!‹« Flynns Analyse der Sabotage war in diesem Sinne eminent marxistisch: Anstatt eine Strategie von oben herab zu diktieren, betrachtete sie die tatsächlich existierenden Taktiken der Arbeiter*innen als grundlegenden Bestandteil des Klassenkampfes. »Wir müssen sehen, was die Arbeiter tun«, schrieb sie, »und dann versuchen zu verstehen, warum sie es tun; wir sollten ihnen nicht sagen, ob es richtig oder falsch ist, sondern die Bedingungen analysieren.«

Einige Jahre später tauchten die Themen und Ideen aus den berüchtigten Wobbly-Traktaten an überraschender Stelle wieder auf: in einem der Hauptwerke des unorthodoxen amerikanischen Soziologen Thorstein Veblen. Veblens *The Engineers and the Price System* ist vor allem für seine Skizze einer technokratischen sozialistischen Transformation in den Vereinigten Staaten bekannt. Das Buch beginnt jedoch mit einem etwas ungewöhnlichen Diskurs, der sich ausgerechnet mit Sabotage beschäftigt. Veblen wiederholt die Argumente von Smith und Flynn in einem solchen Umfang, dass er dabei ihre Arbeit im Kopf gehabt haben muss. Er verwendet sogar Flynns Definition von Sabotage: »die vorsätzliche Zurücknahme von Effizienz«.

Wie die Wobblies dehnt Veblen die Definition von Sabotage auch auf Techniken aus, die von Herstellern und Unternehmern im Rahmen ihres Geschäftsbetriebs angewendet werden:

> Derartige Taktiken der Drosselung, Verzögerung und Behinderung haben einen großen Anteil am gewöhnlichen Geschäftsgebaren; doch erst in jüngster Zeit hat man erkannt, dass diese gewöhnliche Geschäftsstrategie im Wesentlichen von derselben Art ist wie die gewöhnlichen Taktiken der Syndikalisten.[34]

Viele Wissenschaftler*innen sahen Veblens Analyse als Teil seines charakteristischen ironischen Ansatzes bei der Kritik an den Kapitalisten seiner Zeit, und ein solcher Ton ist in der Tat eindeutig zu erkennen.[35] Veblens Behandlung der Sabotage spiegelt jedoch auch sein jahrelanges Engagement für die IWW und deren Politik wider. Wie der Wirtschaftshistoriker John F. Henry beschreibt, hegte Veblen große Sympathien für die IWW, unterzeichnete Petitionen gegen deren Verfolgung und ging sogar so weit, dem American Farm Bureau zu empfehlen, arbeitslose Wobblies für die Feldarbeit einzustellen.[36] Letzteres führte zu einem vorzeitigen Ende seiner Karriere im Landwirtschaftsministerium.[37]

Auch wenn Veblen vermutlich die Abneigung der IWW gegen den Kapitalismus teilte, billigte er doch nicht ihre Methoden. Bei der Beschreibung der um sich greifenden Sabotage, die sowohl von Arbeiter*innen als auch von Eigentümern begangen wurde, bemühte er sich, die Seite der Arbeiter*innen nicht aufzuwerten, und setzte stattdessen eine vermittelnde Figur ein: den Ingenieur. Die Ingenieure, die Veblen eher den »gewöhnlichen Menschen« der Arbeiterschaft als den »Eigeninteressen« der Kapitalisten zuordnete, seien gerade dabei, »ein vorsichtiges ›Klassenbewusstsein‹ zu entwickeln«, und zwar aufgrund »der zunehmenden Verschwendung und des Durcheinanders bei der Verwaltung der Betriebe durch die Finanzagenten der abwesenden Eigentümer«. Mit ihrem »gemeinsamen Interesse an produktiver Effizienz, sparsamem Einsatz von Ressourcen und einer gerechten Verteilung der produzierten Gebrauchsgüter« anstelle von Profit und Wettbewerb wären Ingenieur*innen die würdigen Erb*innen der industriellen Kapazität der Vereinigten Staaten, die sie zum Wohle der Allgemeinheit nutzen könnten. Sie würden einen »Sowjet der Ingenieure« bilden.[38]

Veblen starb, bevor er in diesem Bereich weiterarbeiten konnte, doch er inspirierte andere, die die Fackel einer egalitäreren Gesellschaft auf der Grundlage neuer Technologien und umstrukturierter Arbeitsprozesse weitertrugen. Eine der einflussreichsten und langlebigsten Denkfabriken, die sich für eine von technischen Expert*innen rational verwaltete Gesellschaft einsetzte, wurde von Howard Scott gegründet, einem redegewandten Ingenieur, der gelegentlich mit Veblen zusammengearbeitet hatte.

In den 1920er Jahren war Scott Forschungsdirektor der IWW und untersuchte die Verschwendung im kapitalistischen System; 1932 gründete er zusammen mit dem Maschinenbauprofessor Walter Rautenstrauch das Committee on Technocracy an der Columbia University.[39] Wie Veblen kritisierten die Technokrat*innen das »Preissystem«, das sie als das Grundproblem des Kapitalismus ansahen, und plädierten stattdessen für ein Währungssystem auf der Grundlage von »Energieeinheiten«, ein Plan, der nie vollständig erläutert wurde. Trotz dieser etwas verschrobenen Pläne erreichte die Idee der Technokratie in den frühen 1930er Jahren den Höhepunkt ihres Einflusses, als die Große Depression den Glauben an das bestehende Wirtschaftssystem erschütterte und die Menschen nach Antworten auf die Frage suchten, was als nächstes kommen würde.

Die technokratische Diagnose des kapitalistischen Systems weist bemerkenswerte Ähnlichkeiten mit den Vorhersagen der heutigen radikalen Anhänger*innen der Vollautomatisierung auf: dass eine soziale Krise bevorstehe, die durch die Ersetzung von Arbeiter*innen durch Maschinen verursacht werde. Wie die Technokrat*innen in ihrer Zeitschrift *Technocrat's Magazine* erklärten, wurde oder wird vom Bagger bis zur Rechenmaschine

> eine Maschine nach der anderen perfektioniert, um die Arbeiter zu ersetzen. Es ist daher offensichtlich nur eine Frage der Zeit, bis die Maschinen so viele Arbeiter verdrängt haben werden, dass ein völlig neues System erdacht werden muss, um den Menschen auf der Erde ihren Lebensunterhalt zu sichern.[40]

Wie sollte dieses System aussehen? Wenn die Arbeitszeit durch den Einsatz von Maschinen verringert und die Möglichkeit, Reichtum in Form von Geld anzuhäufen, abgeschafft würde, so die Technokrat*innen, und »wenn jeder Mann zwanzig Jahre lang etwas über 600 Stunden im Jahr arbeiten würde, könnte ihm dadurch ein jährliches Einkommen von etwa 20.000 Dollar zustehen!«.[41] In heutigem Geld entspräche ein solches universelles Haushaltseinkommen dem obersten Prozent der Einkommenspyramide. Doch die eigentliche Raison d'Être der Technokrat*innen war ihre Fürsprache für die Maschinen: »Warum sollten wir die Maschinen bekämpfen, wenn wir unter dem System der Technokratie immer mehr unserer Arbeit von ihnen erledigen lassen können, so dass wir immer mehr Freizeit hätten, um das Leben zu genießen?«[42]

Doch die Begeisterung für die Technokratie erwies sich als kurzlebig: Technikhistoriker David F. Noble nannte sie eine »mediale Modeerscheinung und politische Sackgasse«, die zunehmend kultische Züge annahm.[43] Tatsächlich gibt es Scotts Organisation Technocracy, Inc. noch heute, Jahrzehnte nach seinem Tod, und ihre rudimentäre Website wirbt für Post-Arbeits-Zukünfte und am Umweltschutz orientierte Experimente wie Aquaponik. Letztlich begnügte sich die Organisation trotz ihrer hochgesteckten (und gelegentlich bizarren) Ziele damit, das Problem zu benennen und hypothetische Lösungen zu skizzieren. Während der Großen Depression zeigten die nach Jahren der Unterdrückung geschwächten IWW zeitweilig Interesse an der Technokratie. So verkündete etwa eine Schlagzeile des *Industrial Worker* aus dem Jahr 1933: »Wissenschaftler sagt Ende des Kapitalismus innerhalb von drei Jahren voraus«, wobei Scott, der betreffende »Wissenschaftler«, seine eigenen Qualifikationen wohl übertrieben hatte. Bald darauf hatten die IWW jedoch genug von derartigen Visionen und kritisierten die Technokratie scharf: »Bis auf ihre Zahlenkolonnen und Vorhersagen haben sie kein Programm, mit dem sie etwas bewirken können, und den Klassenkampf lassen sie völlig außen vor. Insofern gibt es dazu nichts mehr zu sagen.«[44]

Lenin und die Bolschewiki

Trotz der Unterschiede in der politischen Strategie teilten die Bolschewiki viele der theoretischen Ansichten der Zweiten Internationale. Selbst nach der Russischen Revolution ging es beim Aufbau des Sozialismus in der »rückständigen« Sowjetunion weitgehend darum, sich kapitalistische Technologien anzueignen, um die für eine sozialistische Wirtschaft als notwendig erachteten Entwicklungsstufen schneller zu durchlaufen. Der Historiker Alexei Kojevnikov weist darauf hin, dass bei allen Klassen und politischen Strömungen in Russland, einschließlich der Bolschewiki, der Glaube an die Wissenschaft vorherrschte, der Teil eines längeren Diskurses über die Notwendigkeit des Reichs war, zum Niveau Großbritanniens, Frankreichs und Deutschlands »aufzuschließen«.[45] Trotz der allgemeinen Akzeptanz eines stufenweisen Wegs zum Sozialismus gab es unter den bolschewistischen Intellektuellen viele Diskussionen über die Frage der Technologien im Arbeitsprozess. Auf philosophischer Ebene vertrat Nikolai Bucharin eine technikdeterministische Position, die der von Kautsky ähnelte, und skizzierte eine lineare Entwicklung, die über die ökonomische »Basis« verlief, in der die Technik autonom agierte. »Die *historische Produktionsweise*, d. h. die Form der Gesellschaft, wird aber durch die Entwicklung der Produktivkräfte, d. h. *die Entwicklung der Technik bestimmt*«[46], schrieb er.

Der Philosoph Georg Lukács kritisierte diese Sichtweise mit dem Verweis auf die Ähnlichkeit zwischen Bucharins Analyse und der Ideologie der kapitalistischen Wissenschaftsauffassung: »Die Nähe von Bucharins Theorie zum bürgerlichen, naturwissenschaftlichen Materialismus ergibt sich aus seiner Verwendung der ›Wissenschaft‹ (im französischen Sinne) als Modell.« Lukács bestand darauf, dass eine echte historisch-materialistische Analyse Wissenschaft und Technik nicht von dem Klassensystem, in das sie eingebettet seien, trennen dürfe. »In ihrer konkreten Anwendung auf die Gesellschaft und die Geschichte«, schrieb er, »verdeckt sie daher häufig das spezifische Merkmal des Marxismus: *dass alle ökonomischen oder ›soziologischen‹ Phänomene sich aus den sozialen Beziehungen der Menschen zueinander ableiten.*«[47] Für Lukács bedeutete das, dass die kapitalistische Produktion nicht einfach von der Klassenstruktur des Kapitalismus und dessen Beherrschung und Kontrolle über die Arbeiter*innen – insbesondere am Ort der Produktion – getrennt werden konnte.

Lenin selbst schien mit seiner Auffassung, dass die Technik unabhängig von den sozialen Beziehungen sei und die Sowjetunion kapitalistische Produktionsmethoden übernehmen müsse, eher Bucharins Seite zuzuneigen. In seiner Schrift über das »Taylor-System« vertrat er die These, dass der Taylorismus zwar im Kapitalismus eine Form der Versklavung sei, im Sozialismus jedoch die Lasten der Arbeit erleichtern würde:

> Das Taylorsystem bereitet – ohne Wissen und gegen den Willen seiner Erfinder – die Zeit vor, wo das Proletariat die ganze gesellschaftliche Produktion in seine Hände nehmen und eigene Arbeiterkommissionen einsetzen wird, um die gesamte gesellschaftliche Arbeit richtig zu verteilen und zu regeln. Die Großproduktion, die Maschinen, die Eisenbahnen, das Telefon – all das gibt Tausende von Möglichkeiten, um die Arbeitszeit der organisierten Arbeiter auf den vierten Teil herabzusetzen und ihnen dabei einen viermal so großen Wohlstand als heute zu gewährleisten.[48]

Die Effizienzgewinne der taylorisierten Produktion, die im Kapitalismus bloß eine effizientere Ausbeutung bedeuteten, könnten also unter sozialistischem Eigentum an Produktionsmitteln die Arbeitszeit verkürzen – wenn irgendwann eine entsprechende Entwicklung erreicht sei. An anderer Stelle äußerte Lenin eine ambivalentere Haltung: »[D]as Taylorsystem vereinigt in sich – wie alle Fortschritte des Kapitalismus – die raffinierte Barbarei der bürgerlichen Ausbeutung und eine Reihe von großartigen wissenschaftlichen Errungenschaften«.[49] In dem Bestreben, die Produktivität in der jungen Sowjetunion zu steigern, plädierte er schließlich für die »Verbindung der Sowjetmacht und der sowjetischen Verwaltungsorganisation mit dem neuesten Fortschritt des Kapitalismus« – wie dem Taylorismus.[50]

Das Thema Taylorismus löste unter den Bolschewiki eine heftige Debatte aus. Alexander Bogdanow, der mit seinen Proletkult-Initiativen den Aufbau einer arbeiterorientierten Kultur und Ästhetik als Alternative zu den bürgerlichen Kunstformen anstrebte, kritisierte die Übernahme tayloristischer Methoden. Bogdanow war der Ansicht, dass der Taylorismus die Ziele der Revolution untergrabe, indem er die Arbeiter*innen zu repetitiven Aufgaben zwinge, die ihre kritischen und kreativen Fähigkeiten verkümmern ließen. Stattdessen glaubte Bogdanow, dass die sozialistische Produktion durch »eine hochentwickelte geistige Ebenbürtigkeit der Arbeiter als universell gebildete bewusste Produzenten« gekennzeichnet sein würde.[51] Außerdem bemerkte er, dass der Taylorismus auf einer strengen Kontrolle der Arbeiter*innen beruhte, die zu Spaltungen unter der Arbeiterschaft, insbesondere zwischen Arbeiter*innen und Ingenieur*innen, führen konnte.[52]

Auf der anderen Seite der Debatte stand Alexei Gastew, ein ehemaliger Dichter, der in der Folge Leiter des Zentralinstituts für Arbeit wurde. Für Gastew, den wichtigsten Verfechter des Taylorismus unter den Bolschewiki, war das wissenschaftliche Management nicht bloß eine Frage der Effizienz, sondern ein Mittel zur Schaffung eines neuen sozialistischen Subjekts und einer modernistischen Utopie. Wie Richard Stites in seiner Kulturgeschichte der Sowjetunion beschreibt, schwebte Gastew »eine mechanisierte, standardisierte Welt im wörtlichen Sinne vor, deren Produktion von sich selbst regulierenden und korrigierenden Maschinen beherrscht wird, die weltweit in einer Maschinenstadt vereint sind – das heißt, eine einzige, zusammenhängende mechanisierte Zivilisation, die sich über den gesamten Globus erstreckt«. Die Maschinen sollten jedoch nicht nur den Arbeitsrhythmus, sondern auch den Takt des gesamten gesellschaftlichen Lebens bestimmen, das dadurch rationalisiert und standardisiert würde – »eine einheitliche Sprechweise, ein standardisierter Gedankenkatalog und eine einheitliche Sammlung von Mahlzeiten, Wohnungen und sexuellen und spirituellen Lebensweisen«.[53]

Eine solche Rationalisierung machte auch die Demokratie überflüssig, da die Gesellschaft mehr einer Maschine ähneln würde, an der herumgeschraubt werden muss, als einer widerspenstigen Ansammlung von Individuen und Gruppen. Diese überholten politischen Formen sollten Gastews Meinung nach zusammen mit den überholten Produktionsmethoden abgeschafft werden:

> Die Methode, soziale Probleme durch »Abstimmungen« und die Suche nach Mehrheiten oder Minderheiten zu lösen, muss als altmodische Handarbeit gelten; das Wesen der neuen Industrie wird darin bestehen, dies zu beenden und neue Mittel zur Offenbarung des allgemeinen Willens zu schaffen.[54]

In der Tat könnte eine maschinelle Arbeiterklasse auch ein maschinelles Regieren bedeuten: »Maschinen werden nicht mehr verwaltet, sondern sie werden selbst zu Verwaltern.«[55]

Angesichts des Widerstands von Arbeiter*innen und anderen Mitgliedern der Intelligenzija, die innerhalb des Produktionsprozesses dem Menschen Raum geben wollten, war Gastew gezwungen, seine wilden techno-utopischen Fantasien zu zügeln. Doch aufgrund des enormen Drucks, die Produktivität rasch zu steigern, setzten sich die sowjetischen Taylorist*innen schließlich durch, und die massive staatlich gelenkte Industrialisierung und das bürokratische Management wurden zum Mittel der Schaffung eines neuen sozialistischen Subjekts. Die Strategie wurde zwar weiterhin in der ambivalenten Sprache Lenins formuliert – der Taylorismus war letztlich ein Mittel, den Arbeiter*innen die Arbeit zu erleichtern –, doch die Arbeiter*innen erlebten ihn eher so, wie Taylor selbst ihn beschrieben hatte: als ein Mittel zur Durchsetzung der Arbeitsdisziplin auf Kosten der Autonomie der Arbeiter*innen. Die Arbeiter*innen, die für die proletarische Demokratie gekämpft und Opfer gebracht hatten, reagierten mit erbittertem Widerstand gegen die maschinelle Organisierung der Arbeit. Laut Paul Avrich, einem Historiker des Anarchismus, gehörte »das Taylor-System« zu jenen Missständen, die die aufständischen Arbeiter*innen und Matrosen von Kronstadt der bolschewistischen Regierung vorwarfen.[56]

Zur Zeit der Großen Säuberung unter Stalin in den 1930er Jahren wurden Gastew und viele der anderen tayloristischen Utopist*innen marginalisiert und hingerichtet, obwohl sich die sowjetische Industrie weiterhin an ihren Methoden orientierte. Stites beschreibt es so: »Nur die krudesten und harschesten Elemente des Taylorismus wurden beibehalten. Dabei wurden sie aber aller träumerischen Bestrebungen beraubt und zu Werkzeugen der Arbeitsausbeutung gemacht.«[57] Das riesige Produktionszentrum in Magnitogorsk, das im Rahmen von Stalins erstem Fünfjahresplan errichtet wurde, verkörpert diese vorherrschende Theorie von Technologie und Sozialismus. Während unter Lenin die Arbeitsbedingungen und Interessen des Proletariats wichtiger waren als Effizienz und Produktivität, galt unter Stalins Programm die industrielle Entwicklung als *Synonym* für den Sozialismus.[58] Da der Klassenkampf nun nicht mehr innerhalb der Betriebe, sondern im Wettbewerb mit der kapitalistischen Welt geführt wurde, spielte es für Stalin auch keine Rolle, dass der Magnitogorsk-

Komplex von amerikanischen Ingenieur*innen entworfen worden und die große sowjetische Industriestadt einer Stadt im Herzen der amerikanischen kapitalistischen Produktion nachempfunden war: Gary, Indiana.[59] Der marxistische Philosoph Louis Althusser vermutet, dass dies eine Schwäche darstellt, die Stalin mit Kautsky und der SPD teilte: »Ist Stalin damit nicht – wie dies sein Text von 1938 belegt – hinter die Politik Lenins zurückgefallen und zur Politik der II. Internationale zurückgekehrt, d. h. zu der des Primats der PRODUKTIVKRÄFTE über die PRODUKTIONSVERHÄLTNISSE?«[60]

Die sowjetischen Arbeiter*innen ihrerseits widersetzten sich und rebellierten immer wieder an ihren Produktionsstätten. Während des Baus von Magnitogorsk begehrten sie gegen die schwierigen Bedingungen auf, sabotierten den Bau oder liefen einfach davon.[61] Jeffrey Rossman berichtet über den Widerstand der Textilarbeiter*innen während des ersten Fünfjahresplans, der unter anderem

> Massendemonstrationen, Brotaufstände, Streiks, Bummelstreiks, Industriesabotage, subversive Reden auf Betriebsversammlungen, Gewaltakte gegen lokale Behörden, schriftliche Proteste an die Parteiführung, anonyme Flugblätter und das Verfassen und Verbreiten von subversiven künstlerischen Erzeugnissen (vor allem Lieder und Gedichte) umfasste.[62]

Die Arbeiter*innen rebellierten mit der Begründung, dass die Ideale der bolschewistischen Revolution, die eine Begrenzung der Arbeitszeit und eine Grundentlohnung vorsahen, durch die Stachanow'sche Ideologie der totalen Hingabe an die Arbeit untergraben wurden.[63] Die durch den Kontrollverlust und die Verschärfungen des Taylorismus gekennzeichneten Veränderungen des Arbeitsprozesses waren somit ein Hauptbrennpunkt des Arbeitskampfes.

Und ähnlich wie bei seinen Vorgängern ein Jahrhundert zuvor manifestierte sich dieser Kampf in der Zerstörung der neuen Maschinen.

Sabotage hatte für die sowjetischen Arbeiter*innen eine ganze Reihe von Vorteilen. Zum einen brachte sie direkt ihren Widerstand gegen die neuen Arbeitsprozesse in den neuen Industrieanlagen zum Ausdruck, und zwar weniger sichtbar als Streiks oder Demonstrationen, die unter Umständen bestraft werden konnten. Und selbst wenn der Widerstand offenere Formen wie Arbeitsniederlegungen annahm, blieb Sabotage ein wichtiges Mittel, das zunehmend angewandt wurde, um die Disziplin innerhalb der Belegschaft durchzusetzen. Potenzielle Streikbrecher*innen fanden nicht selten funktionsunfähige Maschinen vor, und wenn Brigaden aus Stoßarbeiter*innen und Produktivitätswettbewerbe unter jungen Arbeiter*innen das Arbeitstempo bedrohten, wurden auch ihre Geräte zerstört. »In Teikowo, Witschuga und Jaroslawl«, so Rossman, »sabotierten nicht identifizierte ›Klassenfeinde‹ – zweifellos altgediente Maschinenarbeiter – die Webstühle derer, die am Wettbewerb zum besten Weber und Aufseher teilnahmen.«[64]

Walter Benjamins Dissens

Walter Benjamin kritisierte in seinen Essays und philosophischen Schriften immer wieder den im Marxismus seiner Zeit weit verbreiteten Fortschrittsbegriff. So versuchte er etwa in seinem *Passagen-Werk*, »einen historischen Materialismus zu demonstrieren, der die Idee des Fortschritts in sich annihiliert hat«.[65] Doch Benjamin war weder ein Primitivist noch ein Romantiker. Insbesondere in Bezug auf neue Technologien der Medien- und Kulturproduktion war er optimistisch. In seinem berühmten Essay »Das

Kunstwerk im Zeitalter seiner technischen Reproduzierbarkeit« staunt er über die Fähigkeit von Fotografie und Film, die Distanz zwischen den Menschen und der Kunst aufzuheben und die Kontingenz des Alltagslebens sichtbar zu machen:

> Indem der Film durch Großaufnahmen aus ihrem Inventar, durch Betonung versteckter Details an den uns geläufigen Requisiten, durch Erforschung banaler Milieus unter der genialen Führung des Objektivs, auf der einen Seite die Einsicht in die Zwangsläufigkeiten vermehrt, von denen unser Dasein regiert wird, kommt er auf der anderen Seite dazu, eines ungeheuren und ungeahnten Spielraums uns zu versichern![66]

In ähnlicher Weise bedeutet die Ausbreitung der Presse und Publikationstechniken, dass »die Unterscheidung zwischen Autor und Publikum im Begriff [ist], ihren grundsätzlichen Charakter zu verlieren«.[67] Darüber hinaus forderte Benjamin, dass die mit der kulturellen Arbeit verbundene Annahme bürgerlicher »Kompetenzen« durch die neuen Technologien aufgebrochen und mehr Arbeiter*innen in die Sphäre der intellektuellen Produktion gebracht werden sollten.[68]

Diese Ansichten entsetzten Benjamins Gesprächspartner Theodor W. Adorno, der ausführlich über die Degradierung der kulturellen Produktion, insbesondere der Musik, durch Reproduktionstechnologien schrieb. Wichtiger noch als Adornos oft zitierte Technikfeindlichkeit war jedoch, dass die Musiker*innen selbst gegen die Aufnahmen kämpften, die sie ihrer Meinung nach überflüssig machten. In San Francisco wurden Konzertsäle wiederholt mit Stinkbomben angegriffen, weil sie keine Orchester mehr engagieren wollten; in St. Louis legten gewerkschaftlich organisierte Musiker*innen Zeitbomben, um die Vitaphone-Tonfilmgeräte zu beschädigen, die sie ersetzt hatten.[69]

Während der Faschismus – selbst eine ideologische Formation, die von Maschinen besessen war – seinen Siegeszug durch Europa fortsetzte, versuchte Benjamin, das historische Scheitern des deutschen Sozialismus zu bewerten. Kurz vor seinem Tod 1940 verortete er dessen wesentlichen Fehler in seinem Glauben, der Fortschritt sei mit der Weiterentwicklung der Produktionstechnologien verbunden:

> Es gibt nichts, was die deutsche Arbeiterschaft in dem Grade korrumpiert hat wie die Meinung, sie schwimme mit dem Strom. Die technische Entwicklung galt ihr als das Gefälle des Stromes, mit dem sie zu schwimmen meinte. Von da war es nur ein Schritt zu der Illusion, die Fabrikarbeit, die im Zuge des technischen Fortschritts gelegen sei, stelle eine politische Leistung dar.[70]

Wie Michael Löwy in seiner Studie über den Text ausführt, greift Benjamin damit »den wesentlichen Glaubensartikel« der Strategie der Zweiten Internationale an: dass nämlich der Sieg des Sozialismus auf ein schnelles Wachstum hinauslaufe, auf »die quantitative Akkumulation von Produktivkräften, von Errungenschaften der Arbeiterbewegung, von Parteimitgliedern und Wähler*innen in einer Bewegung des linearen, unwiderstehlichen, ›automatischen‹ Fortschritts«.[71]

Die Historikerin Mary Nolan entwirft ein Bild vom Deutschland der Zwischenkriegszeit, das Benjamins dialektische Umkehrungen stützt. Evolutionäre Überzeugungen, so stellt sie fest, prägten große Teile der zersplitterten deutschen Linken bis in die Weimarer Jahre hinein: »Die einheitsstiftende Theorie [der SPD] war eine aktualisierte Version der Kautsky'schen Orthodoxie, diesmal geliefert von Rudolf Hilferding, aber mit dem gleichen ökonomischen Determinismus und der politischen Passivität des Originals.«[72] Und auch wenn die Kommunistische Partei Deutschlands (KPD) den Fordismus und den Taylorismus kritisierte, weil sie die Ausbeutung verschärften, »waren die Kommunisten gleichermaßen davon überzeugt, dass dieselbe Technik, die dem Kapitalismus diente, auch dem Sozialismus dienen konnte«.[73] Letztlich führte »der kollektive Produktivismus und technologische Determinismus der Zweiten und Dritten Internationale zu einer kollektiven Unfähigkeit, sich andere als hoch rationalisierte Produktionsformen vorzustellen«.[74]

Die solchermaßen rationalisierte Arbeit reproduzierte nicht nur die Herrschaftsstrukturen in den Betrieben, sondern wirkte sich auch negativ auf die Gesundheit und das Wohlbefinden der Arbeiter*innen aus. Nolan stellt fest, dass Verletzungen und Krankheiten, insbesondere »Nervenleiden«, nach der Rationalisierung sprunghaft anstiegen.[75] Und als die Prozesse effizienter und Menschen infolgedessen arbeitslos wurden, verloren die sozialistischen Politiker*innen, die die Rationalisierungspolitik weiterhin unterstützten, bei ihren Parteimitgliedern an Legitimität, was zu allgemeinen Ressentiments gegenüber der Weimarer Sozialdemokratie führte. Während die Politik über die Auswirkungen der neuen Technologien herumdruckste, wurde die Stimmung unter den Arbeiter*innen zunehmend geschlossener und feindseliger.[76]

Für Benjamin ist die revolutionäre Klasse keine natürliche Nebenerscheinung der historischen Entwicklung, sondern sie hat »das Kontinuum der Geschichte aufzusprengen«. In der Tat sei diese Geschichte keine Geschichte des Fortschritts oder nicht einmal eine Abfolge von Ereignissen, sondern »eine einzige Katastrophe, die unaufhörlich Trümmer auf Trümmer häuft«[77]. An anderer Stelle wird Benjamin in diesem Punkt noch deutlicher: »Marx sagt, die Revolutionen sind die Lokomotiven der Weltgeschichte. Aber vielleicht ist dem gänzlich anders. Vielleicht sind die Revolutionen der Griff des in diesem Zug reisenden Menschengeschlechts nach der Notbremse.«[78] Hier zeigt sich Benjamin offen *dezelerationistisch*. Weder führt die Technik zu einem revolutionären Bruch, noch treibt eine Revolution notwendigerweise neue technische Entwicklungen voran. Vielmehr begreift Benjamin die Revolution als eine Beendigung der Katastrophe. Sie hält den »Fortschritt« in seinem Lauf auf.

Was soll diese revolutionäre Aktion motivieren, wenn nicht der Glaube an den technischen Fortschritt, auf den die Zweite Internationale ihr Glück setzte? Die Antwort darauf sucht Benjamin in der Vergangenheit, allerdings nicht, um die Wunder zu bestaunen, die die Bourgeoisie vollbracht hat, wie Marx und Engels es in den berauschenden Tagen von 1848 taten. Benjamin blickt vielmehr auf den Klassenkampf. Auch wenn dieser Kampf voller Verluste und Katastrophen war, habe er der Gegenwart »feine und spirituelle« Dinge hinterlassen:

> Sie sind als Zuversicht, als Mut, als Humor, als List, als Unentwegtheit in diesem Kampf lebendig und sie wirken in die Ferne der Zeit zurück. Sie werden immer von neuem jeden Sieg, der den Herrschenden jemals zugefallen ist, in Frage stellen.[79]

Löwy präzisiert das folgendermaßen:

> Was [Benjamin] an der Vergangenheit interessiert, ist nicht die Entwicklung der Produktivkräfte, der Widerspruch zwischen den Kräften und den Verhältnissen der Produktion, die Eigentums- oder Staats-

> formen oder die Entwicklung der Produktionsweisen – alles wesentliche Themen von Marx' Werk –, sondern der Kampf auf Leben und Tod zwischen Unterdrückern und Unterdrückten, Ausbeutern und Ausgebeuteten, Beherrschern und Beherrschten.[80]

Hier schlägt Benjamin ähnliche Töne an wie die Wobblies mit ihrer Befürwortung der Sabotage. Die Erlösung vom Kapitalismus und seiner Gewalt wird nicht durch eine einfache Aneignung seiner Mittel erfolgen, sondern, so Benjamin, auf dem Rücken jener sedimentierten Erfahrungen all der Namenlosen, die gegen sie ankämpften, die daran zerbrachen, sie blockierten, sabotierten – die in ihren Verhältnissen nach der Notbremse griffen. Dies ist das Rohmaterial der zukünftigen Emanzipation.

3

Gegen die Automatisierung

Was ist Automatisierung? Wie wir sehen konnten, haben Maschinen seit Jahrhunderten menschliche Arbeitsprozesse nachgeahmt und ergänzt, und in diesem Sinn wird »Automatisierung« heutzutage umgangssprachlich auch oft benutzt. Der Begriff »Automatisierung« wurde jedoch erst 1947 zur Beschreibung dieses Prozesses verwendet, als Delmar Harder, Vizepräsident der Produktionsabteilung der Ford Motor Company, die Abteilung für Automatisierung gründete. Die Ingenieure der Abteilung gestalteten damals die Automobilproduktion so um, dass die Materialien automatisch von einem Arbeitsschritt zum nächsten befördert wurden, so dass zum Be- und Entladen der Maschinen keine Arbeiter*innen mehr benötigt wurden.[1] Darüber hinaus war auch der Prozess selbst zunehmend maschinell gesteuert, und zwar durch ein System von Zeitschaltern, Tastern und Relais – das der Technikhistoriker David Hounsell als »elektromechanisches Gehirn« bezeichnet.[2]

Die meisten der an der Automatisierung beteiligten Technologien waren bereits Jahre vor ihrer Einbindung in den Produktionsprozess von Ford in anderen Branchen entwickelt und installiert worden. Neu war an der Automatisierung, dass sie für die Fertigungsstrategie von Ford von zentraler Bedeutung war, und das in einer Zeit historischer Unruhen unter den Automobilarbeiter*innen und insbesondere nur kurz nach einem teuren 24-tägigen Streik im riesigen Ford-Werk in River Rouge im Mai 1949.

Die neuen Technologien sollten nicht nur die widerspenstige Arbeiterschaft drastisch reduzieren, sondern es Ford auch ermöglichen, seine Produktion zu dezentralisieren und von den Unruhen in Detroit weg in die neu errichteten automatisierten Fabriken des Unternehmens in Cleveland und Buffalo zu verlagern.[3] Die Arbeiter*innen erkannten die Bedrohung sofort, weshalb die Automatisierung von ihrer Einführung an ein stark politisiertes Thema war.

Heute künden die Schlagzeilen von dem Potenzial der Automatisierung, Arbeiter*innen zu ersetzen, und das oft in einer Sprache, die an einwanderungsfeindliche Rhetorik erinnert: Roboter drohen, den Menschen die Arbeitsplätze »wegzunehmen« oder zu »stehlen«. Auf der Website willrobotstakemyjob.com lassen sich Statistiken über die Wahrscheinlichkeit eines solchen Diebstahls in verschiedenen Berufen abfragen. Bei Schriftsteller*innen liegt die Wahrscheinlichkeit bei nur 8 Prozent – »total safe« –, während Maschinenbauer*innen mit einer alarmierenden Wahrscheinlichkeit von 78 Prozent rechnen müssen. »Die Roboter warten schon«, warnt die Website. Die Zahlen stammen aus einem viel zitierten Bericht des Wirtschaftswissenschaftlers Carl Benedikt Frey und des Informatikers Michael A. Osborne aus dem Jahr 2013, der zu dem Schluss kommt, dass 47 Prozent aller Arbeitsplätze in den USA bis 2034 automatisiert sein werden.[4]

Viele Autor*innen der radikalen Linken haben dieses Framing der Automatisierung akzeptiert und dessen Implikationen sogar ausgeweitet und umgeleitet, indem sie der »vollständigen Automatisierung« eine zentrale Bedeutung für die Überwindung der kapitalistischen Ausbeutung zuschreiben. In *Inventing the Future* (*Die Zukunft erfinden*) erklären Alex Williams und Nick Srnicek: »Ohne Vollautomatisierung wäre jede postkapitalistische Zukunft gezwungen, sich zwischen Wohlstand auf Kosten der Freiheit (einer Option, in der die Arbeitsmoral der Sowjetunion nachhallt) und Freiheit auf Kosten des Wohlstandes (wie in primitiven Dystopien) zu entscheiden.«[5] In Peter Frases *Four Futures*, das eine Reihe von utopischen und dystopischen Postkapitalismen durchspielt, ist die »perfekte Automatisierung« die »Konstante in der Gleichung«.[6] Und Aaron Bastani treibt diese Idee in *Fully Automated Luxury Communism* auf die Spitze, indem er eine Zukunft mit unbegrenzter Freizeit für alle verspricht, ergänzt durch eine Fülle von Waren und Dienstleistungen, die ohne die Ausbeutung von Menschen bereitgestellt werden: »Wir werden mehr von der Welt sehen als je zuvor, Nahrungsmittel essen, von denen wir noch nie gehört haben, und ein Leben führen, das dem der heutigen Milliardäre entspricht – wenn wir es wünschen.«[7]

Eine solche Vorstellung ist ebenso schlicht wie verlockend, vor allem für diejenigen unter uns, die wir in aussichtslosen Jobs gefangen sind und uns mit unseren prekären Existenzen herumschlagen müssen. Wenn statt uns und den anderen Arbeiter*innen Roboter unsere Aufgaben übernähmen und die entstehenden Produkte allen zur Verfügung gestellt würden, dann könnten wir vielleicht auch alle so leben wie die Reichen. Wie in den Versprechungen der billigen Werbebanner, die in den späten 2000er Jahren überall im Internet zu sehen waren, könnte man mit »einem verrückten Kniff« eine erfüllte egalitäre Gesellschaft schaffen. Die Bourgeoisie hasst diesen Trick!

Das Problem mit den Anhänger*innen der Vollautomatisierung jeder politischen Couleur ist, dass ihre Vorhersagen auf einem fehlerhaften Verständnis davon beruhen, was tatsächlich passiert, wenn Maschinen in Produktionsprozesse eingeführt werden. Mit anderen Worten: Die »perfekte Automatisierung« hat wenig mit der real existierenden Automatisierung zu tun. Der Wirtschaftswissenschaftler David Autor liefert in seinem 2015 erschienenen

Artikel »Why Are There Still So Many Jobs?« (»Warum gibt es immer noch so viele Arbeitsplätze?«) ein nützliches Korrektiv zu diesem Irrtum. Der anklagende Titel bezieht sich auf John Maynard Keynes' rosige Vorhersagen einer Zukunft mit verkürzter Arbeitswoche. Wie Autor erklärt, werden durch die Automatisierung nicht einfach menschliche Arbeitsplätze durch maschinelle Prozesse ersetzt, sondern die Arbeit wird auf komplexe Weise beeinflusst:

> Der technische Wandel verändert die Art der verfügbaren Arbeitsplätze sowie deren Entlohnung. Eine spürbare Veränderung in den letzten Jahrzehnten war die »Polarisierung« des Arbeitsmarktes, bei der die Lohnzuwächse unverhältnismäßig stark an die oberen und unteren Ränge der Einkommens- und Qualifikationsverteilung gingen und nicht an diejenigen in der Mitte.[8]

Durch die Automatisierung wird die Erwerbsbevölkerung also neu zusammengesetzt, Aufgaben werden isoliert und neu angeordnet, Berufsbilder verändert und Berufe der mittleren Ebene ausgehöhlt.

Weshalb aber polarisiert die Automatisierung die Berufe, anstatt sie ganz zu ersetzen? Zum einen bestehen viele Berufe aus Tätigkeiten, die nur schwer zu automatisieren sind. Computer müssen Anweisungen folgen, die von Programmierer*innen festgelegt werden. Um einen Menschen also durch einen Computer zu ersetzen, müssen dessen Aufgaben verstanden und formuliert werden. Ein großer Teil des Arbeitsprozesses besteht jedoch aus implizitem Wissen, das die Arbeiter*innen gar nicht artikulieren können: »Es gibt Aufgaben, für die kein Computerprogrammierer noch irgendjemand sonst die expliziten ›Regeln‹ oder Verfahren artikulieren kann«, erläutert Autor.[9] Selbst wenn die Aufgaben bekannt sind, ist deren Automatisierung leichter gesagt als getan. Auf der einen Seite können Computer nicht das hohe Maß an abstraktem Denken nachbilden, das für leitende Positionen erforderlich ist. Auf der anderen Seite ist die Automatisierung von Tätigkeiten, die sowohl manuelle Arbeit als auch Flexibilität erfordern, wie etwa im Dienstleistungssektor, bei der Lebensmittelzubereitung oder bei Wartungs- und Instandhaltungstätigkeiten, schwierig und kostspielig.

Ein Beispiel. Im März 2018 wurde in der Filiale der Fast-Food-Kette CaliBurger in Pasadena unter großem Trara und Presserummel Flippy eingeführt, ein Roboter zum Burgerwenden. Die Tragweite war klar: Würde dies das Ende der Fast-Food-Jobs einläuten, dem Sinnbild für geringqualifizierte Einstiegsberufe? Nicht ganz. Mit weit weniger Presseaufwand wurde Flippy nach nur einem Tag Arbeit schon wieder in den Ruhestand versetzt. Die Besitzer von CaliBurger wählten den ehrenwerten Weg, Flippys Versagen ihren menschlichen Angestellten in die Schuhe zu schieben: Die Arbeiter*innen waren einfach zu langsam mit ihren eigenen Aufgaben, wie etwa dem Anrichten der Burger, weshalb sich Flippys Erfolge aufstapelten. Einigen aufmerksamen Journalist*innen war jedoch zuvor aufgefallen, dass Flippy bei der relativ einfachen Aufgabe des Burgerwendens, die dem Roboter seinen Namen gab, zahlreiche Fehler unterliefen. Und so zerschellte ein weiterer vollautomatischer Traum an der unschönen Realität.[10]

Autor zufolge ergänzt die Einführung neuer Informations- und Kontrolltechnologien, wie etwa der derzeit gehypten sogenannten »künstlichen Intelligenz«, zumeist die Arbeit in leitenden Managerpositionen und erhöht so die Macht und das Gehalt der Bosse. Auf der anderen Seite werden den Arbeiter*innen (wie Flippys Kolleg*innen) Aufgaben weggenommen, ihre Bewegungen werden neu organisiert und streng kontrolliert, um Platz für noch starrere Maschinen zu schaffen. Löhne und Arbeitsbedingungen verschlechtern sich. Doch selbst dann ist die Automatisierung noch nicht »vollständig«: Wie wir sehen werden, sind solche Systeme weiterhin auf eine Schicht menschlicher Arbeit angewiesen, die so gut wie unausrottbar ist. Das gilt für Flippy ebenso wie für die leistungsfähigste KI.

Ersetzbar sind tendenziell nicht die Arbeitsplätze der untersten Stufen, sondern die mit repetitiven körperlichen Tätigkeiten sowie die des mittleren Managements im Betrieb. In den Lagern von Amazon kommt beispielsweise ein softwaregesteuertes System zum Einsatz, das menschliche Arbeiter*innen, die einzelne Waren auswählen, und Roboter, die große Regale bewegen, koordiniert. Algorithmen ersetzen Arbeitsplätze in der Verwaltung im mittleren Einkommensbereich, was zu einer polarisierten Belegschaft mit immer reicheren und mächtigeren Führungskräften und immer weiter degradierten Angestellten führt, die zwar nicht durch Maschinen, wohl aber durch andere Menschen ausgetauscht werden können; die also, mit anderen Worten, ganz besonders ersetzbar sind.

Man kann dies auch in der Sprache des italienischen Operaismus ausdrücken, der vor einem halben Jahrhundert den Einzug der neuen Technologien in den Turiner Autofabriken, mit ihren riesigen und turbulenten Belegschaften, sehr genau verfolgte. Einen Teil des Phänomens, das bei Autor als »Polarisierung« beschrieben wurde, bezeichneten die Operaist*innen in ihrer klassenkämpferischen Sprache als »Zersetzung der Arbeiterklasse«.[11] Die Neuorganisierung des Arbeitsprozesses war ein wirksames Mittel, um die Organisierung der Arbeiter*innen gegen ihre Vorgesetzten aufzubrechen. Wo immer die Automatisierung eingeführt wurde, stieß sie daher auf heftigen Widerstand, der von der offiziellen Gewerkschaftsführung unabhängig war und sich auf militante, von den Arbeiter*innen ausgehende Forschung stützte.

Im Mai 1956 befasste sich das britische Parlament mit einem Arbeitskonflikt bei der Standard Motor Company in Coventry. Die Belegschaft befand sich seit über einer Woche im Streik, weil das Unternehmen angekündigt hatte, 3.000 Beschäftigte, die durch die Einführung neuer Automatisierungstechnologien überflüssig geworden waren, zu entlassen. Einige Abgeordnete stellten dem Tory-Arbeitsminister Iain Macleod gezielte Fragen: Ob er wisse, »dass die Einführung der Automatisierung in der Industrie bei den organisierten Arbeiter*innen ernsthafte Bedenken hervorruft«? Macleod versuchte, diese Bedenken mit Plattitüden zu beschwichtigen, indem er sich auf den Beitrag der Automatisierung zum »Wohlstand und Glück der Nation« berief und die drohenden Auswirkungen auf die Arbeitsplätze geflissentlich ignorierte. »[Die Automatisierung] wird von der Regierung sowie den verantwortungsvollen Meinungsführern auf beiden Seiten der Industrie begrüßt«, antwortete er, und zwar »als wesentlich für unsere zukünftige Effizienz und damit für den Fortbestand der Vollbeschäftigung«.[12] In seiner Entgegnung schlug der Labour-Abgeordnete William Owen einen versöhnlichen Ton an:

> Ist sich der Minister darüber im Klaren, dass die gewerkschaftlich organisierten Arbeiter heutzutage keineswegs nur der Philosophie der Ludditenbewegung anhängen, sondern die Entwicklung einer neuen Technik in der modernen Industrie begrüßen? Sie sind jedoch ernsthaft besorgt über die zu erwartenden wirtschaftlichen und sozialen Auswirkungen der neuen Maschinen, es sei denn, es besteht – wie der Minister angedeutet hat – eine realistische Möglichkeit für eine frühzeitige Konsultation zwischen beiden Seiten der Industrie und in Zusammenarbeit mit der Regierung.[13]

Owen zufolge waren die Streikenden in Coventry potenziell bereit, neue Technologien zu akzeptieren, sofern ihre Arbeitsplätze mit Maßnahmen der Regierung erhalten blieben. Doch derartige Maßnahmen waren nicht zu erwarten. Weniger als zwei Monate nach der wackeligen Beilegung des Streiks bei der Standard Motor Company kündigte die British Motor Company die sofortige Entlassung von 6.000 Beschäftigten an. Vielleicht hatten die Arbeiter*innen, die sich der Philosophie der Ludditenbewegung verschrieben hatten, doch Recht.

Für Cornelius Castoriadis, den französischen Theoretiker und Mitbegründer der libertären sozialistischen Gruppe Socialisme ou Barbarie, stachen zwei Elemente dieser Kämpfe besonders hervor. Erstens stellte die Automatisierung eine neue Phase des Klassenkampfes dar, »eine Offensive des Kapitals gegen die Arbeiter, die als die schaffende Kraft der Produktion galten«, mit dem letztendlichen Ziel der »Eliminierung des Menschen durch den Menschen aus der Sphäre der Produktion« – ein Ziel, das Castoriadis für letztlich unerreichbar hielt, auch wenn es einen entscheidenden Einfluss auf den Verlauf des Klassenkampfes hatte.[14] Zweitens stellte er fest, dass die Streiks von den Arbeiter*innen und ihren gewählten Vertreter*innen, den Vertrauensleuten, ausgingen – eine Zuwiderhandlung gegen die Gewerkschaftsführung.

Dieser letztgenannte Aspekt – autonome Aktionen der Arbeiterschaft gegen die Betriebsführung und die Gewerkschaftsführung – sollte die Kämpfe gegen die Automatisierung in der Nachkriegszeit kennzeichnen. Den Gewerkschaften, die zu Vorsicht und Geduld rieten, schenkten die Arbeiter*innen wenig Beachtung, während sie ihre Arbeitsplätze verließen und die Maschinen zerstörten. Und an der Spitze dieses Widerstands gegen die Automatisierung standen diejenigen, die von der offiziellen Arbeiterbewegung oft marginalisiert wurden – Frauen und Schwarze Arbeiter*innen – und die einige der nachhaltigsten kritischen Erkenntnisse über neue Technologien hervorbringen sollten.

Automatisierung als Kontrolle

Der Kampf gegen die Maschinen, den Castoriadis in Coventry beobachtete, hatte mehr als ein Jahrzehnt zuvor begonnen, als Teil der dramatischen Umstrukturierung der Industriewirtschaft während des Zweiten Weltkriegs. Obwohl sich der Begriff erst nach dem Ende des Krieges verbreitete, begann der Siegeszug der Automatisierung mit der Entwicklung numerisch gesteuerter Werkzeugmaschinen, die die für die Schwerindustrie benötigten Facharbeiter*innen ersetzen konnten. Während die damaligen Befürworter*innen der Automatisierung, wie etwa Macleod, auf die gesteigerte »Effizienz« hinwiesen, die die neuen Methoden mit sich brachten, zeigen die historischen Untersuchungen von David Noble ein anderes Bild. Die Einführung der Automatisierung erfolgte durch die Vorrechte der Kriegswirtschaft, später von Dwight D. Eisenhower als »militärisch-industrieller Komplex« bezeichnet. Dies bedeutete, dass die neuen Produktionsformen nicht mehr in erster Linie von kommerziellen, sondern von militärischen Werten geleitet wurden:

> Zuerst wurde die Priorität von den Kosten auf die Leistung verlagert, um den Anforderungen des militärischen Auftrags gerecht zu werden. [...] Dann bestand man auf der Befehlsgewalt, der präzisen Spezifizierung, Kommunikation und Ausführung von Befehlen, die weder durch zwischengeschaltete Fehler noch durch menschliche Urteile beeinträchtigt werden durften. Und schließlich beschäftigte man sich mit modernen, hochtechnologischen und kapital-

> intensiven Methoden, damit die Leistungs- und Führungsziele erreicht und somit der Erfolg der Mission gewährleistet wurde: die Verteidigung der nationalen Sicherheit gegen den Kommunismus.[15]

Mit anderen Worten, die Priorität der Produktion während des Krieges lag auf Beständigkeit und Kontrolle, nicht auf Zeitersparnis oder Gewinnsteigerung, auch wenn die Kassen der Unternehmen dank der kriegsbedingten Nachfrage und den Lohnkontrollen weiterhin gefüllt wurden. Eine alternative Form der Automatisierung, die bei den Maschinist*innen sehr beliebt war, das »Record-Playback«, wurde nie ernsthaft weiterverfolgt, obwohl es ebenfalls effizient war. Im Gegensatz zur numerischen Steuerung war das Record-Playback eine analoge Methode, die die präzise Bewegung einer*s Maschinist*in speicherte und daher weiterhin eine geschickte Hand erforderte. Anstatt aber auf Effizienz zu setzen, versuchte das Management, den Maschinist*innen die Kontrolle über die Produktion zu entreißen.[16]

Militärplaner*innen und Industrielle verspürten während des Krieges das dringende Bedürfnis nach totaler Kontrolle. Die Arbeiterschaft in den USA war in den 1940er Jahren auf dem Höhepunkt ihrer Widerspenstigkeit: Die Zahl der jährlichen Streiks übertraf den bisherigen Höchststand aus der Zeit der Großen Depression. In den Ford-Werken wurde im Durchschnitt jeden zweiten Tag gestreikt. Und diese Streiks stellten eine doppelte Form der Renitenz dar: einerseits gegenüber den Kriegsgesetzen, die das Streiken untersagten, und andererseits gegenüber den Versprechen der Gewerkschaften an die Unternehmen, die Unruhen zu deckeln. Außerdem zeichnete sich ein klares Muster ab, bei dem die Rebellion der Arbeiter*innen gegen die Automatisierung durch wilde Streiks gekennzeichnet war.[17]

Das Bedürfnis nach absoluter Kontrolle über die Maschinen durchdrang auch die Wissenschaften, die zu dieser Zeit ihrerseits über das Office of Scientific Research and Development vom Militär koordiniert wurden. Ein aufstrebender Forschungszweig versprach, diese Aufgabe in einer Vielzahl von wissenschaftlichen und technischen Disziplinen zu lösen, indem er eine Zukunft selbstregulierender Maschinen ankündigte: die Kybernetik. Die Wissenschaft der Kybernetik, abgeleitet vom griechischen Wort für »steuern«, strebte die Entwicklung von Maschinen an, die »Feedback« reflexiv in ihren Betrieb integrieren konnten. Mit anderen Worten: Sie machten die menschliche Steuerung überflüssig. Der Mathematiker Norbert Wiener, der den Begriff »Kybernetik« prägte und viele ihrer frühen Durchbrüche lieferte, begann seine Arbeit mit Forschungen zur Entwicklung alliierter Flugabwehrkanonen, die im Zickzackkurs fliegende feindliche Piloten besser ins Visier nehmen konnten. Wie Peter Galison feststellt, konzentrierte sich die Kybernetik damit auf ein spezifisches Problem: die Vorhersage des Verhaltens eines berechnenden, aber undurchsichtigen Gegners, eines »manichäischen Teufels«.[18] Auf dem Schlachtfeld konnte dies etwa ein Panzerkommandant oder ein Kampfflieger sein. Im Kontext der Fabrik konnten diese Teufel auch die Arbeiter*innen selbst sein.

Wiener, dessen politische Sympathien links von denen vieler seiner militärisch orientierten Kollegen lagen, erkannte bald die erschreckende Tragweite seiner Arbeit. Nach den Atombombenabwürfen auf Japan gab er die militärische Forschung auf und wandte sich mit Büchern und Aufsätzen, die er für ein breites Publikum schrieb, der sozialen Kritik an der Kybernetik zu. Neben dem Schrecken der nuklearen Vernichtung beschäftigte sich Wiener auch mit der Anwendung der Kybernetik im Inland: der industriellen Automatisierung. Wiener sah darin eine drohende

Katastrophe für die Arbeiter*innen und schrieb, die Automatisierung biete »der menschlichen Rasse eine neue und sehr nützliche Ansammlung mechanischer Sklaven, die ihre Arbeit verrichten. [...] Jede Arbeit jedoch, die die Möglichkeiten des Wettbewerbs mit der Sklavenarbeit zuläßt, nimmt die Bedingungen der Sklavenarbeit an und ist im Wesentlichen Sklavenarbeit«.[19]

Wiener glaubte nicht, dass die Kybernetik einen Zustand herbeiführen würde, in dem eine autonome Technik auf zunehmend überflüssige Menschen träfe. Er sah die Gefahr der automatischen Maschine nicht in einer Menschen-gegen-Maschinen-Dystopie im Stil von *Terminator*, die in Science-Fiction-Fantasien über künstliche Intelligenz so beliebt ist, sondern darin, dass sie als potenzielle Waffe von mächtigen Menschen eingesetzt werden kann, um andere zu kontrollieren: »Die wirkliche Gefahr besteht jedoch darin, dass solche Maschinen, auch wenn sie selbst hilflos sind, von einem Menschen oder einer Gruppe von Menschen dazu verwendet werden können, die Kontrolle über den Rest der Menschheit zu verstärken.«[20] Mit anderen Worten: Die Automatisierung wäre eine Waffe im Klassenkampf.

Mit dieser Erkenntnis schrieb Wiener an Walter Reuther, den Vorsitzenden der United Automobile Workers (UAW), und schilderte ihm die Pläne der Industriellen, die versucht hatten, Wiener als Berater für die Automatisierung ihrer Fabriken zu gewinnen. Wiener hatte zwar abgelehnt, doch er wusste, dass andere Forscher*innen solche Positionen gerne annehmen würden. Er wollte Reuther die Möglichkeit geben, sich gegen die »katastrophale« Arbeitslosigkeit zu wappnen, die daraus resultieren würde. In seinem Brief schlug Wiener zwei Möglichkeiten vor, die Reuther prüfen sollte. Erstens könnte er sich dafür einsetzen, dass »die Gewinne aus [neuen Maschinen] einer Organisation zum Nutzen der Arbeiterschaft zugeführt werden«: einem Automatisierungsfonds. Wiener wies aber auch auf die Möglichkeit hin, dass die Technologie selbst zu gefährlich sei.

> Es kann andererseits sein, dass Sie die völlige Unterdrückung dieser Ideen für angebracht halten. In jedem Fall bin ich bereit, Sie loyal zu unterstützen, und zwar ohne irgendeine Forderung oder Bitte um persönliche Gegenleistung in dieser Angelegenheit, die meiner Meinung nach der öffentlichen Ordnung dient.[21]

Nach einem sporadischen Briefwechsel lud Reuther Wiener 1952 ein, auf einer UAW-Konferenz zu sprechen, doch Wiener, der an einer depressionsbedingten Erkrankung litt, lehnte ab.

Die JFT und die Bergarbeiter

Anstatt Wieners Warnungen zu beherzigen, sollten die Gewerkschaftsführer*innen unter dem Druck einer aggressiven Kampagne der Wirtschaftselite die neuen Maschinen schließlich akzeptieren. Aufgeschreckt durch die Militanz der Arbeiter*innen während der Kriegsjahre, die sich noch zu verstärken drohte, als Millionen von Soldaten aus Übersee auf den Arbeitsmarkt zurückkehrten, reagierten die Kapitalisten mit einer Strategie aus Zuckerbrot und Peitsche. Sie setzten Zwangsmaßnahmen wie das Taft-Hartley-Gesetz von 1947 durch, das die Positionen der Gewerkschaften deutlich verschlechterte. Im Gegenzug verhandelten sie aber mit großen Gewerkschaften wie den UAW und den United Mine Workers of America, um Lohnerhöhungen in Aussicht zu stellen, die allerdings an Produktivitätssteigerungen gekoppelt waren. Das bedeutete, dass die Arbeiter*innen alle neuen Maschinen, die die Unternehmen einführten, akzeptieren und damit die Kontrolle über den Produktionsprozess an das Management abgeben würden. Die Gewerkschaftsführung war so gefügig, dass das Wirtschaftsmagazin *Fortune* 1950 den UMWA-Vorsitzenden John L. Lewis als »den besten Verkäufer, den die Maschinenindustrie je hatte« bezeichnete.[22] Selbst zaghafte Vorbehalte gegenüber neuen Technologien wurden von fortschritts- (und wirtschafts-)orientierten Kommentator*innen mit Schmach überzogen. So beklagte der Arbeitsökonom Ben Seligman: »Wann immer ein verzweifelter Gewerkschaftsführer einwendet, dass die Automatisierung auch ein Fluch sein kann, wirft ihm der Chef der US-Handelskammer vor, er sei ein Luddit.«[23]

Die Produktivitätssteigerung beruhte jedoch größtenteils auf der Beschleunigung des Produktionsprozesses; die »Effizienz« ging zu Lasten der Arbeiter*innen und derjenigen, die in die Arbeitslosigkeit getrieben wurden. Die Unzufriedenheit nahm zu. Der Widerstand von unten gegen die Automatisierung wurde von marxistischen Gruppen, wie etwa der revolutionären französischen Organisation Socialisme ou Barbarie, die sich von den großen politischen Parteien und Gewerkschaften entfremdet hatten, dokumentiert und theoretisiert. Diese Gruppen sahen ihre Aufgabe in der Analyse der an den Produktionsstätten stattfindenden Klassenkämpfe, denn wahrer Sozialismus konnte ihrer Ansicht nach nur aus diesen Kämpfen entstehen, nicht aus dem endlosen Aufschub der Utopien von Freizeit und Wohlstand, der in den Verhandlungen zwischen bürokratischen Gewerkschaften und Kapitalisten verhängt wurde.

Auch die Johnson-Forest-Tendency (JFT), eine militante Arbeitergruppierung, die sich von den amerikanischen Trotzkisten abgespalten hatte, interessierte sich für die Umwälzungen der Nachkriegszeit an den Produktionsstätten und für die daraus resultierenden Konflikte. Da viele Mitglieder der JFT in Fabriken tätig waren, erkannten sie, dass die Produktivitätssteigerungen aus den kurzen Augenblicken des Stillstands, den Arbeitspausen, an die sich die Arbeiter*innen gewöhnt hatten, herausgepresst wurden. In ihrer Flugschrift *The American Worker* beschreiben sie diesen Wandel in den Automobilwerken: »Früher konnte der Arbeiter öfter rauchen. Jetzt muss er den ganzen Tag damit verbringen, Maschinen und Werkzeuge zu überwachen, auszutauschen und zu reinigen. Die Zwischenspiele sind kürzer. Am Ende seines Arbeitstages ist der Arbeiter geistig und körperlich erschöpft.«[24]

Als sich die Bedingungen unter der Duldung der Gewerkschaftsbürokratie weiterhin verschlechterten, kam es zu wilden Streiks. Insbesondere eine Episode solcher Streiks erregte die Aufmerksamkeit von Raya Dunayevskaya, einer Schriftstellerin und Aktivistin, die früher Trotzkis persönliche Sekretärin war und nun in der JFT unter dem Pseudonym »Forest« agierte. In den Jahren 1949 und 1950 streikten Bergarbeiter monatelang und legten mit Streikposten die Bergwerke lahm, um gegen die Einführung des sogenannnten »Continuous Miner« zu protestieren – einer Gewinnungsmaschine, die die Bergleute »Menschenkiller« nannten.[25] Es war der erste Streik gegen die Automatisierung, und Dunayevskaya sah darin den Keim für eine radikale Politik.

Der JFT-Autor »Johnson«, hinter dem sich der große trinidadische Aktivist und Schriftsteller C. L. R. James verbarg, teilte Dunayevskayas Ansicht nicht. In *Facing Reality*, das er gemeinsam mit Grace Lee Boggs und Cornelius Castoriadis nach dem Bruch mit Dunayevskaya verfasste, vertritt James eine für ihn untypische technikdeterministische Linie. Die Verdrängung der Arbeiter*innen aus dem Produktionsprozess verweise auf »ein System, das Selbstmord begeht«. Für James bedeutete die Automatisierung einen potenziell höheren Grad an Organisation und Kontrolle der Produktion durch die Arbeiter*innen:

> Die Produktion als Ganzes kann nur von den Produzenten als Ganzes in ihren betrieblichen Organisationen kontrolliert werden. Daher schafft die Automatisierung der Industrie in den Vereinigten Staaten weit mehr als in jedem anderen Land die tatsächlichen Bedingungen für eine Regierung der Arbeiterräte.[26]

Dunayevskaya war der Ansicht, dass der Kampf selbst, der sich sowohl gegen die Minenbesitzer als auch gegen die kollaborierenden UMWA richtete, bei den Bergarbeitern zu einer neuen Sicht auf die Arbeit insgesamt führte:

> Anstatt höhere Löhne zu fordern, stellten die Bergarbeiter ganz neue Fragen zu ihren Arbeitsbedingungen und zur Arbeit selbst. Sie fragten: »Welche Art von Arbeit soll der Mensch verrichten?«; »Warum sollte es eine solche Kluft zwischen Denken und Tun geben?«[27]

Für Dunayevskaya teilte sich die Rezeption der Automatisierung entlang von Klassengrenzen, die durch die Beziehung des Einzelnen zur Maschine bestimmt wurden. Während Kapitalisten, leitende Angestellte und die Gewerkschaftsführung die Automatisierung als fortschrittliche Kraft lobten, hatten diejenigen, die sie direkt erlebten, eine ganz andere Sicht. »Wenn du die Maschine bedienst«, schrieb sie, »spürst du ihre Auswirkungen in jedem deiner Knochen: Du bist noch verschwitzter, müder, angespannter und fühlst dich ungefähr so nützlich wie ein fünftes Rad.«

Dunayevskaya kritisierte die »Gewerkschaftsbürokratie« schonungslos als »gehirngewaschen«, da diese sich gegen die eigenen Arbeiter*innen und auf die Seite der Betriebsleitung stellten, während ihnen die Grundlage ihrer Macht unter den Füßen weggezogen wurde. »John L. Lewis setzte sich über ihren Generalstreik hinweg und verkündete stattdessen, die Gewerkschaft sei für den ›Fortschritt‹. Die Belegschaft in den Minen wurde buchstäblich halbiert.« Als die Automatisierung in der Automobilproduktion Einzug hielt, »sagte Reuther den Arbeitern, sie sollten an ›die Zukunft‹ denken, die ihnen einen Sechsstundentag bringen würde. [...] Indes hat sich der Arbeitstag nicht verändert, seit die Arbeiter durch jahrzehntelange Kämpfe den Achtstundentag errungen haben.«[28] Es sei ein klassischer idealistischer Fehler, »die Zukunft so zu malen, wie sie sein *sollte*, anstatt von dem zu sprechen, was ist«. Während Reuther bessere Lebensbedingungen und mehr Freizeit in einer automatisierten Zukunft versprach, bezeugten die Arbeiter*innen das Gegenteil. Ein Automobilarbeiter beklagte sich: »Das einzige, was die Automatisierung uns gebracht hat, ist Arbeitslosigkeit und Überarbeitung. *Und zwar beides gleichzeitig.*«[29] Dunayevskaya sagte es schonungslos: »Die Arbeiter lassen sich nicht auf abstrakte Versprechungen von Freizeit und Wohlstand in einer unbestimmten Zukunft ein.«[30]

Ungefähr zur gleichen Zeit, als Dunayevskaya den Widerstand der Arbeiter*innen gegen die Automatisierung analysierte, fand ihre Zusammenarbeit mit James ein Ende. Auf der Suche nach einem neuen Gesprächspartner, der sich mit Hegel und Marx auskannte, nahm sie einen Briefwechsel mit Herbert Marcuse auf, dem Philosophen der Frankfurter Schule, der sich inzwischen in der US-amerikanischen akademischen Welt etabliert hatte. Als Marcuse mit seinen Recherchen für seine berühmte Analyse des fortgeschrittenen Kapitalismus *Der eindimensionale Mensch* begann, bat er Dunayevskaya um Material zur Automatisierung, worauf sie ihm bereitwillig eine Bibliografie zeitgenössischer Texte lieferte sowie ein Exemplar der von ihr herausgegebenen Arbeiterzeitschrift *News and Letters* mit einer ausführlichen Untersuchung von Charles Denby über die Auswirkungen der Automatisierung aus der Sicht der Arbeiter*innen.[31]

Denby, ein Automobilarbeiter aus Detroit und Redakteur bei News and Letters, hatte Berichte von Arbeiter*innen über die neuen Automatisierungstechnologien gesammelt, darunter von Fließbandarbeiter*innen, Bergleuten und sogar von Angestellten, die mit den neuen Computertechnologien zu kämpfen hatten. Ebenso schonungslos wie Dunayevskaya in ihren Berichten über den Bergarbeiterstreik beschrieb er in seiner Analyse die Auswirkungen der neuen Maschinen auf die Arbeiter*innen: das brutale Arbeitstempo, die anstrengenden körperlichen wie geistigen Anforderungen und den Kampf gegen die Arbeitslosigkeit.

Bei seinen Untersuchungen ermutigte Denby die Arbeiter*innen, Visionen von alternativen Arbeitsbedingungen zu formulieren, die in seiner Studie immer wieder auftauchen. Denby interessierte sich insbesondere dafür, wie die Automatisierung jegliche geistige Beteiligung an der Arbeit überflüssig machte. Er beschrieb dies wie folgt:

> Was einen Produktionsarbeiter entfremdet, ist, dass er zu einer Arbeit gezwungen wird, die von seinem Denken getrennt ist. [...] Wenn vor der Automatisierung eine größere Veränderung vorgenommen und eine neue Maschine eingeführt wurde, musste man sich auf das Wissen und die Erfahrung der Arbeiter stützen, um sie richtig zum Laufen zu bringen. [...] Ein paar Wochen lang fühlten wir uns wie Menschen, die gemeinsam Probleme lösen und die Dinge organisieren und reibungslos ablaufen lassen.[32]

Der Anomie der automatisierten Umgebung stellten die Arbeiter*innen die sozialen Beziehungen und das Gemeinschaftsgefühl gegenüber, das sie früher gehabt hatten.

> Vor einigen Jahren, als die Arbeiter noch mitbestimmen konnten, wie schnell sie arbeiten können und wie viel Hilfe sie ihrer Meinung nach brauchten, wenn das Unternehmen mehr produzieren wollte, gab es zwischen den Produktionsarbeitern enge menschliche Beziehungen. Sie konnten sich gegenseitig bei ihrer Arbeit helfen. Sie arbeiteten so, dass es für jeden in der Gruppe gut war. Heute erlaubt es die Automatisierung niemandem mehr, einem anderen Arbeiter zu helfen.[33]

Wie Dunayevskaya war auch Denby fasziniert davon, wie die Bergleute, die sich der Automatisierung widersetzten, »ihre eigenen Fragen beantworteten, indem sie Wege fanden, Denken und Handeln zu vereinen«.[34] Andrea Terrano, wie auch Denby bei *News and Letters* und in der Fabrik tätig, brachte es auf den Punkt:

> Warum gehen die Leute davon aus, dass die Menschen in einer neuen Gesellschaft mit der Automatisierung arbeiten wollen? Warum denken sie, dass es nur darauf ankommt, dass die Arbeiter die Kontrolle haben? Wird die Arbeit etwa leichter oder weniger langweilig, wenn man »Kontrolle« über die Maschine hat? Oder wird die Arbeit nicht etwas völlig anderes sein? Wenn es so ist – wenn die Arbeit mit dem Leben verbunden ist – dann kann es nicht die gleiche Automatisierung sein wie die von heute, die den Menschen als Teil ihres Arbeitsablaufs benutzt.[35]

Marcuse hingegen verließ sich lieber auf technische Expert*innen und ausgewiesene Philosoph*innen statt auf die Aussagen von Arbeiter*innen. Obwohl er auf einige Probleme der Automatisierung hinwies und Denby zitierte, vertrat er in *Der eindimensionale Mensch* eine optimistische Haltung gegenüber neuen Produktionstechniken. Wie James sah er in der Organisierung der Arbeiter*innen als Reaktion auf die Automatisierung ein vielversprechendes Potenzial: »Dieselbe technische Organisation, die eine mechanische Gemeinschaft bei der Arbeit hervorbringt, erzeugt auch eine umfassendere wechselseitige Abhängigkeit, die den Arbeiter in die Fabrik eingliedert.«[36] Und in einer eigenen Übersetzung eines Zitats aus Marx' *Grundrissen* liefert Marcuse eine der ersten englischen Veröffentlichungen aus dem »Maschinenfragment«: *Der eindimensionale Mensch* erschien 1964, fast zehn Jahre vor der englischen Übersetzung der *Grundrisse*. Marcuses Lesart des Fragments als Vorahnung einer Zukunft der vollständigen Automatisierung rückt seine Interpretation in die Nähe des »Luxuskommunismus«: »Vollständige Automation im Reich der Notwendigkeit würde die Dimension freier Zeit als diejenige eröffnen, in der das private und gesellschaftliche Dasein sich ausbilden würde. Das wäre die geschichtliche Transzendenz zu einer neuen Zivilisation.«[37]

In ihrer Rezension zu *Der eindimensionale Mensch* kritisierte Dunayevskaya, dass Marcuse Denbys Arbeit falsch interpretiert habe und sie als Beweis für seine eigene Argumentation anführe, dass die Arbeiter*innen in eine total verwaltete Gesellschaft eingegliedert worden seien. Marcuse, schrieb sie, »lässt den zentralen Punkt [von Denbys Untersuchung] völlig außer Acht, nämlich die Spaltung zwischen der Basis und der Arbeiterführung in ihrer Haltung zur Automatisierung«.[38] Die starke Bezugnahme auf technische Analysen der Automatisierung führe Marcuse zu der Überzeugung, dass es an den Produktionsstätten keinen nennenswerten Widerstand mehr gebe. Stattdessen hätte er die Worte der Arbeiter*innen beherzigen sollen, die sich genau an diesem Punkt befinden. »Es hängt davon ab, welche Stimmen man hört, welche Anblicke man sieht, welche Gefühle man erlebt, je nachdem, auf welcher Seite des Fließbands man steht«, stellt Dunayevskaya fest.[39] Schließlich gibt es, wie Denby erklärt, »unter den Bergleuten eine Redewendung, die ebenso alt ist wie die Mechanisierung in den Bergwerken. Sie lautet schlicht und einfach: ›Ein Mann hat nichts an einer Maschine zu suchen, die er nicht jederzeit abschalten kann.‹«[40]

Die Diagnose von *News and Letters* zum Widerstand der Arbeiter*innen gegen die Automatisierung blieb etwas abstrakt, ohne eine konkrete Vision davon, wie utopische oder einfach bloß gerechtere Produktionsverhältnisse aussehen könnten. Dennoch hoben die Mitglieder der Gruppe eine Reihe von Punkten hervor, die für eine marxistische Theorie des sozialen und technischen Wandels wichtig sind. Vor allem hielten sie an der Überzeugung fest, dass der Schlüssel zur sozialistischen Transformation nicht in der technischen Entwicklung liegt, sondern im Kampf der Arbeiter*innen, auch in den Kämpfen gegen neue Technologien, durch die die Arbeiter*innen neue Organisationsformen entdecken und größere politische Fragen aufwerfen würden. Der Kontakt mit anderen kämpfenden Arbeiter*innen weckte in ihnen außerdem den Wunsch nach autonomen, produktiven und sozialen Arbeitsbeziehungen – und nicht nur, wie Marcuse es ausdrücken würde, nach mehr Freizeit.

Die Docks

Dieser Wunsch nach autonomen und sozialen Arbeitsbeziehungen war vielleicht nirgendwo stärker ausgeprägt als unter den notorisch militanten und unabhängigen

Arbeitern an den Einfuhrhäfen. Stan Weirs Memoiren über das Leben als Dockarbeiter in der Bay Area, *Singlejack Solidarity* (2004), sind eine bewegende Schilderung der Kultur der Hafenarbeiter, deren hart erkämpfte Autonomie bei den Einzelnen Kreativität, Individualität und sogar Exzentrik förderte. Dem Wirtschaftshistoriker Marc Levinson zufolge bedeutete die Unregelmäßigkeit der Arbeit auch, dass sich die Hafenarbeiter, wenn sie es wünschten, Zeit für ihre eigenen Aktivitäten nehmen konnten. Die gefährliche, prekäre und anstrengende Arbeit brachte eine einzigartige Kultur mit starken solidarischen Bindungen und einer »Wir gegen den Rest der Welt«-Mentalität hervor. »Die Hafenarbeiter sahen sich selbst als harte, unabhängige Männer, die sehr schwere Arbeit verrichteten.«[41] Sie kleideten sich, wie sie wollten, erzählten Witze und diskutierten über Politik und Philosophie. »Derzeit gibt es einen landesweit anerkannten Buchklub für Kleinverlage, der von einem einzelnen Hafenarbeiter in San Pedro betrieben wird. Es gibt [unter den Hafenarbeitern] Lehrer, Künstler, Immobilienmakler und Dichter«, berichtet Weir.[42] Der Schriftsteller Eric Hoffer arbeitete zwanzig Jahre lang in den Docks von San Francisco und schrieb in dieser Zeit erfolgreiche Bücher wie *The True Believer*, eine Sozialpsychologie der Massenbewegungen. Dies erinnert stark an E.P. Thompsons Beschreibung der autodidaktischen und kreativen Kultur der nordenglischen Weber*innen vor dem Fabriksystem: »Jeder Webereibezirk hatte seine webenden Dichter, Biologen, Mathematiker, Musiker, Geologen, Botaniker.«[43]

Und ebenso wie die Weber*innen wussten auch die Hafenarbeiter, dass die Technologie das Todesurteil für ihre Kultur der Vertrautheit und Unabhängigkeit bedeutete. Mit dem Einzug der Technik in die Docks veränderte sich nicht nur die Struktur ihrer Arbeit, sondern auch die der Häfen selbst. Die Hafenarbeiter, die früher durch gemeinsame Erfahrungen solidarisch vereint waren, wurden zersplittert und auf verschiedene Berufe und Gewerkschaften verteilt:

> Durch die Einführung der Maschinen sind die Grenzen der Hafenindustrie durchlässig und unscharf geworden. Die Instandhaltung der Maschinen an Land erfordert nun weniger die Fähigkeiten von Schiffstaklern als die von Elektrikern und LKW-Mechanikern. Kräne wie die an den Hafenanlagen werden normalerweise von Mitgliedern der Operating Engineers Union betrieben. Die Unmengen an Schienenfahrzeugen, mit denen die Container in den Rangieranlagen transportiert werden, erfordern Tätigkeiten, die der traditionellen Arbeit an Land wenig ähneln. Die Teamsters Union [der LKW-Fahrer] hat bereits einen Teil dieser Arbeit mit einigem Erfolg für sich beansprucht.[44]

Dies war die Folge der »Containerisierung«, der technischen Standardisierung der Schifffahrt, in deren Zuge die gesamte Fracht fortan in genormten Stahlcontainern verpackt wurde. Die Container konnten mit einem Kran direkt auf Schiffe oder von Schiffen auf Züge und Lastwagen verladen werden. Dies bedeutete das Ende des mühsamen händischen Be- und Entladens der Fracht, Stück für Stück, das so zeitaufwändig war, dass die Schiffe, wie der Journalist Marco d'Eramo erklärt, »mehr Zeit im Hafen verbrachten als auf See«.[45] Die Containerisierung bedeutete einen wesentlich geringeren Bedarf an Arbeitskräften, was die Hafenarbeiter sofort begriffen. Also nahmen die großen Hafenarbeitergewerkschaften Verhandlungen auf.

Das Ergebnis war sowohl an der West- als auch an der Ostküste, dass die Kontrolle über den Arbeitsprozess an die Speditionen übertragen wurde. Seit langem geltende Vorschriften wurden einfach über Bord geworfen, um die Arbeit zu intensivieren. »Am ersten Tag, an dem die Mechanisierungsvereinbarung in Kraft trat, mussten die Arbeiter im Schiffsraum Frachten durch die Luken hieven, die mindestens doppelt so schwer waren wie die, die am Vortag ein- und ausgeladen worden waren«,[46] berichtet Weir. Der Umschlag an den Docks stieg, jedoch zu einem hohen Preis für die Arbeiter: »Mit dem Anstieg der Produktivität stieg auch die Unfallrate. Zwischen 1958 und 1967 meldeten die Unternehmen in den US-Werften einen 92,3-prozentigen Anstieg der Arbeitsunfälle, ›trotz der Bemühungen, die Probleme qua Ingenieurskunst von der Belegschaft abzuwenden‹.«[47] Die höheren Unfallraten waren darauf zurückzuführen, dass die Arbeiter die Kontrolle über ihr Arbeitstempo und ihre Arbeitsweise verloren. Mit den zwischen der International Longshore and Warehouse Union (ILWU) und der Pacific Maritime Association ausgehandelten Automatisierungsverträgen wurden frühere Arbeitsvereinbarungen aufgehoben, insbesondere die Höchstgrenze von 2.100 Pfund für jede aus einem Schiff gehobene Ladung. Diese strenge Regel hatte vormals Versuche verhindert, die Arbeit in den Docks zu beschleunigen.[48] Während die Gewerkschaftsführung versuchte, die Unzufriedenheit in Lohnforderungen zu kanalisieren, brach unter den Mitgliedern regelmäßig Widerstand gegen die Arbeitsbedingungen aus, insbesondere gegen die körperliche Belastung und die Stumpfsinnigkeit der automatisierten Arbeit.

Die Containerisierung veränderte das System der Docks von Grund auf. In den Containerhäfen wurden nicht nur weniger Arbeiter benötigt, sondern durch die drastische Verkürzung der Be- und Entladezeiten und die daraus resultierende Verbilligung der Warentransporte wurden insgesamt auch weniger Häfen gebraucht. In vielen Städten, darunter auch in New York, wurden die Hafenanlagen und die dazugehörigen Gemeinschaften von Arbeitern innerhalb weniger Jahre dezimiert.[49] Doch die Revolution machte nicht bei den Docks halt. Da der Transport von Waren nicht mehr so kostspielig war, konnte die Produktion dort angesiedelt werden, wo die Arbeitskosten am niedrigsten waren. Sie konnte außerdem ausgelagert werden, da es nicht mehr notwendig war, die Produkte dort herzustellen, wo sie verbraucht wurden. Die Containerisierung war die wesentliche Voraussetzung für das, was wir heute als Globalisierung bezeichnen: eine Produktion, die auf weit verzweigte internationale Lieferketten verteilt ist.

Wie David Noble stellt auch Weir fest, dass die Containerisierung nicht nur durch den Wunsch der Industrie nach Effizienz vorangetrieben wurde, sondern auch durch militärische Anordnungen: »Die Planungen für die Automatisierung von Langstreckenhandel und Schifffahrt begannen 1952 auf Initiative des Pentagons und der Schifffahrtsunternehmen unter der Schirmherrschaft der Nationalen Akademie der Wissenschaften.«[50] Militäraufträge zur Versorgung der Invasionstruppen in Vietnam stärkten in den 1960er Jahren die Position der kommerziellen Speditionsunternehmen gegenüber den uneinsichtigen Hafenarbeitern noch weiter. Ohne die Containerisierung, behauptet Levinson, wäre »die Fähigkeit der USA, einen groß angelegten Krieg auf der anderen Seite der Welt zu führen, stark eingeschränkt gewesen«.[51] Der Vietnamkrieg war tatsächlich auch für frühe Globalisierungsprozesse von entscheidender Bedeutung: Die Containerschiffe, die das für den Krieg benötigte Material nach Da Nang lieferten, machten auf der Rückreise an die US-amerikanische Westküste Zwischenstopp in Japan, wo sie mit Elektronikartikeln vollgeladen wurden.[52]

Martin Glaberman, Automobilarbeiter und JFT-Mitglied, untersuchte die Auswirkungen der Automatisierung in den Branchen mit dem höchsten Grad an Militanz: Bergbau, Dockarbeit und Automobilbau. »Es sollte klar sein«, schreibt er, »dass das Problem nicht daran liegt, dass die Gewerkschaften keine Lösung für Probleme wie die Automatisierung finden. Sie haben die Lösung nur den Arbeitern aufgezwungen.« Als Reaktion auf die Kapitulation der Gewerkschaften nahmen die Arbeiter*innen die Dinge selbst in die Hand. Wie Glaberman augenzwinkernd feststellt:

> Die Arbeiter haben für die Verträge keine Verwendung und machen sich auch keine Illusionen darüber, dass diese Verträge noch nachgebessert werden. Sie sind dazu übergegangen, ihre eigenen »Verhandlungen« in den Betrieben zu führen. Fließbänder haben es an sich, dass sie manchmal kaputtgehen – und wer kann schon sagen, dass der Bolzen, der das Band blockiert hat, nicht versehentlich heruntergefallen ist? Wer weiß, ob die Warnleuchten, die den Stillstand des Bandes signalisieren, nicht durchgebrannt sind, sondern nur herausgeschraubt wurden, um die Reparaturzeit um einige Minuten zu verlängern?[53]

Diese Hinwendung der Arbeiter*innen zur Sabotage war für Glaberman der Keim neuer und kreativer Formen des Kampfes in den Betrieben, »eine Suche nach neuen Organisationsformen, die ihren Bedürfnissen entsprechen«.[54] Vielen Berichten zufolge dauert diese Suche in den Docks bis heute an. So beschädigten etwa im Jahr 2011 ILWU-Mitglieder in Seattle und Tacoma während eines Vertragsstreits Güterwaggons, kippten Getreide aus und zerschlugen Fenster mit Baseballschlägern.[55] In Vancouver schloss United Grain 2013 Dockarbeiter der ILWU vom Hafengelände aus, weil angeblich Geräte beschädigt worden waren: »Es wurde vorsätzlich ein etwa zwei Fuß langes Metallrohr in das Fördersystem eingebracht sowie ein Sand-Wasser-Gemisch in den Triebwagen eingefüllt.«[56] Diese

Techniken schöpfen aus einem jahrzehntelangen Kampf, der durch die Einführung der Automatisierung eröffnet wurde.

Schwarze Arbeiter*innen und Automatisierung

Die Neuzusammensetzung der Erwerbsbevölkerung während des Zweiten Weltkriegs brachte für Schwarze Arbeiter*innen zaghafte Verbesserungen, da die Unternehmen aufgrund der gesteigerten Kriegsproduktion und der hohen Zahl an Einberufungen dringend Arbeitskräfte benötigten. Rassismus und rassistische Segregation waren jedoch nach wie vor die Regel. Da afroamerikanische Arbeiter*innen sich mit den schlechtesten und am schlechtesten bezahlten Arbeitsplätzen begnügen mussten und zudem von Aus- und Weiterbildungen, die eine höhere Qualifikation und mehr Sicherheit boten, ausgeschlossen waren, waren sie oft auch diejenigen, die zuerst entlassen wurden. Sie waren daher unverhältnismäßig stark von der seit den 1950er Jahren forcierten Automatisierung betroffen, die »gering qualifizierte« Arbeitsplätze vernichtete und damit die Arbeitslosigkeit unter Schwarzen erhöhte.

Auch wenn die Bürgerrechtsbewegung vor allem für ihre Auseinandersetzungen um die rassistische Segregation der Gesellschaft – von Imbissen über Busse bis hin zu den öffentlichen Schulen – in Erinnerung geblieben ist, war die Arbeitspolitik für sie ein ebenso zentrales Anliegen. Die Pläne von A. Philip Randolph für einen landesweiten Marsch auf die Hauptstadt zur Aufhebung der Segregation in der Rüstungsindustrie veranlassten Roosevelt 1941 dazu, mit einem Präsidialerlass die rassistische Diskriminierung in allen Regierungsbehörden sowie in von der Regierung beauftragten Unternehmen zu verbieten. Zwanzig Jahre später organisierten Martin Luther King Jr. und

Bayard Rustin den »Marsch auf Washington für Arbeit und Freiheit«. Da die Integration des Arbeitsplatzes in den Kampf um Gleichberechtigung ein wichtiges Ziel war, sahen die Anführer*innen der Bürgerrechtsbewegung in der Automatisierung und deren Auswirkungen auf die Arbeitsmärkte ein potenzielles Problem. In einer Rede vor der AFL-CIO (American Federation of Labor and Congress of Industrial Organizations) im Jahr 1961 erklärte Martin Luther King Jr.: »Der Arbeiterschaft von heute steht eine schwere Krise bevor. In den nächsten zehn bis zwanzig Jahren werden durch die Automatisierung Arbeitsplätze verloren gehen, während gleichzeitig unglaubliche Produktionsmengen hervorgebracht werden.« King erkannte, dass die Automatisierung als Waffe gegen die organisierte Arbeiterschaft eingesetzt werden kann: »Diese Zeit ist wie geschaffen für diejenigen, die die Arbeiterschaft in die Ohnmacht treiben wollen, indem sie sie an jedem Schwachpunkt brutal angreifen.« Die einzige Chance für die Gewerkschaften, die Kontrolle über den Verlauf der Automatisierung zu übernehmen, bestehe darin, mit der Bürgerrechtsbewegung zusammenzugehen: »Die politische Kraft, die ihr brauchen werdet, um zu verhindern, dass die Automatisierung zu einem Moloch wird, der Arbeitsplätze und Vertragsgewinne verschlingt, könnt ihr vervielfachen, indem ihr das gewaltige Reservoir an politischer Macht der Schwarzen erschließt.«[57] Für Malcolm X hingegen rechtfertigte die Bedrohung durch die Automatisierung vielmehr eine separatistische Strategie. »Im besten Fall«, so warnte er, »können die Schwarzen von der Integration einen aussichtslosen Einstieg in die untersten Schichten einer durch die Automatisierung bereits entrechteten Arbeiterklasse erwarten.«[58]

Der Zusammenhang zwischen der Automatisierung und dem Schicksal der Afroamerikaner*innen fand im Laufe der 1960er Jahre immer mehr Beachtung. 1964 gründeten Persönlichkeiten und Intellektuelle der amerikanischen Linken – darunter die Anführer der Students for a Democratic Society Tom Hayden und Todd Gitlin, die demokratischen Sozialisten Michael Harrington und Irving Howe, der Anti-Atomkraft-Aktivist Linus Pauling, die Kybernetikerin Alice Mary Hilton, der Bürgerrechtsvertreter Bayard Rustin und der frühere Mitarbeiter der Johnson-Forest Tendency James Boggs – das »Ad Hoc Committee on the Triple Revolution« (»Ad-hoc-Komitee zur dreifachen Revolution«). Das Komitee veröffentlichte eine Erklärung in der einflussreichen Zeitschrift *Liberation*, in der es vor einer bevorstehenden Destabilisierung durch drei miteinander verbundene Entwicklungen warnte: die Automatisierung (die sie als »Cybernation« bezeichnete), die Ersetzung konventioneller Waffen durch Atomwaffen sowie die Bürgerrechtsbewegung. Eine Kopie des Artikels schickten die Mitglieder des Komitees an Präsident Lyndon B. Johnson.

Diese »dreifache Revolution« würde die US-Institutionen vor eine existenzielle Herausforderung stellen, zu deren Bewältigung dramatische politische Veränderungen nötig wären – Veränderungen, die weit über die Ambitionen von Johnsons »Krieg gegen die Armut« hinausgingen. Ohne eine radikale Umstrukturierung der Wirtschaft angesichts der Automatisierung war die Forderung der Bürgerrechtsbewegung nach Inklusion nicht zu erfüllen (und die Verkleinerung des stehenden Heers bedeutete, dass das Militär anders als in früheren Jahrzehnten den Überhang an Arbeitssuchenden nicht mehr auffangen würde). Die Erklärung des Ad-hoc-Komitees lautete: »Der Schwarze versucht, in eine soziale Gemeinschaft und eine Arbeits- und Einkommenstradition einzutreten, die selbst für den bisher privilegierten weißen Arbeiter im Verschwinden begriffen sind. Die Arbeitsplätze verschwinden unter dem Einfluss hocheffizienter, immer billigerer Maschinen.«

Wenn nichts unternommen werde, würden Millionen verelenden: »Inmitten eines potenziellen Überflusses entsteht eine dauerhaft verarmte und arbeitslose Klasse.«[59]

Aus diesem Endzeit-Szenario erwuchs jedoch das Potenzial für eine Rettung in Form einer planvollen Aneignung der neuen Technologien durch die politischen Entscheidungsträger*innen. Das Ad-hoc-Komitee schloss mit einer optimistischen Feststellung im Sinne der vollständigen Automatisierung:

> Wir behaupten, dass die einzige Möglichkeit, den technischen Wandel zum Nutzen des Einzelnen und im Dienste des Allgemeinwohls zu wenden, darin besteht, diesen Prozess zu akzeptieren und ihn vernünftig und menschlich zu nutzen. Die neue Wissenschaft der politischen Ökonomie wird auf der Förderung und dem geplanten Ausbau der Automatisierung aufbauen. Die durch die Automatisierung aufgeworfenen Fragen eignen sich besonders gut für eine intelligente Politikgestaltung: Die Automatisierung selbst stellt die Mittel und Werkzeuge zur Verfügung, die erforderlich sind, um den Übergangsprozess so einträglich wie möglich zu gestalten.[60]

In dem Dokument wurde das unglaubliche Ausmaß der erforderlichen Maßnahmen aufgezählt: höhere Ausgaben für Bildung, ein umfangreiches öffentliches Arbeitsprogramm, bezahlbarer Wohnraum, Investitionen in den öffentlichen Nahverkehr und ein egalitäreres Steuersystem, das die Einkommen umverteilen würde. Johnsons Berater Lee C. White versicherte dem Komitee zwar, dass der Präsident eine Kommission zur Untersuchung des Themas einrichten würde, doch das Manifest verfehlte seine Wirkung, und die Gegenreaktion ließ nicht lange auf sich warten. Die *New York Times* spottete: »Garantiertes Einkommen für alle gefordert, ob erwerbstätig oder nicht«[61], während der bekannte Sozialtheoretiker und politische Kommentator Daniel Bell mit den wirtschaftlichen Aspekten haderte.[62] Letztlich konnte das Schreiben, so überzeugend seine Verfasser*innen auch argumentierten, keinen Einfluss auf die politischen Entscheidungsträger*innen ausüben, die sich entschieden, nichts zu unternehmen.

Wirtschaftswissenschaftler*innen beschäftigten sich hingegen weiter mit dem Thema. Herbert Northrup, ein langjähriger Forscher auf dem Gebiet der Schwarzen Arbeiterschaft, schrieb 1965:

> Ein wichtiger Faktor beim Problem der Arbeitslosigkeit von Schwarzen war die Substitution ungelernter Arbeitskräfte durch Maschinen in der Industrie. [...] Schwarze Arbeiter, die infolge dieser Entwicklungen entlassen wurden, und junge Schwarze, die feststellen mussten, dass die Industrie keine ungelernten Arbeitskräfte mehr einstellte, machten einen beträchtlichen Teil der Langzeitarbeitslosen aus.[63]

In *Monopoly Capital* (*Monopolkapital. Ein Essay über die amerikanische Wirtschafts- und Gesellschaftsordnung*), Paul M. Sweezys und Paul A. Barans Analyse der kapitalistischen politischen Ökonomie aus dem Jahr 1966, stimmten die beiden marxistischen Ökonomen darin überein, dass die Automatisierung die wirtschaftlichen Aussichten von Afroamerikaner*innen, die in der verarbeitenden Industrie tätig waren, stark eingeschränkt hatte: »[D]ie für andere Arbeiten nicht qualifizierten Schwarzen [fanden sich] seit 1950, als die Arbeitsplätze für Ungelernte in einem phantastischen Maße dahinzuschwinden begannen, zunehmend von der Beschäftigung ausgeschlossen.«[64] Anfang der 1960er Jahre war die Arbeitslosigkeit unter Schwarzen doppelt so hoch wie unter Weißen. Baran und Sweezy waren zwar bestrebt, die Schuld für die Not der Schwarzen auf das kapitalistische System als Ganzes und nicht auf dessen Technologie zu schieben, räumten aber ein: »Im Rahmen dieser Gesellschaft können technologische Entwicklungen jedoch wegen ihrer ganz anderen Auswirkung auf die Arbeitsmöglichkeiten zu Recht als Grund, und zweifellos als wichtigster Grund, der relativen Zunahme der Arbeitslosigkeit unter Schwarzen angesehen werden.«[65] Ernest Mandel erklärte auch die zunehmende Radikalisierung der Schwarzen mithilfe dieses politisch-ökonomischen Rahmens: »Der rapide Verlust von Arbeitsplätzen für ungelernte Arbeiter in der amerikanischen Industrie ist der Nexus, der die zunehmenden Revolten unter Schwarzen, insbesondere unter Schwarzen Jugendlichen, mit dem allgemeinen sozioökonomischen Rahmen des amerikanischen Kapitalismus verbindet.«[66]

Radikale Schwarze Intellektuelle beschäftigten sich mit der Automatisierung als einem ernsten sozialen Problem für Schwarze Arbeiter*innen und Befreiungsbewegungen. In seiner vielgelesenen Studie über den Schwarzen Radikalismus der 1960er Jahre, *Black Awakening in Capitalist America*, schlug Robert L. Allen einen pessimistischen Ton an. »Für die breite Masse der Schwarzen ist die wirtschaftliche Lage nicht nur düster«, schrieb er, »sondern es sieht auch so aus, als würde sie sich nicht verbessern, sondern eher verschlechtern. Dies ist zum Teil auf die ungeregelten Auswirkungen der Automatisierung zurückzuführen.«[67] Für die nächsten Jahrzehnte sagte Allen eine weitere Einschränkung der gesellschaftlichen Macht und eine Verschlechterung der Lebensbedingungen der Schwarzen voraus – eine Prognose, die durch ihren Pessimismus (das Buch erschien 1969 auf dem Höhepunkt des Radikalismus in den USA) ebenso verblüfft wie durch ihre Weitsicht.

Für den Soziologen Sidney Willhelm drohte die Automatisierung sogar die Errungenschaften der Bürgerrechtsbewegung zunichtezumachen: »Trotz der weit verbreiteten Auffassung, dass eine Integration wahrscheinlich ist, deutet vieles darauf hin, dass die Schwarzen letzten Endes isoliert sein werden. Diese Isolation wird durch die sich verändernde Technologie der Automatisierung ermöglicht«,[68] schrieb er 1970. Willhelm zufolge befanden sich Schwarze Amerikaner*innen die meiste Zeit in der US-Geschichte in der widersprüchlichen Lage, dass sie einerseits rassistischen Übergriffen ausgesetzt waren, gleichzeitig aber als extrem ausgebeutete Arbeitskräfte gebraucht wurden. Die Ersetzung menschlicher Arbeit durch Maschinen würde jedoch diese wirtschaftliche Funktion der Schwarzen Arbeiter*innen untergraben. »Wenn Maschinen irgendwann das leisten, was der Mensch bis jetzt kann«, bemerkte er, »werden Menschen vielleicht zu überflüssigem Ballast. Aber wie lange werden wir einander dann noch als überflüssigen Ballast dulden?«[69] Willhelm sah eine fatale Situation voraus, in der Schwarze Amerikaner*innen, ihres wirtschaftlichen Nutzens beraubt, einem unkontrollierten Rassismus und einer sich vertiefenden Segregation ausgesetzt wären:

> Der Schwarze verliert, weil er bei der technischen Entwicklung der amerikanischen Gesellschaft verliert; das weiße Amerika kann zum ersten Mal mühelos die wirtschaftlichen Kosten für die Durchsetzung seiner rassistischen Werte bis hin zur Ausgrenzung der Schwarzen tragen. Genauer gesagt, die sich entwickelnde Außenseiterposition des Schwarzen steht im Einklang mit der technologischen Konfiguration der wirtschaftlichen Interessen des weißen Amerika.[70]

Wenn die Schwarzen erst zu »überflüssigem Ballast« für die Wirtschaft werden, könnte das Willhelm zufolge sogar genozidale Folgen haben: »Wo einst der wirtschaftliche

Wettbewerb gegen die Weißen zu den Rassenbeziehungen beitrug, konkurriert der Schwarze jetzt mit der Maschine. Der erste Wettbewerb führte zur Erpressung durch die Weißen, der zweite bringt in seinem Gefolge die Auslöschung des Schwarzen.«[71]

Diese Analyse stellte die Black Panther Party in den Mittelpunkt ihrer Strategie, die auf die Organisierung des »Lumpenproletariats«, der von der Lohnarbeit abgeschnittenen Klasse, ausgerichtet war. Wie Eldridge Cleaver darlegte, stellte das Lumpenproletariat, zu dem auch diejenigen gehörten, »die durch Maschinen, Automatisierung und Kybernetisierung verdrängt wurden«, einen echten Widerspruch innerhalb des Proletariats dar.[72] Für diese Spaltung waren zum Teil die Maschinen verantwortlich. Die Polarisierung von Fähigkeiten bedeutete, dass »jeder Job auf dem Markt der amerikanischen Wirtschaft heute eine ebenso hohe Komplexität von Fähigkeiten erfordert wie die Berufe in den elitären Handels- und Handwerkszünften zu Marx' Zeiten«.[73] Diese elitäre Konfiguration hatte einen Teil des Proletariats seines revolutionären Eifers beraubt, ein Eifer, der nun den technologisch Ausgestoßenen vorbehalten war. Huey Newton formulierte Cleavers Ansicht im Sinne einer längerfristigen Strategie:

> Unter sorgfältiger Beachtung der dialektischen Methode, der sozialen Tendenzen und der sich ständig verändernden Natur der Dinge sieht die Black Panther Party, dass die Lumpenproletarier in diesem Land zwar noch die Minderheit und die Proletarier die Mehrheit sind, die Technik sich aber so schnell entwickelt, dass die Automatisierung zur Kybernetisierung und die Kybernetisierung wahrscheinlich zur Technokratie fortschreiten wird. [...] Wenn der herrschende Kreis an der Macht bleibt, werden die

> Kapitalisten wohl ihre technische Maschinerie weiterentwickeln, weil sie sich nicht für die Menschen interessieren. [...] Der herrschende Kreis ist eine Gefahr für jeden Arbeiter.[74]

Währenddessen entwickelten die in den Fabriken verbliebenen Schwarzen Arbeiter*innen ihre eigene Analyse der Automatisierung. Die Produktivität hatte sich in den letzten Jahrzehnten drastisch erhöht, und während die Unternehmen diesen Trend den Maschinen anrechneten, wiesen die Arbeiter*innen stattdessen auf eine gefährliche Beschleunigung des Arbeitstempos hin, der sie unterworfen waren, und die sie in den Fabriken von Detroit als »N*****matisierung« bezeichneten.[75] Aufgrund der vielen Verletzungen und Todesfälle – Dutzende pro Tag, eine höhere Opferzahl als im Vietnamkrieg – verstanden die Arbeiter*innen die Fabrik selbst als Kriegsgebiet. Da ihre Sorgen angesichts des Rassismus und der neuen Technologien sowohl von der Unternehmensleitung als auch von den etablierten Gewerkschaften ignoriert wurden, bildeten Schwarze Arbeiter*innen militante Gruppen wie die League of Revolutionary Black Workers und die Dodge Revolutionary Union Movement, die durch wilde Streiks erfolgreich die Autofabriken lahmlegten.

Inmitten des Aufruhrs der 1960er Jahre stellten die wichtigsten radikalen Schwarzen Gruppen die Technologiekritik ins Zentrum ihrer Analyse und ihrer Politik. Sie erkannten, dass die technologische Neuzusammensetzung der Arbeiterschaft das Schicksal ihrer Kämpfe bestimmen würde. Als die Black Panther Party 1972 ihr Zehn-Punkte-Programm aktualisierte, wurde im letzten Punkt die Forderung nach »Land, Brot, Wohnraum, Bildung, Kleidung, Gerechtigkeit und Frieden« um die »gemeinschaftliche Kontrolle der modernen Technologie durch die Menschen« ergänzt.[76]

Feminismus und Automatisierung

Auch die Frauenbewegung, die vielleicht intellektuell dynamischste Formation der Nachkriegszeit, nahm neue Technologien in den Fokus. Einige Frauen spekulierten, dass diese, da Kraft und Geschicklichkeit fortan bei der Arbeit mit Maschinen eine weniger große Rolle spielen würden, eine nivellierende Wirkung haben und Frauen somit in Positionen gelangen könnten, die ihnen bisher verwehrt waren. Diese Sichtweise wurde jedoch von feministischen Arbeitsprozesstheoretiker*innen wie Cynthia Cockburn in Frage gestellt, die ganz konkret die Auswirkungen der Technik auf die geschlechtsspezifische Arbeitsteilung untersuchten. Feministische Forscher*innen stellten immer wieder fest, dass neue Technologien nicht einfach nur Hindernisse beseitigten, sondern die Arbeit auf komplexe Weise neu zusammensetzten, oft zum Nachteil der Frauen. »Technologie ist alles andere als neutral«, stellt Cockburn klar. »Industrielle, kommerzielle und militärische Technologien sind in einem sehr historischen und materiellen Sinne maskulin. Sie können nicht ohne Weiteres in einer weiblichen oder gar geschlechtslosen Weise verwendet werden.«[77]

Und tatsächlich gingen durch die Automatisierung in vielen Fällen Arbeitsplätze, die bereits von Frauen besetzt waren, verloren oder wurden abgewertet. Ein Beispiel dafür ist das Schicksal der Telefonistinnen. Die Telefonistinnen, eine Klasse von Arbeiter*innen, die ausschließlich aus Frauen bestand, kämpften jahrzehntelang gegen die zunehmende Mechanisierung, die die Arbeit in den Telefonzentralen auf immer weniger Beschäftigte verteilte und die Ausfallzeiten eliminierte. Als sich die Telefonistinnen den Gewerkschaften anschlossen, wurden ihre Kernforderungen bezüglich ihrer Arbeitsbedingungen beiseitegeschoben und stattdessen in traditionellere Gewerkschaftsforderungen umgewandelt. Die Historikerin Venus Green, selbst eine ehemalige Telefonistin, dokumentierte, wie die bürokratische Gewerkschaftsmentalität dazu führte, dass die konkreten Forderungen der Telefonistinnen ignoriert wurden. »Höhere Löhne, kürzere Arbeitszeiten und gewerkschaftliche Beschwerdeverfahren«, schreibt sie, »konnten das streng überwachte und unerbittliche maschinengesteuerte Arbeitstempo, unter dem die Telefonistinnen litten, nicht verbessern.«[78]

Anstatt die Forderungen der Arbeiterinnen ernst zu nehmen, lobte die Gewerkschaftsführung die Automatisierung für ihr Versprechen von mehr freier Zeit. So erklärte etwa der Vorsitzende der Communications Workers of America, Joe Beirne: »Wir begrüßen die Automatisierung, weil wir darin höhere Löhne, mehr Urlaub, kürzere Arbeitszeiten und letztlich mehr Sicherheit für uns und das amerikanische Volk sehen.«[79] Falls diese positiven Auswirkungen eintreten sollten – was größtenteils nicht der Fall war –, dann auf Kosten der Telefonistinnen, die ihren Arbeitsplatz verloren. Green vermutet, dass bei der Gleichgültigkeit der Gewerkschaft Sexismus eine Rolle spielte, und stellt fest, dass die männliche Führung mit der Umstrukturierung des Telefonbetriebs Vorteile für männliche Arbeiter erwartete, die neue Positionen als technische Aufseher über automatische Wählmaschinen einnehmen konnten. Dieselben Maschinen machten jedoch die Telefonistinnen arbeitslos und beraubten die verbliebenen Frauen der Autonomie über ihr Arbeitstempo.[80] Die einzigen, die »mehr Urlaub und kürzere Arbeitszeiten« bekamen, waren letzten Endes die Arbeitslosen: die Tausenden von Frauen, die ihre Arbeit verloren.

Jenseits des Lohnarbeitsplatzes analysierten und politisierten Feministinnen die unbezahlte Arbeit der Hausfrau, die Arbeit der sozialen Reproduktion, die für den Kapitalismus unerlässlich war, aber ohne jede Bezahlung geleistet wurde. Auch hier gab es einen Bereich des Lebens, in dem die Technik Entlastung und mehr Freizeit versprach; und auch hier blieben diese Versprechen unerfüllt.

Das wissenschaftliche Management interessierte sich ebenfalls schon seit Längerem für die Hausarbeit. In den 1948 erschienenen Erinnerungen *Cheaper by the Dozen* (*Im Dutzend billiger*) erzählen zwei der zwölf Kinder des Wirtschaftsingenieurs Frank Gilbreth, eines eifrigen Schülers von Frederick Taylor, humorvolle Anekdoten aus dem Familienleben mit ihrem Vater. Gilbreth war der Erfinder der sogenannten Zeit- und Bewegungsstudien, und seine Begeisterung für Ordnung und Effizienz war derart groß, dass er sie auch zur Grundlage seines Erziehungsstils machte. Im Hause Gilbreth durfte kein Augenblick vergeudet werden. Während des Badens gab es Deutschunterricht, und der Tisch wurde nach der Stoppuhr abgeräumt. Auf dem komischen Höhepunkt des Buches will Gilbreth einen Arzt dazu bringen, bei allen seinen zwölf Kindern die Rachenmandeln zu entfernen, gemäß den offenkundigen Erkenntnissen aus seinen Zeit- und Bewegungsstudien.[81]

Auch wenn das Buch und dessen erfolgreiche Verfilmung von 1950 Gilbreths Eifer zugunsten familienfreundlicher Lacher ausspielen, weisen die Soziolog*innen Tilla Siegel und Nicholas Levis darauf hin, dass beide auch als vorausschauende Darstellung davon gelesen werden können, wie schnell die Rationalisierung der Arbeit in die Rationalisierung der häuslichen Sphäre übergeht.[82] Die einflussreichsten Kapitalisten verstanden diesen Zusammenhang durchaus. Henry Ford, dem der massive Widerstand gegen sein neues Fließband zu schaffen machte, wusste, dass er mehr als einen hohen Lohn brauchte, um die Arbeiter*innen in seine Fabriken zu locken. Er würde ihre Subjektivität weit über die Werkshalle hinaus formen müssen. Antonio Gramsci erkannte diesen Prozess als »die

Notwendigkeit [...], einen neuen Menschentyp auszuarbeiten, der dem neuen Typus der Arbeit und des Produktionsprozesses konform ist«.[83] Die Schaffung dieses »neuen Menschen« war die Aufgabe der soziologischen Abteilung von Ford, die in den Fabrikstädten Befragungen über die Organisation des häuslichen Lebens der Arbeiter*innen durchführte, wobei Einzelheiten über jeden Aspekt, vom Alkoholkonsum bis hin zu den sexuellen Gewohnheiten, gesammelt wurden. Ford legte großen Wert auf die Standardisierung der Geschlechterrollen: Die Entdeckung, dass die Frau eines Arbeiters außer Haus arbeitete, konnte ein Kündigungsgrund sein.

Die Beispiele von Gilbreth und Ford zeigen, dass das Projekt zur Rationalisierung der Hausarbeit mehr mit den Bedürfnissen von Patriarchat und Kapitalismus als mit denen der Frauen zu tun hatte. Ganz genauso argumentieren auch Selma James und Mariarosa Dalla Costa in *The Power of Women and the Subversion of the Community* (*Die Macht der Frauen und der Umsturz der Gesellschaft*), ihrem Manifest von 1975 für die Wages-for-Housework-Kampagne, die Kampagne für bezahlte Hausarbeit. Nach James' und Dalla Costas Analyse war das Ergebnis von Fords Projekt ein Arrangement zwischen Kapitalismus und Patriarchat zur Konstruktion der Kernfamilie, und zu beiderseitigem Gewinn. Die Kernfamilie zwinge die Frauen dazu, notwendige Arbeit zu leisten, die nicht durch das Kapital vergütet werden müsse, und diese Schinderei reproduziere zugleich die Isolation der Frauen und ihre Abhängigkeit vom männlichen Lohnempfänger. Daher ist »die Erhaltung der Kleinfamilie mit der Automatisierung dieser Dienstleistungen unvereinbar [...]. Um sie wirklich zu automatisieren, muß das Kapital die Familie in ihrer heutigen Form zerstören.« Da die Hausarbeit ein patriarchalisches Machtverhältnis ist, wird die Technik die Frauen nicht befreien. Stattdessen wird ihre Zeit mit mehr Hausarbeit ausgefüllt werden:

»Wir alle kennen den Spruch nur zu gut: in einem Haushalt gibt's, wenn man will, immer was zu tun.« James und Dalla Costa kommen zu dem Schluss, dass nicht die Technik, sondern nur der Feminismus die Frauen von der Hausarbeit befreien wird.[84]

Ruth Schwartz Cowans *More Work for Mother* aus dem Jahr 1983, eine vielbeachtete Geschichte der Haushaltstechnik, die im Zuge der Frauenbewegung entstand, bestätigt James und Dalla Costa auf empirischer Ebene. Während der offizielle Diskurs – in der Werbung, in Zeitungsartikeln, bei Patentanmeldungen – von der Entlastung der Hausfrauen handelt, »scheint die Hausarbeit aus der Perspektive derer, die sie verrichten oder die denjenigen, die sie verrichten, dabei zusehen, während des gesamten Jahrhunderts kein bisschen angenehmer – oder weniger ermüdend – geworden zu sein«.[85]

Cowan untersuchte die Technik in Privathaushalten zwischen 1860 und 1960 und stellte fest, dass diese die geplagten Hausfrauen kaum entlastete, sondern eher die traditionell von Männern ausgeführten Tätigkeiten erleichterte. Innovationen wie der Gaskochherd und die automatische Getreidemühle befreiten die Männer vom Holzhacken und Getreidemahlen, so dass sie mehr Zeit hatten, um außerhalb des Hauses zu arbeiten. Gleichzeitig übernahmen die Frauen einen größeren Teil der Hausarbeit: »Sie [die Hausfrau] trug die ganze Last der Hausarbeit. Für ihren Mann und ihre Kinder wurde das Haus zu einem Ort der Erholung.«[86] Cowan zufolge nahm aufgrund der Mechanisierung der Hausarbeit die Zahl der bezahlten Hausangestellten drastisch ab, während die Hausarbeit für die Hausfrau zunahm. Die Einführung der Waschmaschine machte die Dienste von professionellen Wäscherinnen überflüssig – die Hausfrau konnte nun auch diese Arbeit kostenlos selbst erledigen. Die Mechanisierung der Reproduktionsarbeit dient in diesem Zusammenhang eher der

Festigung der geschlechtsspezifischen Arbeitsteilung als der Verringerung des Zeitaufwands für die Arbeit selbst. »Das Endergebnis ist, dass Hausfrauen, selbst aus den gutsituierten Klassen (in unserer insgesamt gutsituierten Gesellschaft heutzutage), die Hausarbeit selbst erledigen.«[87]

Trotz der Beteuerungen feministischer Wissenschaftler*innen, dass die Technik am Arbeitsplatz wie zu Hause die geschlechtsspezifische Arbeitsteilung verstärke, hielt sich der Glaube, dass diese neuen Entwicklungen sie irgendwie aufweichen könnten. Eines der eindrucksvollsten technophilen Manifeste war Shulamith Firestones *The Dialectic of Sex* (*Frauenbefreiung und sexuelle Revolution*), ein Werk, das aufgrund seiner theoretischen Differenziertheit und seines mitreißenden Stils auch ein halbes Jahrhundert nach seiner Veröffentlichung noch immer Denker*innen beeinflusst.[88]

Firestone macht zunächst geltend, dass die Unterdrückung und Ausbeutung von Frauen – von ihr als »sex class« bezeichnet, die sich von der ökonomischen Klasse unterscheidet und dieser vorausgeht – sich aus den vermeintlichen biologischen Unterschieden zwischen den Geschlechtern, insbesondere in Bezug auf die Fortpflanzung, herleitet. Das Gebären und die Kindererziehung fielen den Frauen zu, was sie verletzlich und vom Mann abhängig machte und in eine untergeordnete Position verwies, die durch die Struktur der Familie reproduziert wurde.[89] Die Biologie war Firestones Ansicht nach jedoch kein Schicksal. Die neuen Technologien der Empfängnisverhütung und künstlichen Befruchtung könnten potenziell die biologische Grundlage der *sex class* schwächen, obwohl Firestone auch darauf hinwies, dass »die neue Technologie, besonders die Geburtenkontrolle, gegen [Frauen] gerichtet werden [kann], um das festgefügte Ausbeutungssystem zu verstärken«. Daher sei eine durchgreifende feministische Revolution nach dem Vorbild der marxistischen

Diktatur des Proletariats notwendig, so dass Frauen »die Kontrolle über die Fruchtbarkeit des Menschen übernehmen, also über die neue Bevölkerungsbiologie wie auch über alle sozialen Institutionen, die mit Geburt und Erziehung der Kinder zu tun haben.«[90] Tatsächlich, so Firestone, war das Aufkommen der feministischen Bewegung auf die Existenz solcher Technologien zurückzuführen. »Feminismus«, schrieb sie, »ist die folgerichtige weibliche Antwort auf die Entwicklung der Technologie [...], die es den Frauen ermöglicht, sich von dem Joch ihrer sexuellen Rolle zu befreien«.[91]

Auf diese Weise gerieten die Reproduktionstechnologien in Konflikt mit den bestehenden Reproduktionsbeziehungen – der Familie –, und damit beginne die Ära der feministischen Revolution.

Wie Marx in seinen technikdeterministischsten Werken behauptet auch Firestone, dass die bestehenden Technologien an sich neutral sind und nur in ihrer jeweiligen Anwendung ausbeuterisch werden. Zwar zählt sie potenzielle und tatsächliche Fälle eines Missbrauchs der Verhütungstechnologien auf, wie etwa die Menschenversuche an armen Schwarzen Frauen und Frauen of Colour, behauptet aber weiterhin, dass der Missbrauch eher mit den Machtverhältnissen zu tun hat als mit den Technologien an sich. Ihre eigene Position vergleicht sie mit der der Ökomodernist*innen, die die Natur nicht bewahren, sondern unter dem gewissenhaften Einsatz von Technologien auf egalitäre Weise umgestalten wollten.

> Wie sich am Beispiel der Entwicklung der Atomenergie deutlich gezeigt hat, könnten Radikale, anstatt sich selbst zu bejammern und die Gewissenlosigkeit der wissenschaftlichen Forschung anzuklagen, sehr viel mehr erreichen, wenn sie alle ihre Energien darauf konzentrieren, Forderungen zur Kontrolle wis-

> senschaftlicher Entdeckungen durch und für das Volk zu erarbeiten. Atomenergie und Geburtenkontrolle, künstliche Fortpflanzung und Kybernetik sind für sich genommen befreiend, sofern sie nicht mißbraucht werden.[92]

So wie Firestone kritisierten auch andere die romantischen und reaktionären Naturvorstellungen, die in der Gegenkultur reichlich vertreten waren. Die Technologietheoretikerin Donna Haraway etwa verschmähte die »Göttinnen« zugunsten von Cyborgs.[93] Doch Firestones Begeisterung für die Technik veranlasste sie auch zu überzogenen Erwartungen. Selbst unter dem kapitalistischen Patriarchat glaubte sie an die fortschrittlichen Auswirkungen der Automatisierung auf die Geschlechterbeziehungen:

> Für Diskriminierung im Beruf gäbe es keinen Nährboden mehr in einer Gesellschaft, in der Maschinen die Arbeit besser verrichten als Menschen jeglicher Größe oder Fähigkeit. Maschinen könnten so gesehen als perfekte Gleichmacher wirken, indem sie eine Klassengesellschaft, die auf der Ausbeutung der Arbeitskraft beruht, auslöschen.[94]

Diese Behauptung wurde jedoch von der feministischen Erforschung des Arbeitsprozesses klar widerlegt. Mit ihrer unkritischen Haltung gegenüber der Technik, die die tatsächlichen Bedingungen wissenschaftlicher und technologischer Erkenntnis und Nutzung ignoriert, hat Firestone hier vielleicht den Bogen in die andere Richtung überspannt.

Firestones Werk war aufgrund seiner polemischen Schärfe unter Feminist*innen heftig umstritten. Viele wiesen darauf hin, dass die Reproduktionstechnologien, anstatt die Frauen vom Kinderkriegen zu befreien, die Kontrolle über das Gebären vielmehr weg von den Frauen und weiter in Richtung der von Männern dominierten Bereiche der Wissenschaft und Medizin verlagern würden. So wies das Feminist International Network of Resistance to Reproductive and Genetic Engineering (FINRRAGE) 1985 auf den Zusammenhang zwischen diesen Technologien und Bestrebungen nach Eugenik, medizinischen Experimenten und Geburtenkontrolle hin und forderte, ziemlich ludditisch, »die Erforschung und Anwendung der Reproduktions- und Gentechnologie in all ihren Formen zu stoppen«.[95] Heutige Kritiker*innen wie Sophie Lewis weisen zu Recht auf die Fallstricke des FINRRAGE hin, wie etwa seine Verhaftung im Geschlechter-Essentialismus und seine manichäische Sicht auf die Technologie, die die legitimen Bedürfnisse armer Frauen im globalen Süden ignoriert. Wie Lewis anmerkt, richten sich abolitionistische Initiativen wie die von FINRRAGE »eher gegen die Kommerzialisierung als gegen den Kapitalismus«.[96] Doch trotz dieser Einschränkungen, so die feministische Technikwissenschaftlerin Judy Wajcman, wies FINRRAGE zu Recht darauf hin, dass patriarchalische Politiken in den Technologien selbst enthalten waren: zum Beispiel in der Förderung von Methoden der In-vitro-Fertilisation, die die genetische Elternschaft von heterosexuellen Paaren aufrechterhalten, zuungunsten von alternativen Formen der Abstammung, die die Kernfamilie destabilisieren könnten.[97] Die Forderung der Gruppe, Frauen sollten sich »Wissen, Können und Macht zurückerobern, sodass Geburt, Fruchtbarkeit und die gesamte Frauengesundheit wieder in die Hände der Frauen gelangen«, zielt auf den Kern der patriarchalischen Beherrschung der Technik.[98]

In der Nachkriegszeit wurde die Automatisierung zu einem wichtigen politischen Spannungsfeld für verschiedene radikale Bewegungen, sei es an den Docks, in den Fabriken oder Privathaushalten. Die politischen Trennlinien waren klar: Die Arbeiter*innen rebellierten wiederholt gegen die neuen Technologien, während die Gewerkschaften mit dem Kapital zusammenarbeiteten, um widerspenstige Belegschaften an den Maschinen zu disziplinieren. Als der Radikalismus in den 1960er Jahren zunahm, beschleunigte das Kapital seinen technischen Wandel als Teil einer massiven globalen Umstrukturierung um die verschiedenen Aufstände herum, die in der Nachkriegsordnung ausgebrochen waren. Im Mittelpunkt dieses Wandels stand eine Technologie, die von der Gegenkultur sowohl mit Furcht als auch mit Faszination empfangen wurde: der Computer.

4

High-Tech-Luddismus

Die Studentenbewegungen der 1960er Jahre gehörten zu den Ersten, die den Computer politisierten – damals noch riesige Großrechner, die sich nur Regierungen, Unternehmen und Universitäten leisten konnten. Mario Savio, der Anführer des Berkeley Free Speech Movement, beschwor in seinen berühmten Angriffen auf die Bürokratisierung und Seelenlosigkeit der Universität und der Nachkriegsgesellschaft den Widerstand gegen »the machine«:

> Es kommt die Zeit, in der das Funktionieren der Maschine so abscheulich und bedrückend wird, dass man nicht mehr mitmachen kann! Man kann nicht einmal mehr passiv mitmachen! Dann muss man sich mit seinem Körper auf die Zahnräder und Räder, auf die Hebel, auf den ganzen Apparat werfen – und ihn zum Stillstand bringen![1]

Wie der Historiker Steven Lubar bemerkt, wurde Savios poetische Beschwörung vermutlich von der Informationsverarbeitungsmaschine der Universität inspiriert, mit anderen Worten: von einem Computer. In den 1960er Jahren stellten Computer-Lochkarten den Berührungspunkt der Menschen mit der Bürokratie dar – von der Statistikbehörde bis zur Rechnungsabteilung der örtlichen Versorgungsbetriebe. An der UC Berkeley mussten die Studierenden Lochkarten ausfüllen, um sich für Kurse anzumelden. Und so wurden diese Karten Lubar zufolge in die Aktionen der Bewegung einbezogen:

> Die Demonstranten in Berkeley benutzten Lochkarten als Metapher, als Symbol für das »System« – für das Anmeldesystem im Speziellen und für bürokratische Systeme im Allgemeinen – sowie als Symbol der Entfremdung. [...] Lochkarten waren das Symbol für Datenverarbeitungsmaschinen, und so wurden sie zum symbolischen Angriffspunkt.[2]

Studierende beschädigten, verbrannten und zerstörten die Lochkarten für die Kurseinschreibung; ein Student stanzte das Wort »STRIKE« in eine Karte.[3] Als sich die Studentenrevolte als Reaktion auf den Vietnamkrieg weiter zuspitzte, nahmen auch die Aktionen gegen die Computer auf dem Campus zu. Diese Entwicklung leuchtet durchaus ein, schließlich war der Vietnamkrieg der erste computergestützte Krieg. Die Computer im Weißen Haus, im Pentagon und später in Saigon lieferten den militärischen Planern riesige Mengen elektronischer Daten, die die Kriegsführung mitbestimmten.[4]

Die Hinwendung zu Strategien, die auf quantitativer Datenerfassung und automatisierter Analyse beruhten, bedeutete einen radikalen Wandel in der militärischen Kultur – ein Wandel, dem sich das Offizierskorps widersetzte, das Kriegsführung eher als Kunst denn als Wissenschaft betrachtete. Dieser Wandel wurde vom zivilen Verteidigungsminister Robert McNamara diktiert, der zuvor bereits statistische Analysen eingesetzt hatte, um das Geschick der Ford Motor Company zu wenden. Entsprechend wurden im Pentagon nun militärische Erfolge anhand quantitativer Größen wie dem »body count« bewertet.

Jenseits der strategischen Berechnungen wurde auch die Kriegsführung selbst computerisiert und automatisiert, eine Entwicklung, die als »elektronisches Schlachtfeld« bekannt wurde. General William Westmoreland enthüllte das Konzept bei einem öffentlichen Treffen mit Vertreter*innen der Verteidigungsindustrie im Oktober 1969, nachdem es mehrere Jahre lang ein geheimes Projekt im Pentagon gewesen war:

> Auf dem Schlachtfeld der Zukunft werden feindliche Streitkräfte durch den Einsatz von Datenverbindungen, computergestützter Nachrichtenauswertung und automatischer Feuerleitung fast unmittelbar geortet, verfolgt und ins Visier genommen. [...] Maschinen und Technik ersparen uns heutzutage den Einsatz von Menschen auf dem Schlachtfeld, wie sie es auch in der Fabrik tun. Doch die Zukunft bietet noch mehr Einsparmöglichkeiten. Das amerikanische Volk erwartet meiner Überzeugung nach, dass dieses Land sich die Vorteile der Technik zunutze macht – und dass es die Entwicklungen freudig begrüßt, die, wo immer möglich, den Menschen durch die Maschine ersetzen werden.[5]

Wie schon bei der Automatisierung der Fabriken während des Zweiten Weltkriegs war es die Air Force, nicht die Army, die auf dem elektronischen Schlachtfeld die Richtung wies. Bei der Operation Igloo White wurden Sensorensysteme, Kommunikationsnetze und Flugzeuge miteinander verbunden, um die Bewegungen der nordvietnamesischen Truppen entlang des Ho-Chi-Minh-Pfads zu stören, wie Ian Shaw in seiner geografischen Studie beschreibt:

> Sobald ein Sensor einen Reiz in der Umgebung wahrnahm – etwa das Geräusch eines vorbeifahrenden Lastwagens, eine Vibration im Boden, den chemi-

> schen »Geruch« eines Vietkong-Soldaten oder sogar eine Lichtveränderung – sendete er ein Funksignal an nahegelegene Boden- und Luftempfänger, darunter Lockheed EC-121 Flugzeuge.[6]

Diese »Luftempfänger« waren, wie es in einer von der Antikriegsgruppe Scientists and Engineers for Social and Political Action herausgegebenen Broschüre hieß, »unbemannte Drohnen«; Teil eines Experiments, mit dem irgendwann menschliche Pilot*innen ersetzt werden sollten.[7] Die Bomber wurden von Computeralgorithmen zu ihren Zielen gelenkt, und sogar der Abwurf der Bomben erfolgte oft automatisch.[8]

Die Automatisierung des Krieges war, wie auch die Automatisierung der Industrie, ein wichtiges Mittel, um die Kontrolle über die rebellierenden US-Soldaten in Vietnam respektive Arbeiter*innen wiederzuerlangen. Als die Antikriegsbewegung auf die Armee übergriff, weigerten sich immer mehr Soldaten zu kämpfen; sie sabotierten die Ausrüstung, veranstalteten Proteste und ermordeten sogar ihre Vorgesetzten. Die Moral war kurz vor dem Zusammenbruch. Durch den Einsatz von zunehmend automatisierten Luftbombardements statt Bodentruppen konnten die widerspenstigen Soldaten aus dem Spiel genommen werden, was den Konflikt verlängerte. Viele Antikriegsgruppen kamen zu dem Schluss, dass diese Automatisierung nicht nur von militärischen Interessen geleitet war, sondern auch eine politische Strategie darstellte.

Ein großer Teil der Forschung, Entwicklung und Datenverarbeitung der militärischen Computerprojekte war auf die Informatik- und Ingenieursfakultäten der Universitäten angewiesen, die dadurch in den Antikriegskampf einbezogen wurden. Gruppen wie die Union of Concerned Scientists, Science for the People und Computer People for Peace bildeten sich, um innerhalb der wissenschaftlichen

Berufsfelder gegen die Zusammenarbeit mit dem US-Militarismus zu agitieren. Und die Studentenbewegungen nahmen verstärkt Computer ins Visier, wobei die Auseinandersetzungen weit über die spielerische Manipulation von Lochkarten hinausgingen. 1969 schrieb der *Old Mole*, eine Studierendenzeitschrift aus Cambridge, Massachusetts, in einem Artikel mit der spröden Überschrift »Let's Smash MIT«:

> Das MIT ist kein Zentrum für wissenschaftliche und soziale Forschung im Dienste der Menschheit. Es ist ein Teil der US-Kriegsmaschinerie. In das MIT fließen jährlich über 100 Millionen Dollar an Forschungs- und Entwicklungsgeldern des Pentagons. Damit ist es das zehntgrößte Vertragsunternehmen für Forschung und Entwicklung des Verteidigungsministeriums im ganzen Land.[9]

Das Kent-State-Massaker, bei dem am 4. Mai 1970 im Zuge von Protesten an der Kent State University mehrere Menschen von der Nationalgarde erschossen wurden, versetzte die Universitäten in den Vereinigten Staaten in Aufruhr. Computer wurden oft zum Ziel von Protestaktionen. Am 7. Mai besetzten demonstrierende Student*innen kurzzeitig das Rechenzentrum der Syracuse University.[10] Einige Tage später drangen Aktivist*innen im Anschluss an eine Protestwoche in ein Computerlabor der University of Wisconsin ein und zerstörten dabei einen Großrechner.[11] An der NYU brachen 150 Demonstrierende Türen auf und besetzten das dortige Computerlabor. Nach zwei Tagen gaben sie die Besetzung auf, nachdem sie den Großrechner mit improvisiertem Napalm und einer langsam brennenden Lunte präpariert hatten. Zwei Mathematikprofessoren konnten die Lunte löschen, bevor der Sprengstoff hochging; später wurden ein Assistenzprofessor und ein Lehrbeauftragter im Zusammenhang mit dem Vorfall verhaftet.[12] In Stanford wurde das Rechenzentrum in Brand gesetzt, allerdings ohne ernsthafte Schäden anzurichten. Einige Monate später, Anfang Februar 1971, nahmen Aktivist*innen das Zentrum erneut ins Visier. Sie hielten Reden und verteilten Flugblätter, in denen sie dazu aufriefen, die Computerressourcen von Stanford von den Aktivitäten des Verteidigungsministeriums abzuziehen. In einer Rede wurde der taktische Nutzen eines solchen Angriffs auf den Computer hervorgehoben:

> Ich will gar nicht erst von Streik anfangen. Das spielt sowieso keine Rolle. Was aber meiner Meinung nach offensichtlich ist: Wo man angreifen muss, wo man am stärksten angreifen muss, und zwar nicht nur hier, sondern auf jedem Universitätscampus und in jeder Stadt des Landes, das sind die Computerzentren. Computerzentren sind die verwundbarsten Orte überhaupt. [...] Vielleicht bedeutet der Angriff nur eine Stunde Verzögerung. Vielleicht aber auch einen Tag. Er könnte aber vielleicht auch eine Woche Verzögerung bedeuten, einen Monat oder ein Jahr Verzögerung. Niemand weiß es. Es hängt davon ab, was durch den Stromausfall zerstört wird. Was im Kernspeicher zerstört wird. Was an Aufzeichnungen zerstört wird. Was an Bandreserven durch zu hohe Temperaturen zerstört werden könnte. Das weiß niemand.[13]

Der Computer übernimmt

Im Laufe der 1970er Jahre ebbten die Proteste ab, und die radikalen Energien wandten sich von der Konfrontation mit dem Staat oft ab und der Beschäftigung mit gegenkulturellen Praktiken zu. Einige dieser Praktiken nahmen extrem technikfeindliche Positionen ein; andere rehabilitierten den Computer allmählich als Objekt der persönlichen Befreiung – eine Sichtweise, die bei der Vermarktung von Heimcomputern und später des Internets immer hegemonialer wurde.[14] Doch jenseits der aufgewühlten Stimmung der Antikriegsbewegung und ihrer Nachwirkungen waren Computer Bestandteil einer anderen, tiefer gehenden Umstrukturierung in der Arbeitswelt.

Harry Bravermans grundlegende Analyse über Maschinen und den Arbeitsprozess, *Labor and Monopoly Capital* (*Die Arbeit im modernen Produktionsprozeß*), schloss mit einer nachhaltigen Untersuchung dieses Wandels. Für Braverman hatten Computer tayloristische Auswirkungen, ganz ähnlich wie die Einführung der Automatisierung in der Fabrikarbeit:

> Wie in der Fabrik, steht die Bestimmung des Arbeitstempos durch die Maschine dem Büromanagement zunehmend als Kontrollmittel zur Verfügung. Die Reduktion der Bürokenntnisse auf genormte »Stückchen« und deren Verarbeitung durch automatische Rechenmaschinen und andere Büromaschinen versorgt das Management mit einer automatischen Buchführung über die Größe der Arbeitslast und die von jedem Arbeiter, jeder Unterabteilung oder Abteilung geleistete Arbeit.[15]

Wie in der Fabrik versuchte der Taylorismus auch im Büro, das Wissen von der Praxis zu trennen und die autonomen und affektiven Aspekte der Büroarbeit durch Routine zu vereinfachen. Anders als in der Fabrik vergrößerte diese Trennung jedoch den körperlichen Arbeitsaufwand, anstatt ihn zu verringern, da die Arbeiter*innen zu Anhängseln von Tabellier- und Kopiermaschinen degradiert wurden. Ein Bericht der International Labour Organization aus dem Jahr 1960 dokumentierte Beschwerden von Angestellten über »Muskelermüdung, Rückenschmerzen und andere Erkrankungen, die auf die ungewohnte Belastung durch die Bedienung von Maschinen zurückzuführen sind«.[16] Und auch Ida Hoos dokumentierte 1961 in *Automation in the Office* Beschwerden von Arbeiter*innen über die mit dem Wandel der Automatisierung einhergehende Überlastung. Einem von Hoos' Informanten zufolge handelte es sich »bei den Berufskategorien, die verschwunden sind, [...] um solche, die etwas Fertigkeit und Urteilsfähigkeit erfordern. Was übrigbleibt, sind Beschäftigungen an der Tabellier- und Lochkartenmaschine, die sogar noch einfacher, noch weniger abwechslungsreich und noch monotoner werden, je mehr die Arbeit dem Rechenautomaten angepaßt wird«.[17]

Bravermans Darstellung von 1974 löste eine Debatte über das Wesen des sogenannten »white collar proletariat« (Angestelltenproletariat) aus. Würde die Vereinfachung der Büroarbeit das Bewusstsein derer verändern, die Nicos Poulantzas in seiner Klassentheorie als »das neue Kleinbürgertum«[18] bezeichnet hatte, würden gefügige Schreibkräfte und Akademiker*innen zu militanten Kämpfer*innen werden, die sich gegen ihre Vorgesetzten organisieren? Die Debatte, die oft von den Höhen der theoretischen Abstraktion aus geführt wurde, blieb letzten Endes ohne Ergebnis. Stattdessen sollte eine Wirtschaftsethnografin einige der relevantesten phänomenologischen Beobachtungen über die computerisierte Umstrukturierung der Arbeit liefern.

Shoshana Zuboff, eine Sozialwissenschaftlerin, die in den frühen 1980er Jahren ethnografische Forschungen in Fabriken und an Arbeitsplätzen durchführte, befand sich in einer guten Position, um die Veränderungen in industriellen Arbeitsprozessen zu beobachten, die durch die Einführung von Computern verursacht wurden. Obwohl sie selbst keine Marxistin war, erkannte Zuboff in der Technik einen Krisenherd für den Klassenkampf. »Die neue technologische Infrastruktur«, schrieb sie, »wird zu einem Schlachtfeld der Technik, auf dem das Management neue Wege erfindet, um Sicherheit und Kontrolle zu erhöhen, während die Angestellten neue Methoden des Selbstschutzes und sogar der Sabotage entdecken«.[19]

Zuboff zufolge wies die neue Welle der Computerisierung zwei miteinander verknüpfte Eigenschaften auf. Die Automatisierung der Arbeitsprozesse durch Computertechnologien folgte dem Diktat des klassischen Taylorismus: Das Management setzte Maschinen ein, um Teile des Arbeitsprozesses, bei denen die Arbeiter*innen ein gewisses Maß an Kontrolle erworben hatten, neu zu organisieren. Gleichzeitig wurde die Arbeit aber auch durch Computer »informiert«, die den Arbeitsprozess in Form von Daten in Echtzeit aufzeichneten. »Die programmierbare Steuerung sagt der Maschine nicht nur, was sie tun soll – indem sie Informationen vorgibt, die die Arbeitsgeräte steuern«, beobachtete Zuboff, »sondern sie berichtet auch, was die Maschine getan hat – indem sie den Produktionsprozess übersetzt und sichtbar macht«.[20]

Die Informatisierung des Arbeitsprozesses hatte ebenfalls zwei miteinander verbundene Auswirkungen. Zum einen veränderte sie die Beschaffenheit der Arbeit selbst: ihre internalisierten Eigenschaften, ihre gesamte Phänomenologie für die*den Arbeiter*in. Zuvor war Fachkönnen durch die Erfahrung definiert, die mittels körperlicher Wiederholung erworben wurde; eine Art stillschweigendes Wissen, das in der akkumulierten körperlichen Praxis wurzelte und von vielen Arbeiter*innen nicht verbalisiert werden konnte, ganz gleich wie erfahren sie waren. Mit der Einführung von Maschinen und insbesondere von Computerschnittstellen, die das Können der Arbeiter*innen ersetzten, wandelte sich die Arbeit von der Durchführung verinnerlichter Tätigkeiten zur Ausführung abstrakter Anweisungen, die die Arbeiter*innen kognitiv interpretieren und verstehen mussten.

Da diese neuen Arbeitsprozesse eher geistig als körperlich beschaffen waren, konnten die Arbeiter*innen nicht mit den alten Methoden geführt und gemanagt werden – die von der Disziplin ihrer Körper, ihren physischen Bewegungen abhängig waren. Um die Arbeiter*innen am informatisierten Arbeitsplatz zu führen, musste das Management ihren *Verstand* disziplinieren, so dass ihre Werte und Wünsche besser mit den Bedürfnissen des Unternehmens übereinstimmten. »Je abstrakter die Arbeit wird, die die Menschen verrichten«, so Zuboff, »desto wichtiger werden positive Motivation und internes Engagement«.[21] Wie aber sollten die Arbeiter*innen die Vorgaben des Managements auf diese Weise verinnerlichen? Zuboffs scharfsichtige Schlussfolgerung war, dass der Computer dem Management auch einen detaillierten Bericht über das Verhalten jeder Arbeiterin und jedes Arbeiters und über den gesamten Arbeitsprozess lieferte und damit die kühnsten Fantasien vergangener Generationen wissenschaftlichen Managements erfüllte. Die Computerisierung war also nicht nur ein Managementinstrument, sondern sie verwandelte den Arbeitsplatz darüber hinaus in ein Foucault'sches Panoptikum, in dem eine Architektur der totalen Überwachung dafür sorgt, dass das Diktat der Macht weiter verinnerlicht wird. In Form von Daten wird Macht objektiv, eine Tatsache, die niemand bestreiten kann. Zuboff zitiert einen Arbeiter:

> Bei diesen Systemen gibt es keinen Zweifel. Die Ergebnisse sind die Wahrheit. Und diese Wahrheit liefern sie dem Management. Das heißt also, dass die Leute im Management wirklich sehen können, was vor sich geht, und sie müssen sich ins Zeug legen und

> auf die Probleme konzentrieren. Das schafft ein gemeinsames Bewusstsein. Am Ende arbeiten wir mehr zusammen, anstatt uns darüber zu streiten, was wirklich passiert ist.[22]

Doch obwohl Computer viele der affektiven Konfliktherde am Arbeitsplatz neu strukturierten, konnten sie den Konflikt zwischen Arbeiter*innen und Management nicht vollends aus der Welt schaffen. Am digitalen panoptischen Arbeitsplatz nahmen die Kämpfe in Form von Verschleierung, Unsichtbarkeit und vor allem Manipulation des Computers einen subversiven Charakter an, den die Arbeiter*innen als »passiven Widerstand« bezeichneten. Mit den richtigen Passwörtern ließen sich Zahlen frisieren; und im Fall, dass solche Nachlässigkeiten aufgedeckt wurden, konnte man alles auch auf einen Fehler des Computers schieben – eine beliebte und wirkungsvolle Methode.[23]

Die Verarbeitung der Welt

Vereinzelte Momente passiven Widerstands gegen Computer, ganz wie die, die Zuboff beobachtet hatte, waren das direkte Anliegen der eigenwilligen Zeitschrift *Processed World* aus der Bay Area. Aus der IT-Revolution der frühen 1980er Jahre heraus versuchte *Processed World*, die Ambivalenz gegenüber der neuen Technologie zu schärfen und in Widerstand zu verwandeln. Den Herausgeber*innen zufolge waren die Ziele der Publikation, »als Anlaufstelle und Forum für unzufriedene Büroangestellte (und Lohnarbeiter im Allgemeinen) zu dienen und ein kreatives Ventil für Menschen zu bieten, deren Talente durch ihre Lohnarbeit blockiert wurden«.[24] Entsprechend fand sich in *Processed World* neben Comics, Anzeigenparodien, Gedichten und einem insgesamt ironischen Ton eine immer lebhaftere

Rubrik für Leserbriefe. Das Interesse für den Widerstand von unten und für Graswurzel-Kreativität war von der Situationistischen Internationale inspiriert und folgte deren Ansatz, die Kapitalismuskritik von den traditionellen Kämpfen am Arbeitsplatz auf den Kampf gegen die »überall herrschende Banalität, Heuchelei, Konformismus und Dumpfheit« auszuweiten – eine Kritik nicht nur an der Arbeit, sondern am täglichen Leben.[25]

Processed World wurde 1981 gegründet, zu einer Zeit, als »Silicon Valley« noch mit Mikrochips und nicht mit Apps assoziiert wurde. Ausgehend von den Strapazen des Arbeitsplatzes berichtete die Zeitschrift über die »alltägliche Erfahrung« der verstörenden Neuzusammensetzung der Büroarbeit und bot schon früh streitbare Recherchen über die Wechselfälle der IT-Arbeit. Wie der Historiker Steve Wright es formuliert, bot *Processed World* ausführliche Analysen des »Arbeitsprozesses, der Kultur und der Verhaltensweisen – mit anderen Worten, der Klassenzusammensetzung – von Angestellten, die mit Informatik und Informationstechnologie arbeiten«.[26] Nach eigener Aussage der Autor*innen war das Klassenbewusstsein in diesem Milieu kaum ausgeprägt und eine gewerkschaftliche Organisation praktisch nicht vorhanden. Das Ziel von *Processed World* war es daher, die vorhandenen Tendenzen zu untersuchen und, wenn möglich, durch eine Mischung aus respektlosem Humor und detaillierter Analyse der Arbeitserfahrung die Initialzündung für den Widerstand der Arbeiter*innen zu geben. Eine der wichtigsten Interventionen von *Processed World* bestand darin, den vereinzelten potenziellen Agitator*innen ein Forum zu bieten und sie auf die Existenz der anderen aufmerksam zu machen. So schrieb jemand in einem anonymen Leserbrief: »Ich glaube, ich war nicht mehr so dankbar, seit ich damals Lesen gelernt habe!«[27]

Der berüchtigtste Artikel von *Processed World*, »Sabotage: The Ultimate Video Game« (Sabotage: Das ultimative Videospiel), blickt zurück auf die kontroversen IWW-Traktate der 1930er Jahre. Verfasst von einer Büroangestellten unter dem Pseudonym »Gidget Digit«, preist er die Vorzüge der Maschinenstürmerei. »Der Drang, das Arbeitsumfeld zu sabotieren«, sinniert sie, »ist wahrscheinlich so alt wie die Lohnarbeit selbst, vielleicht sogar noch älter.« Digit überträgt diesen archaischen Wunsch anschließend auf den neuen technischen Apparat des Büros, auf seine »neuen empfindlichen Geräte«, die Computerterminals und Faxgeräte: »Sie wurden zur Kontrolle und Überwachung entwickelt und erscheinen oft als unmittelbarer Quell unserer Frustration. Sie zu beschädigen ist ein einfacher Weg, um seinem Ärger Luft zu machen oder sich ein paar Minuten zusätzlicher ›Auszeit‹ zu verschaffen.«[28] Eine dankbare Leserin schrieb daraufhin: »Ich überlasse es den Theoretiker*innen, über die dialektischen Nuancen der Sabotage zu streiten. Eigentlich gibt es nur einen erdrückenden Grund dafür: Es ist einfach ein GUTES GEFÜHL.«[29]

Doch bei Digit ist dieser Vandalismus, so angenehm er für die Zerstörenden auch sein mag, nicht nur ein momentaner Atavismus, sondern darüber hinaus auch eine Komponente des ständigen Kampfes im Büro. In diesem Sinn ist das Zerstören von Maschinen ein wesentlicher Teilaspekt der Klassenzusammensetzung:

> Sabotage ist mehr als der unausweichliche Wunsch, Rechner zu zertrümmern. Sie ist weder eine schlichte Manifestation des Maschinenhasses noch ein neues Phänomen, das erst mit der Einführung der Computertechnologie aufgetreten ist. Ihre Form ist weitgehend durch das Umfeld geprägt, in dem sie sich abspielt. Die Sabotage der neuen Bürotechnologien findet im größeren Kontext des modernen Büros statt, einem Kontext, der die Arbeitsbedingungen,

> den Konflikt zwischen Management und Arbeiter*innen, die dramatischen Veränderungen im Arbeitsprozess und schließlich die Beziehungen zwischen den Büroangestellten selbst umfasst.[30]

Dieser Kontext war, so Digit, Teil einer Umstrukturierung der Arbeit weg von der Produktion und hin zum »schillernden Informationssektor«. Noch bevor Privatcomputer in den Haushalten Einzug hielten, entlarvte Digit die Versprechungen von Technikoptimist*innen über flexible Arbeitsabläufe in der digitalen Zukunft als Augenwischerei und erkannte wie Zuboff das Überwachungspotenzial der neuen Arbeitstechnologien. »Anstatt die Angestellten von der Kontrolle durch ihre Vorgesetzten zu befreien«, stellt sie fest, »ermöglichen die Programme für Unternehmensstatistik, die viele neue Systeme bereitstellen, die Leistung jedes einzelnen Arbeiters zu überwachen, unabhängig davon, wo die Arbeit erledigt wird.«[31]

Digit argumentiert dabei ähnlich wie Braverman: Computer als neueste Errungenschaft der Automatisierung fragmentieren und reorganisieren die Arbeit, um dem Management wieder mehr Kontrolle über die Arbeiter*innen zu verschaffen. Mit anderen Worten, sie zersetzen »die Arbeitskulturen [...], die zu der geringen Produktivität von Büroangestellten beitragen«, indem sie unliebsame Praktiken wie die persönliche Nutzung von Kopierern und Telefonen, das Zuspätkommen, Faulenzen und Herumalbern während der Arbeitszeit untergraben. Digit sagt voraus, dass sich diese Kontrolle auf den Alltag ausdehnen wird, wenn die Informationstechnologie durch Videospiele, Homeshopping und Kabelfernsehen in die Freizeit eindringt und sich die Kontrollmöglichkeiten auf Kosten der autonomen und kreativen Zeit noch erweitern: »Den Bewohnern dieses elektronischen Dorfes wird innerhalb ihrer persönlichen ›Benutzer-IDs‹ totale Autonomie zugestanden, aber sie sind systematisch davon ausgeschlossen, sich an der ›Programmierung‹ des ›Betriebssystems‹ zu beteiligen.«[32]

Digits Politisierung der Technik legte eine Kluft zwischen den Redakteur*innen von *Processed World* hinsichtlich der Automatisierung offen. Tom Athanasiou vertrat eine Linie, die den heutigen Verfechter*innen der Vollautomatisierung sehr nahe kommt: »Obwohl die Automatisierung durch die Abschaffung entwürdigender Arbeitsplätze die Lebensgrundlagen der Arbeiter bedroht, ist an der Computertechnologie an sich nichts Schlechtes. In einer anderen Gesellschaft könnte sie dazu genutzt werden, unser Leben auf alle erdenkbaren Arten zu verbessern.« Athanasiou ging sogar so weit, eine kommunistische Utopie zu skizzieren, in der »die Menschen arbeiten, lernen, schöpferisch sind, reisen und ihr Leben miteinander teilen, weil sie es wollen, für sich selbst und für andere«. Mit einer Anspielung auf das gescheiterte chilenische Projekt zur Zentralverwaltungswirtschaft Cybersyn argumentierte er, dass »Computer die Bedürfnisse mit den Ressourcen abgleichen und potenzielle Überschüsse und Defizite aufzeigen könnten« – die logistische Grundlage einer vom Markt befreiten Gesellschaft des Wohlstands.[33] Die Redakteurin Maxine Holz widersprach dieser Position. Sie erkannte zwar die positiven Aspekte von Computern an, wandte jedoch ein: »Die unmittelbaren Ergebnisse der großflächigen Einführung der modernen Technologien sind für die Arbeiter und andere direkt Betroffene oft von Nachteil. Ich denke, es ist wichtig, die gegenwärtige Realität der durch diese Instrumente geschaffenen Bedingungen nicht aus den Augen zu verlieren.«[34] Die Aufgabe von *Processed World* bestehe nicht darin, Utopien oder mögliche Zukünfte zu entwerfen, sondern die tatsächlich existierenden Kämpfe im IT-Sektor zu dokumentieren und dadurch zu bündeln.

Obwohl sie angesichts der weit verbreiteten Sabotage von Bürotechnologie »den gemeinsamen Wunsch« diagnostizierte, »sich gegen Veränderungen zu wehren, die ohne unsere Zustimmung eingeführt werden«, wandte sich Digit gegen die ludditische Zerstörung durch Gruppen wie das französische Comité pour la Liquidation ou la Destruction des Ordinateurs (Komitee zur Liquidation oder Zerstörung von Computern). Stattdessen vertrat sie eine situationistische Linie des technologischen *Détournement*, mit dem »positiveren Ziel der Unterwanderung von Computern«.[35] Wir könnten Digits Antwort als eine frühe Würdigung der Hacker-Methoden sehen: Widerstand innerhalb und durch Technologie statt reiner Opposition.

Die Hacker-Kultur wurde allen möglichen politischen Richtungen zugeschrieben, von liberal bis libertär, von radikal bis reaktionär. Und natürlich haben sich Hacker*innen an politischen Projekten aus all diesen Richtungen beteiligt.[36] Doch ihre Technikpolitik ist kompliziert und überraschenderweise oft ziemlich ludditisch. Um die Gründe dafür zu verstehen, müssen wir uns eines der frühesten Beispiele des Kampfes um technologische Kontrolle durch Hacker*innen ansehen: die Freie-Software-Bewegung.

High-Tech-Luddit*innen

Es mag kontraintuitiv, sogar paradox wirken, die enthusiastischsten und qualifiziertesten Nutzer*innen von Technologie mit Weber*innen in Verbindung zu bringen, die große Hämmer gegen vergleichsweise rudimentäre Maschinen schwangen. (Pop-)kulturelle Repräsentationen von Hacker*innen, sei es beim jungen Matthew Broderick, der im Film *War Games* von 1982 mithilfe eines Computers und eines Telefonmodems seine Biologienote ändert, oder bei den Guy-Fawkes-Masken tragenden Anonymous-Gruppen, zeigen digitale Geräte und technisches Know-how als die Quelle ihrer Macht. Und so hat sich das Bild vom unangepassten Cyberkriminellen zu dem des exzentrischen Unternehmers aus dem Silicon Valley gentrifiziert, der seine (ja, *seine*) technische Überlegenheit einsetzt, um die Gesellschaft für immer zu verändern. Anstatt Maschinen zu zerstören, machen Hacker sie sich zu eigen. In diesem Sinne sollten sie eigentlich zu den am wenigsten ludditischen Figuren der Welt gehören.

Betrachtet man jedoch die Inhalte der Politik, wie sie von tatsächlich existierenden Hacker*innen praktiziert wird, ergibt sich ein anderes Bild. Diese sind weit davon entfernt, die Technologie zu feiern, sondern gehören vielmehr oft zu ihren kritischsten Nutzer*innen. Regelmäßig setzen sie ihre Fähigkeiten dazu ein, die Maßnahmen zu unterlaufen, mit denen Unternehmen das Verhalten der User*innen zu rationalisieren und kontrollieren versuchen. Sie sind oft durch und durch ludditisch.

Eines der frühesten und einflussreichsten Beispiele für die Organisierung von Hacker*innen zum ludditischen Widerstand ist die Freie-Software-Bewegung, die von dem nonkonformistischen Programmierer Richard Stallman angeführt wird. Stallman berichtet, dass es in der Anfangszeit, als Software noch von Grund auf entwickelt werden musste, üblich war, dass Programmierer*innen ihren Code weitergaben. »Wann immer Leute von einer anderen Universität oder einem Unternehmen ein Programm portieren und verwenden wollten, haben wir es ihnen gerne erlaubt«, erklärt er in seinem Manifest *Free Software, Free Society*. »Wenn man sah, dass jemand ein unbekanntes und interessantes Programm benutzte, konnte man immer darum bitten, den Quellcode einzusehen, um ihn zu lesen, zu ändern oder Teile davon für ein neues Programm zu verwenden.«[37] Das Teilen und Kopieren von Code wurde zu einer essenziellen Praxis innerhalb der entstehenden Hackerkultur, eine Praxis, die Pädagogik, Autonomie und Produktivität förderte.

Die Verbreitung von Privatcomputern brachte auch einen zunehmenden Bedarf an Software mit sich. Dies führte zur Entstehung von Softwareunternehmen, die nun versuchten, diese Nachfrage zu befriedigen, indem sie Software zu einer Ware machten, die die Nutzer*innen kaufen und verkaufen konnten, anstatt sie selbst herzustellen. Die Pläne der Unternehmen, jeder und jedem Einzelnen eine eigene Kopie der Software zu verkaufen, kollidierten jedoch mit der weit verbreiteten Praxis des Kopierens und Teilens von Code, die sich zu diesem Zeitpunkt in den Hobbykulturen der frühen Computernutzer*innen bereits etabliert hatte. 1976 schrieb einer dieser Unternehmer, Bill Gates, einen vernichtenden Brief an deren Community: »Die meisten von euch stehlen ihre Software. Hardware muss man kaufen, aber Software ist etwas, das man teilen kann. Wen kümmert es schon, ob die Leute, die daran gearbeitet haben, bezahlt werden?«[38]

Auf Druck der Softwareindustrie entschied der Oberste Gerichtshof der USA, dass Computercode dem Urheberrecht unterliegt – eine Entscheidung, die die Arbeitsbedingungen von Programmierer*innen wie Stallman bedrohte, die regelmäßig Code kopierten, um daran herumzubasteln. Auf einmal war das Kopieren ein Verbrechen. Als Reaktion darauf schuf Stallman eine Reihe von alternativen Softwarelizenzen, das so genannte Copyleft, das die offene Weitergabe von Quellcode schützen sollte. Wenn eine Software Stallmans GNU General Public License enthält, übernimmt sie damit zwei grundlegende Prinzipien: User*innen dürfen den Code einsehen und verändern, und alle neuen Programme, die mit diesem Code erstellt werden, müssen wiederum der GNU-Lizenz folgen. Angetrieben von einer engagierten Basis aus Hacker*innen und Tüftler*innen trugen Stallmans Lizenzen zum Wachstum eines großen und – auch kommerziell – erfolgreichen Ökosystems der sogenannten freien Software bei.

Freie Software ist ein Beispiel für eine ludditische Technologie: eine Innovation mit dem Ziel, die Autonomie der Praktiker*innen gegenüber den Kapitalisten, die den Arbeitsprozess zu kontrollieren suchen, zu erhalten. Durch die »Zerstörung« des Software-Urheberrechts und die Anfechtung der damit verbundenen geschlossenen und proprietären Geschäftsmodelle hat freie und quelloffene Software jahrzehntelang dazu beigetragen, unabhängige und handwerksähnliche Arbeitsbedingungen für Programmierer*innen zu erhalten. Die Freie-Software-Bewegung hat nicht nur wichtige Softwareprojekte wie das Betriebssystem Linux auf den Weg gebracht, sondern auch maßgeblich dafür gesorgt, dass sich nicht-proprietäre Programmiersprachen als Standard in der Branche etabliert haben, was bedeutet, dass die Kompetenzentwicklung nicht mehr ausschließlich von großen Unternehmen kontrolliert wird, sondern durch offene, gemeinschaftliche Beteiligung erfolgen kann.[39]

Die erfolgreichen Kämpfe der Freie-Software-Bewegung haben außerdem dazu beigetragen, die Abneigung gegen geistige Eigentumsrechte zu politisieren, von der die digitale Kultur bis heute geprägt ist. Warum beim Code aufhören? Von der Befreiung der Software gingen Hacker*innen zu anderen Medieninhalten über, von Spielen über Musik bis hin zu Filmen. Sowohl bei ihren Techniken als auch ihren sozialen Praktiken orientierten sich diese digitalen Pirat*innen oft eher an älteren Methoden als am technischen Akzelerationismus. Bis weit in die BitTorrent-Ära hinein operierte der lose Zusammenschluss von Elite-Gruppen der digitalen Piraterie, der sich »The Scene« nannte, noch über FTP-Server (File Transfer Protocol), eine Technik, die sogar noch älter ist als das World Wide Web.[40] Als mit dem Aufkommen der Musiktauschbörse Napster das Filesharing zu einem immer größeren Problem der Kulturindustrie wurde, stellten aufmerksame Beobachter*innen fest, dass die Genialität von Napster nicht auf technischer Zauberei beruhte, sondern auf seiner rückwärtsgewandten Architektur:

> Napster ist in gewisser Weise eine Regression in die Anfangszeiten des Internets. Die massenhafte Nutzung des Internets hat dazu geführt, dass für die Speicherung von Informationen Server nötig sind. Napster hingegen beruht auf der Kommunikation zwischen den Rechnern der Mitglieder der Napster-Community.[41]

Mit anderen Worten: Die Peer-to-Peer-Architektur von Napster ähnelte eher dem verteilten System der Bulletin-Board-Ära der 1980er Jahre als der »Cloud« von heute, die uns an die Server großer Technologieunternehmen bindet.[42]

Viele der Konflikte, die die Geschichte des Internets geprägt haben – um geistiges Eigentum, um Privatsphäre und Überwachung, um Kontrolle durch Unternehmen – lassen sich sinnvollerweise auch als Kämpfe um Subsumtion begreifen, die in ihrer Struktur den Kämpfen der Weber*innen des frühen 19. Jahrhunderts ähneln. Immer wieder sind erfahrene Computernutzer*innen aktiv geworden, um ihre etablierten autonomen Methoden der Herstellung, des Austauschs und der Nutzung digitaler Artefakte zu schützen, anstatt sich so zu verhalten, wie Unternehmen wie Microsoft es sich gewünscht hätten. In den 1990er Jahren war das Internet eine Domäne von Amateur*innen und Hobbynutzer*innen. Die Unternehmen erzielten Einnahmen durch die Bereitstellung des Internetzugangs, doch sobald sie drin waren, konnten sich die Nutzer*innen in den meist nicht kommerziellen Räumen frei bewegen: inoffizielle Fan-Seiten, wenig regulierte Foren, Unmengen frei verfügbarer Spiele und Software. Es war eine Zeit der formalen Subsumtion, in der zwar die allgemeinen kapitalistischen Gebote des Warenaustauschs galten, das individuelle Nutzerverhalten aber unkontrolliert war. Wie die kommunistische Gruppe Humanaesfera aus Brasilien feststellt, war »die physische Infrastruktur in Privatbesitz«, aber »die sozialen Inhalte, die aus dieser physischen Infrastruktur hervorgingen, lagen außerhalb des Zugriffs des Kapitals«.[43]

Diese idyllische Zeit fand ein jähes Ende, als nach einer Phase zügelloser Spekulationen die sogenannte Dotcom-Blase platzte und Billionen von Dollar an Vermögenswerten sowie eine Vielzahl früher Online-Geschäftsmodelle vernichtete. Einige Kommentator*innen meinten damals sogar, das Internet selbst sei nichts weiter als ein Hype. Doch der digitale Kapitalismus ließ sich nicht so leicht aufhalten. Eine neue Technik der vernetzten Akkumulation entstand, als die überlebenden Tekkies die digitalen Schnittstellen und Infrastrukturen zu dem umgestalteten, was der Unternehmer Tim O'Reilly als das »Web 2.0« bezeichnete.[44] O'Reilly erkannte, dass die Replikation des Schaufensters, wie etwa bei Pets.com, einem Webshop für Haustierzubehör und einem der berüchtigtsten Opfer der Dotcom-Blase, eine verfehlte Strategie war. Stattdessen würde das Web 2.0 »Architekturen der Partizipation« einsetzen, in denen »Nutzer, die ihre eigenen ›egoistischen‹ Interessen verfolgen, einen kollektiven Wert als automatisches Nebenprodukt schaffen«.[45] Mit anderen Worten: Aktivität würde Daten produzieren. Dies vollzog sich durch eine Umstrukturierung der Datenverarbeitung durch das Internet. O'Reilly identifizierte Google als den Inbegriff dieses Wandels. Anstatt Software anzubieten, die die Nutzer*innen auf ihren Computern installieren müssen, bot Google seine Dienste *remote* an, während die Software auf den firmeneigenen Servern lief: »ein beliebig skalierbarer Bestand von Standard-PCs, auf denen Open-Source-Betriebssysteme sowie selbst entwickelte Anwendungen und

Dienstprogramme laufen, die niemand außerhalb des Unternehmens jemals zu Gesicht bekommt« – das, was wir heute die »Cloud« nennen. Auf diese Weise konnte Google als »Vermittler zwischen den Nutzern und ihrem Online-Erlebnis« fungieren und gleichzeitig Daten von den Nutzer*innen seiner Dienste sammeln.[46]

O'Reillys rosige Vorstellung von »Partizipation« beflügelte die Fantasie von technikoptimistischen Intellektuellen wie Clay Shirky und Henry Jenkins, die den Aufstieg einer demokratischen Populärkultur »partizipatorischer Medien« im Internet in Form von Blogs, Remixes und kreativen Fangemeinden voraussahen. Doch in Wirklichkeit ging es weniger um die Beteiligung als um das »automatische Nebenprodukt«: die Nutzerdaten, die in das System zurückgespeist werden konnten, um es zu optimieren. Die Daten konnten zur Rationalisierung des Online-Verhaltens genutzt werden, um die Dauer der Aktivität auf einer bestimmten Plattform zu verlängern und diese so immer produktiver und wertvoller zu machen. Das war keine Demokratie, sondern die Verwandlung des Internets in eine dezentralisierte Maschine zur kapitalistischen Wertschöpfung. Für Kritiker*innen wie den Medientheoretiker Mark Andrejevic waren die »Architekturen der Partizipation« des Web 2.0 »digitale Einhegungen« zur Datenextraktion.[47] Heute werden all unsere Online-Aktivitäten – vom Scrollen durch die Sozialen Medien über das Anschauen alter Musikvideos bis hin zum Sockenkauf – von Dutzenden, manchmal Hunderten von Unternehmen verfolgt, die aus diesen Aktivitäten dann Marketingdaten herauspressen.

Shoshana Zuboff, die Ethnografin, die den Aufstieg der Computer am Arbeitsplatz so detailliert beobachtet hat, untersucht mittlerweile diese »neue Logik der Akkumulation«, die sie als »Überwachungskapitalismus« bezeichnet.[48] Für Zuboff entfaltet sich der Überwachungskapitalismus (dessen paradigmatisches Beispiel bei ihr, wie bei O'Reilly, Google ist) aus der Dynamik der Informatisierung des Arbeitsplatzes, die nicht nur dazu dient, Arbeitsprozesse zu automatisieren, sondern auch kontinuierlich Daten über sie zu erzeugen. Bei Google wird jedes Nutzerverhalten – jedes Wort in einer E-Mail, jede Suche, jede gefahrene Strecke – zu Informationen, die das System weiter verbessern, das letztlich auf den Verkauf von Werbung ausgerichtet ist. Diese Daten sind Eigentum von Google, sie werden vom Unternehmen gehortet und zur Wertschöpfung genutzt, und diejenigen, die die Daten erzeugen, erhalten im Gegenzug nichts weiter als die Dienste von Google. Diese Asymmetrie ist der Kern dessen, was Zuboff als die extraktive Logik des Überwachungskapitalismus bezeichnet: »das Fehlen struktureller Gegenseitigkeit zwischen dem Unternehmen und den Nutzer*innen«.[49]

Zuboff beschreibt dies als einen Bruch mit früheren Arrangements der Gewinnerzielung. Doch der Überwachungskapitalismus könnte besser als das tiefere Eindringen des Warenaustauschs und der Arbeitsbeziehungen in das Alltagsleben verstanden werden. Es geht nicht nur darum, dass die Beziehungen zwischen Technologieunternehmen und uns extraktiv sind, weshalb jene unserem Schicksal gegenüber gleichgültig bleiben. Marxist*innen (und andere) fanden es schließlich noch nie ratsam, sich auf das Wohlwollen von Unternehmen zu verlassen. Sie meinen vielmehr, dass wir der *Umstrukturierung* unseres Verhaltens zur direkten Produktion einer Handelsware – nämlich Daten – und dem unerbittlichen Austeritätsdruck in Richtung neuer Formen der »Monetarisierung« entgegentreten sollten. Und anstatt die Metapher von der natürlichen Ressource hinzunehmen, die Daten als in einem Naturzustand existierend behandelt, müssen wir geltend machen, dass diese durch menschliche Aktivitäten produziert werden, die an technische Apparate gebunden und durch undurchsichtige Verträge geregelt sind. Die Art und Weise, wie die Nutzer*innen Daten produzieren, ähnelt daher zunehmend den kapitalistischen Arbeitsbeziehungen.

Wie haben die Hacker*innen auf diese Situation reagiert? Zum einen bekämpften sie den Überwachungskapitalismus, indem sie Technologien entwickelten, die die Privatsphäre der Nutzer*innen verbessern und schützen. Da die reale Subsumtion des Nutzerverhaltens auf Überwachung und Tracking beruht, sind diese Anwendungen zum Schutz der Privatsphäre eine Art von ludditischer Technologie, die versucht, das Internet in seinen formal subsumierten Zustand relativ autonomer kreativer Aktivität zurückzuführen. Der Sozialwissenschaftler Maxigas dokumentiert die Nutzung einer solchen Anwendung, einer Browsererweiterung namens RequestPolicy, durch Hacker*innen. RequestPolicy blockiert sogenannte Cross-Site-Requests, also Fälle, in denen eine von uns besuchte Website Inhalte von einer anderen Website einbindet, ohne uns darauf hinzuweisen, wie etwa bei eingebetteten Werbeanzeigen von Google oder beim Tracking zur Datenanalyse. Da moderne Websites voll von solchen Inhalten Dritter sind, zerstört RequestPolicy praktisch das Internet, indem es das Navigieren auf normalen kommerziellen Seiten unmöglich macht. Maxigas bezeichnet dies als »einen rückschrittlichen Versuch, die Geschichte des Internets zurückzudrehen: eine ludditische Maschine, die sozusagen die essenziellen Mechanismen von Websites ›zerstört‹«.[50]

Das so genannte Darknet, in dem man von Drogen bis zum Auftragsmord alles kaufen kann, ist eine perfekte Verkörperung des ludditischen Ethos in High-Tech-Kulturen. Das Darknet läuft über das Tor-Protokoll, das die Aktivitäten der Nutzer*innen verschleiert, indem es sie durch eine anonyme und dezentralisierte Architektur leitet. Tor schirmt die Nutzeraktivitäten vor den Blicken der Tracking-Funktionen ab und verhindert damit, dass diese Aktivitäten als Daten zur Ware werden. Natürlich ist das Darknet selbst nicht frei von Kommerz: Der Kauf und Verkauf von Waren und Dienstleistungen, oft illegaler Art, ist weit verbreitet. Das Darknet ist also kein Raum ohne Marktaustausch, sondern ein Raum ohne Überwachungskapitalismus. Der kleine Warenaustausch, insbesondere von der Art, wie er von libertären Wirtschaftstheorien gerne idealisiert wird, findet weiterhin statt, allerdings isoliert von den Konsolidierungsmechanismen, von denen das restliche Netz bestimmt ist.

Viele Darknet-Seiten selbst erinnern auffällig an das frühe Internet der 1990er Jahre. Die Seiten werden einzeln gepflegt und stürzen häufig ab. Überall finden sich Überbleibsel des Bulletin-Board-Systems – Hacking-Tutorials, Drogengeschichten, Textdateien des *Anarchist Cookbook* mit fragwürdigen Rezepten für selbstgebraute Rauschmittel und Sprengstoffe. Suchmaschinen funktionieren, wenn überhaupt, nur schlecht, so dass man bei der Navigation stark auf Verlinkungen und Mundpropaganda angewiesen ist. Da Tor als Proxy-Server fungiert, erinnert die Ladegeschwindigkeit der Seiten an die Zeit der Wählverbindungen, weshalb das schlichte HTML-Webdesign aus der Ära der piepsenden Modems oft bevorzugt wird. Im Darknet führt die ludditische Technologie zu einer ludditischen Ästhetik.

Anstatt die technische Entwicklung den Unternehmen in der Annahme zu überlassen, dass sie von linken politischen Formationen im Ganzen übernommen werden kann, erkennen Richard Stallman und andere ludditische Technolog*innen an, dass die Technologie selbst ein Brennpunkt gegenwärtiger Kämpfe ist. Darüber hinaus zeigen sie, dass Kämpfe gegen die Technologien der Subsumtion nicht nur Erfolg haben, sondern auch den Weg zu einer alternativen technologischen Entwicklung weisen können.

Dennoch ist die Hackerkultur oft von Elitarismus durchdrungen, ein bedauerlicher Nebeneffekt, der sich in leistungsorientierten Zünften häufig findet. Nur wenige Alltagsnutzer*innen verfügen über das technische Verständnis, das zur Verwendung von Tor nötig ist; noch weniger sind bereit, die Umkrempelung des real subsumierten Internets durch RequestPolicy in Kauf zu nehmen.

Es ist dringend notwendig, darüber nachzudenken, wie ludditische Technologien über die erfahrenen Enthusiast*innen hinaus mehr Internetnutzer*innen erreichen und beeinflussen können, zumal sich immer mehr Aktivitäten – insbesondere die Arbeit – in Online-Räume verlagern, die den Dynamiken des Überwachungskapitalismus unterliegen.

Die neue digitale Automatisierung

Wir befinden uns in einem kritischen Moment, in dem digitale Automatisierungstechnologien, oft mit hippen Schlagworten wie »Algorithmen« und »KI« versehen, sowohl die Arbeit als auch die Verwaltung verändern – oder zumindest wird es uns so erzählt. Ausgehend von der enormen Flut digitalisierter Informationen, den »Big Data« aus einer ganzen Generation digitaler Aktivitäten, versprechen diese Technologien, alle Erwerbstätigkeiten zu verändern und sich sogar auf die Karrieren hochqualifizierter Fachleute in Bereichen wie Recht und Medizin auszuwirken. Versprachen Angestelltenjobs in der »Wissensarbeit« einst eine komfortable Zukunft, versprechen jetzt Technolog*innen wie Kai-Fu Lee, der ehemalige CEO von Google China, dass Angestelltenjobs die ersten sind, die verschwinden werden. Lee zufolge sind »die Bürojobs leichter zu ersetzen, weil es sich dabei um rein quantitativ-analytische Prozesse handelt. Reporter*innen, Trader*innen, Telefonmarketing und

-verkauf, Kundendienst, Analyst*innen – sie alle können durch eine Software ersetzt werden«.[51]

Das »Ersetzen« von Arbeitskraft durch Software findet natürlich schon seit Jahrzehnten statt und schreitet immer weiter voran, oft mit kläglichen Ergebnissen. Staatliche Bürokratien gehörten zu den ersten Institutionen, in denen Computer die Effizienz zu steigern und die Kosten zu senken versprachen, weshalb die Dateien auf unseren Computerfestplatten bis heute als »files« (»Akten«) in »Ordnern« organisiert sind.[52] Heute, da staatliche Einrichtungen mit Algorithmen und Software die kostensenkenden neoliberalen Sparmaßnahmen umzusetzen versuchen, sind die Ergebnisse nichts weniger als verheerend. Die Politikwissenschaftlerin Virginia Eubanks beschreibt, wie die Einführung von »kostensparender« Software in den Sozialämtern zu dem geführt hat, was sie das »digitale Armenhaus« nennt:

> Das digitale Armenhaus hält die Armen davon ab, öffentliche Mittel in Anspruch zu nehmen; es regelt ihre Arbeit, ihre Ausgaben, ihre Sexualität und ihre Kindererziehung; es versucht, ihr zukünftiges Verhalten vorherzusagen; und es bestraft und kriminalisiert diejenigen, die sich seinem Diktat nicht fügen. Dabei schafft es immer feinere moralische Unterscheidungen zwischen den »verdientermaßen« und den »unverdientermaßen« Armen, Kategorisierungen, die unser nationales Versagen bei der Sorge füreinander rationalisieren.[53]

Anstatt die staatliche Bürokratie zu revolutionieren, so Eubanks, »funktioniert die automatisierte Entscheidungsfindung in unserem derzeitigen Sozialsystem ähnlich wie ältere, atavistische Formen der Bestrafung und Beherrschung. Sie filtert und leitet um. Sie verhindert, anstatt zu vermitteln«.[54] Selbst wohlmeinende Beamte unterliegen einem System, das ihren Arbeitsprozess fragmentiert und rationalisiert. Wo Sozialarbeiter*innen früher Fälle individuell betreuten, sich mit ihren Mandant*innen vertraut machten und aus diesem Zusammenhang heraus ihre Handlungsoptionen beurteilen konnten, zerlegen heute automatisierte Systeme die Fälle in zu erledigende Aufgaben, die weder eine Vorgeschichte noch einen Kontext haben. Das Ergebnis ist, wie eine Sachbearbeiterin berichtet, entmenschlichend: »Wenn ich in einer Fabrik hätte arbeiten wollen, wäre ich in eine Fabrik gegangen.«[55]

Ähnliche Systeme sind in öffentlichen Verwaltungen weit verbreitet. Nach Ansicht des Rechtsprofessors Frank Pasquale sind die Auswirkungen der Automatisierung auf das Rechtssystem potenziell katastrophal: Die Verdrängung des menschlichen Urteilsvermögens durch Algorithmen bedeute das Ende der Rechtsstaatlichkeit. Der COMPAS-Algorithmus (Correctional Offender Management Profiling for Alternative Sanctions; Straffälligenmanagement-Profiling für alternative Sanktionen) beispielsweise verwendet »prädiktive Analytik«, um Richter*innen Richtlinien für die Strafzumessung an die Hand zu geben, eine Art Risikobewertung der Wahrscheinlichkeit, dass Angeklagte in Zukunft erneut Straftaten begehen. Da es sich bei dem Algorithmus um ein Geschäftsgeheimnis handelt, ist seine Funktionsweise für die Allgemeinheit nicht einsehbar: ein Teil dessen, was Pasquale die drohende »Blackbox-Gesellschaft« nennt. COMPAS liefert im Grunde geheime Beweismittel, die nicht angefochten oder ins Kreuzverhör genommen werden können, und macht damit ein ordnungsgemäßes Verfahren völlig unmöglich.[56] Die Mathematikerin und Gesellschaftskritikerin Cathy O'Neil konnte beweisen, dass Instrumente wie PredPol (Predictive Policing; Vorhersagende Polizeiarbeit) sich auf Datensätze stützen, die aus diskriminierenden Strafverfolgungs- und

Justizsystemen stammen, und somit bestehende Vorurteile und Ungleichheiten verschärfen. Indem sie Effizienz höher favorisiert als andere Werte, wie etwa Gerechtigkeit, läuft die algorithmische Strafverfolgung auf die »industrielle Produktion von *Ungerechtigkeit*« hinaus.[57]

Doch wie wir gesehen haben und wie viele Arbeiter*innen immer wieder zum Ausdruck bringen, kann die Automatisierung die menschliche Arbeit niemals ganz beseitigen. Kai-Fu Lees Vorhersage einer kompletten Ersetzung von Wissensarbeit ist daher eine starke Übertreibung, wie ein Bericht des Thinktanks Data & Society deutlich macht: »KI-Technologien gestalten Arbeitsabläufe eher um, als dass sie Arbeitskräfte ersetzen.« Gleichzeitig tendieren automatisierte und KI-Technologien dazu, »die menschliche Arbeit zu kaschieren, die es ihnen ermöglicht, vollständig in einen sozialen Kontext integriert zu werden, während sie die Bedingungen und die Qualität der Arbeit, die auf dem Spiel steht, grundlegend verändern«.[58] Bei einer Untersuchung zu den Selbstbedienungskassen in Supermärkten zeigte sich, dass die ludditische Kundschaft diese Technik hasste und mied. Daher reduzierte die Geschäftsleitung das Personal an den Kassen, um die Warteschlangen so unerträglich lang zu machen, dass die Kund*innen aufgaben und stattdessen die Automaten benutzten. Doch selbst dann mussten die Kassierer*innen immer noch assistieren und die Transaktionen überwachen; anstatt also die Arbeitsbelastung zu verringern, »intensivierten die Technologien die Kundenbetreuung und schufen neue Herausforderungen«.[59] Dies ist ein Beispiel für das, was der Technikjournalist Brian Merchant polemisch »beschissene Automatisierung« nennt:

> Wenn ein Verkäufer von Unternehmenslösungen oder ein staatlicher Auftragnehmer der obersten Führungsebene weismachen kann, dass eine halbgare

> Automatisierung Geld spart, dann werden die Kassierer*innen, Angestellten oder Callcenter-Mitarbeiter*innen durch schlecht funktionierende Maschinen ersetzt oder ihre Arbeitszeit wird gekürzt, um Platz für diese Maschinen zu schaffen. Und die Benutzer*innen müssen fortan ihre Zeit damit verschwenden, sich durch schrottige Oberflächen zu quälen oder in ihr Telefon zu schreien – und niemand gewinnt.[60]

Den Kund*innen in den Geschäften ist bewusst, dass mit den Selbstbedienungskassen die Arbeit auf sie abgewälzt wird, was der Medienwissenschaftler Michael Palm als »Konsumentenarbeit« bezeichnet.[61] Also rächen sie sich und rebellieren gegen die technologische Zwangsarbeit. Diebstähle gehören an Selbstbedienungskassen zur Tagesordnung. In Foren wie Reddit werden Tipps zum Ladendiebstahl ausgetauscht: auf »Bezahlen« drücken, um die Taschenwaage zu deaktivieren, und danach noch mehr Artikel einpacken; immer den Code für das billigste Produkt eingeben (in der Regel Bananen); im Zweifel einfach alles in die Tasche packen und rausgehen. Es wird auch eine Rechtfertigung angeboten: »Es ist MORALISCH NICHT VERWERFLICH, einen Laden zu beklauen, der uns zwingt, die Selbstbedienungskasse zu benutzen, Punkt. SIE KNÖPFEN UNS GELD AB DAFÜR, DASS WIR IN IHREM LADEN ARBEITEN.«[62]

Konsumentenarbeit an Selbstbedienungskassen ist ein Beispiel dafür, dass die Automatisierung die Arbeit nicht abschafft, sondern sogar vermehrt. Indem Aufgaben isoliert und an andere verteilt werden, die sie umsonst erledigen sollen, tragen digitale Technologien zur Überforderung bei. Der Soziologe Craig Lambert verwendet den Begriff »Schattenarbeit«, um diese verbreitete Erfahrung mit digitalen Systemen zu beschreiben. Der Begriff geht auf Ivan Illich zurück, der damit die geringgeschätzten und unentlohnten, aber notwendigen Tätigkeiten beschrieb, die oft von Frauen verrichtet werden, von der Hausarbeit über das Einkaufen bis hin zum Herumfahren der Kinder.[63] Für Lambert verstärkt die digitale Technologie auch die Schattenarbeit im Lohnarbeitssektor. Wenn neue Technologien Stellen weg-»automatisieren«, werden zu erledigende Aufgaben oft auf die verbleibenden Arbeiter*innen abgewälzt. Lambert beschreibt die »schleichende Ausweitung [der] Stellenbeschreibung«,[64] die durch neue Software erleichtert wird. Wo früher das Verwaltungspersonal den Überblick über Organisatorisches, wie etwa den Ausfall von Mitarbeiter*innen, hatte, verlangt heute die Software für »Absenzenmanagement«, dass sich die Angestellten selbst darum kümmern. »Ich weiß eigentlich gar nicht, wieso ich dafür zuständig sein soll, Daten über meine Ausfallzeiten einzugeben«, zitiert Lambert einen Softwareentwickler. »Offen gestanden habe ich mit dem Programmieren genug zu tun. Wieso soll ich den Job der Personaler erledigen?«[65]

Atul Gawande beschreibt eindringlich die Auswirkungen der digitalen Schattenarbeit auf seinen Beruf als Arzt. Nach der Einführung eines neuen Softwaresystems zur Nachverfolgung von Patient*innen vollzog sich eine schmerzhafte Umstrukturierung seiner Arbeit, weg von den Patient*innen und hin zu mehr strukturierten Interaktionen mit Computern. »Ich habe inzwischen das Gefühl, dass das System, das mir mehr Kontrolle über meine Arbeit versprach, dazu geführt hat, dass meine Arbeit mehr Kontrolle über mich hat«, schreibt er, das Gespenst des Taylorismus heraufbeschwörend. »Wir alle sitzen über unsere Bildschirme gebeugt und befassen uns mit den Restriktionen darüber, wie wir unsere Arbeit zu machen haben, anstatt sie einfach zu erledigen.« Der Kampf gegen diese Bürokratisierung durch Software führe zu immer mehr Fällen von Burnout in der Ärzteschaft, deren Häufigkeit stark damit korreliere, wie viel Zeit man vor dem Computer verbringe.[66] Gawandes Fachgebiet, die Chirurgie, ist außerdem Teil einer weiteren technologisch bedingten Krise: Seitdem sich immer mehr Tätigkeiten um das Tippen und Wischen am Bildschirm drehen, hat die Fingerfertigkeit abgenommen: Zukünftigen Chirurg*innen geht die Fähigkeit verloren, mit ihren Händen am Menschen zu schneiden und zu nähen.[67]

Dem Technologiekritiker Jathan Sadowski zufolge ist vieles von dem, was als System autonomer Maschinen angepriesen wird, in Wirklichkeit »Potemkin'sche KI«: »Dienste, die den Anschein erwecken, dass sie von hochentwickelter Software betrieben werden, die aber in Wirklichkeit auf Menschen angewiesen sind, die sich wie Roboter verhalten«.[68] Von Audiotranskriptionsdiensten, die menschliche Arbeitskräfte als »moderne Spracherkennungssoftware« tarnen, bis hin zu »autonom fahrenden« Autos, die per Fernbedienung von Menschen gesteuert werden, befeuern Behauptungen über zukunftsweisende maschinelle Intelligenz nicht nur einen von Risikokapital finanzierten Hype, sondern sie verschleiern zudem aktiv die Arbeitsbeziehungen in ihren Unternehmen. Wie die Schriftstellerin und Filmemacherin Astra Taylor erklärt, verstärkt eine solche »Fauxtomation«, ein Neologismus aus *faux* (unecht, falsch) und Automatisierung, »die Auffassung, dass Arbeit keinen Wert hat, wenn sie unbezahlt ist, und stimmt uns auf die Vorstellung ein, dass wir eines Tages nicht mehr gebraucht werden«.[69]

Obwohl künstliche Intelligenz häufig mit Zauberei verglichen wird, scheitert sie regelmäßig an Aufgaben, die für einen Menschen kinderleicht sind, wie etwa am Erkennen von Straßenschildern – was für selbstfahrende Autos sehr wichtig ist. Doch selbst erfolgreiche Fälle von KI erfordern ein hohes Maß an menschlicher Arbeit im Hintergrund.

Maschinelle Lernalgorithmen müssen anhand von Datensätzen »angelernt« werden, für die Tausende von Bildern zuvor durch menschliche Augen identifiziert werden. Clevere Tech-Unternehmen nutzen dazu seit Jahren die unbezahlte Tätigkeit von Nutzer*innen: Jedes Mal, wenn wir ein ReCaptcha lösen, eine dieser Bilderkennungsaufgaben, mit denen wir beweisen sollen, dass wir keine Roboter sind, tragen wir dazu bei, eine KI anzulernen. Der Erfinder des Captcha, der Informatiker Luis von Ahn, entwickelte die Idee ausgehend von einer geradezu tayloristischen Besessenheit von der unproduktiven Nutzung der Zeit: »Wir recyceln ungenutzte menschliche Zeit.«[70]

Doch weil man mit kostenloser Arbeit im derzeitigen KI-Boom nicht besonders weit kommt, werden zuverlässigere, professionalisierte Arbeitskräfte benötigt, um das zu überwinden, was die Anthropologin Mary L. Gray und der Informatiker Siddharth Suri als »die letzte Meile der Automatisierung« bezeichnen. Damit KI-Systeme reibungslos funktionieren, sind erstaunliche Mengen an »Ghost Work« (»Geisterarbeit«) erforderlich: Aufgaben, ausgeführt von menschlichen Arbeiter*innen, die vor den Augen der Nutzer*innen verborgen sind und nicht in den Büchern des Unternehmens auftauchen. Geisterarbeit ist in einzelne kleine Tätigkeiten zerlegte »digitale Akkordarbeit«, die von jeder beliebigen Person und an jedem beliebigen Ort gegen eine minimale Vergütung ausgeführt werden kann.[71]

Das Arbeitskräftereservoir für Ghost Work ist wahrhaft global, und die Technologieunternehmen machen es sich eifrig zunutze. Das Unternehmen Samasource, das sich auf die Schulung von KI spezialisiert hat, wirbt gezielt Bewohner*innen der Slums in aller Welt an, als billige Lösung für die »langweilige, repetitive, niemals endende Arbeit«, Informationen in maschinelle Lernsysteme einzuspeisen. Das Unternehmen bezahlt die Arbeiter*innen schlecht, rechtfertigt dies jedoch mit der obligatorischen Humanitätsrhetorik, die im Silicon Valley weit verbreitet ist. Die verstorbene Geschäftsführerin von Samasource, Leila Janah, räumte ein, dass die Beschäftigung von Niedriglohnarbeiter*innen im kenianischen Kibera – dem größten Slum Afrikas – eine profitable Strategie ist. Doch es sei auch eine moralische Entscheidung, damit das Gleichgewicht des armen Umfelds nicht gestört werde:

> In unserer Branche ist es wichtig, dass wir keine Löhne zahlen, die die lokalen Arbeitsmärkte verzerren. Wenn wir den Leuten wesentlich mehr zahlen würden, dann würden wir alles durcheinanderbringen. Es hätte womöglich negative Auswirkungen auf die Lebenshaltungskosten in den Gemeinschaften, in denen unsere Arbeiter*innen leben.[72]

Ungeachtet der humanitären Bemühungen von Janah zeigt das Geschäftsmodell von Samasource die tatsächlichen Auswirkungen der vernetzten digitalen Technologien auf die Arbeitswelt. Selbst in einer Welt des wiederauflebenden Nationalismus und der zunehmend undurchlässigen Grenzen hat das Internet ein riesiges, globalisiertes Reservoir an menschlicher Arbeitskraft geschaffen, auf das Unternehmen so viel oder so wenig zurückgreifen können, wie gerade nötig ist: die »menschliche Cloud«.[73] In dieser Cloud dürfen sich auch die abgelegensten Weltregionen den mächtigsten Unternehmen der Welt andienen, und angesichts der zahlreichen Konkurrenz muss man schnell und gefügig sein, um überhaupt einen Auftrag zu ergattern. Kein Augenblick darf unproduktiv bleiben: Jobs können in Mikroaufgaben zerlegt, als Stückarbeit bezahlt oder »gamifiziert« (von »Gamification«, der Organisierung von Arbeit entlang spielerischer Elemente) und damit überhaupt nicht entlohnt werden. Diese potenzielle Zukunft der Arbeit hat nichts mit dem Versprechen von mehr Freizeit durch »vollständige Automatisierung« zu tun. Ganz im Gegenteil: In dieser Zukunft dringt die Arbeit mittels kapitalistischer Technologien in jeden Winkel der menschlichen Existenz, begleitet von einer Erosion der Löhne und der Freizeit.

Die Geisterarbeit der menschlichen Cloud mag den Eindruck erwecken, dass Niedriglohn-Gig-Arbeiter*innen den wenigen Glücklichen mit sicheren Arbeitsplätzen etwas von ihrer Last abnehmen. Doch die von Computern unterstützte Taskifizierung, die Aufstückelung von Tätigkeiten in kleinste Einzelaufgaben, kommt auf uns alle zu. Die ungeschickten Medizinstudent*innen sind nur ein dramatisches Beispiel dafür, was die Durchdringung des Alltags mit digitaler Technologie bewirkt hat: die Entqualifizierung des Alltagslebens. Ian Bogost, Medienwissenschaftler und Videospieldesigner, stellt fest, dass die Verbreitung automatisierter Technologien – von selbstspülenden Toiletten bis hin zu automatisch korrigierten Textnachrichten – Gefühle von Unsicherheit und Unberechenbarkeit verstärkt. Denn anstatt den menschlichen Bedürfnissen zu dienen, zwingt sie die Menschen dazu, sich einer unberechenbaren und nicht kontrollierbaren Logik der Maschinen anzupassen: »Je mehr sich die Technik verbreitet, desto mehr verstärkt sie die Instabilität.« Als Reaktion darauf entwickeln wir obskure Rituale, damit die Toilettenspülung zur richtigen Zeit losgeht, oder wir fummeln uns durch eine weitere »autokorrigierte« Nachricht voller Sinnfehler. Es ist nicht nur eine romantische Kritik daran, dass die Technik uns von der Sinnlichkeit der Welt entfremdet (auch wenn Bogost augenzwinkernd erklärt, warum er ein Papierhandtuch einem sensorgesteuerten Lufttrockner vorzieht), sondern auch eine ganz praktische: Die angeblichen Erleichterungen des automatisierten Alltags werden durch unseren Mangel an Kontrolle, unsere Verwirrung und die Passivität, zu der uns die Technik zwingt, zunichte gemacht. »Wie die Menschen, die nichts von den Nöten der Ameisen wissen«, schreibt er, »und wie die Ameisen, die unfähig sind, die Ziele der Menschen zu verstehen, die sich über sie beugen, so wird die Technik zu einer Kraft, die den Menschen umgibt, die sich mit ihm überschneidet, sich seiner bedient – aber nicht unbedingt im Dienste des Menschen steht«.[74] Es ist das, was der Philosoph Nolen Gertz als »In-Order-to-Mindset«, als »Um-zu-Mentalität« beschreibt:

> Moderne Technologien scheinen so zu funktionieren, dass sie uns nicht helfen, unsere Ziele zu erreichen, sondern Ziele für uns bestimmen. Sie geben uns Ziele vor, bei deren Erreichung wir der Technik helfen müssen. So müssen etwa Besitzer*innen eines Roomba-Staubsaugerautomaten ihr Haus nach den Manövrierbedürfnissen des Roomba einrichten, so wie Smartphone-Besitzer*innen ihre Aktivitäten nach dem Strom- und Datenverbrauch ihres Smartphones ausrichten müssen. Natürlich kaufen wir solche Geräte, damit sie unseren Bedürfnissen dienen, aber wenn wir sie einmal gekauft haben, sind wir so fasziniert von ihnen, dass wir neue Bedürfnisse entwickeln, wie etwa das Bedürfnis, das Gerät am Laufen zu halten, damit es uns weiterhin faszinieren kann.[75]

Einige Wissenschaftler*innen, die sich mit zeitgenössischen Technologien befassen, beschreiben diese im Sinne älterer Bedürfnisse – oder besser gesagt, älterer Zwänge. So stellt die Sozialpsychologin Jeanette Purvis fest, dass die Dating-Plattform Tinder, die zu den beliebtesten Apps aller Zeiten zählt, im Gehirn »dasselbe Belohnungssystem verwendet, das auch bei Spielautomaten und Videospielen zum Einsatz kommt – und sogar bei Tierversuchen, bei denen Tauben darauf konditioniert werden, immerzu gegen eine Lampe zu picken«. Die Nutzer∗innen wischen durch ein endloses Angebot an zufällig ausgewählten potenziellen Partner∗innen, eine Unendlichkeit, die eine unglaubliche Beteiligung hervorruft – 1,4 Milliarden Swipes pro Tag – und dabei zu einer insgesamt geringeren Zufriedenheit mit den entstehenden Verabredungen führt.[76] Die Nutzer∗innen von Tinder sind so süchtig nach Swipen, dass Konkurrenzanbieter wie Coffee Meets Bagel schon damit werben, *weniger* Auswahl zu bieten. Und als eine Art immanente künstlerische Kritik entwickelten einige Witzbolde den »Tinda-Finger«, einen motorbetriebenen Finger aus Gummi, der am Telefon befestigt wird und den Swiping-Prozess automatisiert. »Die Idee ist, das Potenzial für Matches zu maximieren, während man selbst sich auf andere Dinge konzentrieren kann«: Automatisierung, um von den »Erleichterungen« der Automatisierung verschont zu bleiben.[77]

Maschinenstürmerei

Der Tinda-Finger verweist auf eine weit verbreitete Unzufriedenheit mit unserer algorithmischen, automatisierten Welt sowie auf den Impuls, die greifbarsten Symbole unserer schillernden digitalen Wirtschaft zu verspotten, herauszufordern oder gar zu beschädigen. Dieser »Techlash« – laut *Financial Times* eines der prägenden Wörter des Jahres 2018[78] – hat die oberen Ränge der politischen und intellektuellen Elite erreicht, die eifrig soziale Medien, Hacker und Memes für Atavismen wie Trump und den Brexit verantwortlich machen wollten. Doch die hochgradige Unzufriedenheit brodelt schon eine Weile: Klagende Nostalgiker∗innen wie Sherry Turkle und Nicholas Carr sind im Silicon Valley seit Jahren beliebt. Ihre Bücher, die davon handeln, wie das Internet uns dumm und unkommunikativ macht, zieren die Regale von Tech-Führungskräften, die die Bildschirmzeit ihrer Kinder rigoros einschränken und sie auf elitäre, technikfreie Schulen schicken, während sie unsereins Chromebooks und Kursverwaltungssoftware aufdrängen.[79]

In dem Bestreben, auf der Welle dieser negativen Entwicklung mitzuschwimmen, haben eine Reihe prominenter Unternehmer*innen und Designer*innen aus dem Silicon Valley ihr eigenes Mea culpa zu den Frankenstein-Monstern abgegeben, zu deren Schaffung sie beigetragen haben. Einige griffen sogar zur Lieblingslösung der Tech-Bourgeoisie: der Gründung einer gemeinnützigen Organisation. Darunter nimmt das Center for Humane Technology von Tristan Harris, ehemals Google, einen Ehrenplatz ein. Es will »die Degradierung des Menschen umkehren, indem wir einen neuen Wettlauf an die Spitze anregen und die Technik wieder mit der Menschheit in Einklang bringen«. Anstatt die Nutzer*innen so lange wie möglich zu fesseln, sollte die Aktivität auf digitalen Plattformen, so der Slogan, »sinnvoll verbrachte Zeit« sein. Doch wie Ben Tarnoff und Moira Weigel 2018 in einem Essay im *Guardian* warnen, lassen solche Unterfangen die enorme Macht und den Reichtum von Unternehmen wie Facebook unbehelligt, und, was noch perverser ist, sie könnten sogar ein neues Geschäftsmodell für sie darstellen:

> »Sinnvoll verbrachte Zeit« heißt, dass Facebook noch effizienter Geld verdienen kann, indem der Intensität der Datengewinnung Vorrang vor deren Umfang eingeräumt wird. Es ist ein kluger geschäftlicher Schachzug, getarnt als Zugeständnis an die Kritiker*innen. Mit der Umstellung auf dieses Modell werden nicht nur Bedenken hinsichtlich der Technologiesucht umgangen, sondern auch bestimmte Grenzen des derzeitigen Wachstumsmodells von Facebook anerkannt.

> Der Tag hat nur eine begrenzte Anzahl von Stunden. Facebook kann nicht länger die gesamte auf seiner Plattform verbrachte Zeit in den Vordergrund stellen, sondern muss aus weniger Zeit mehr Wert schöpfen.[80]

Mit anderen Worten: Es ist der Übergang vom absoluten Mehrwert – bei dem die Zeit, die man mit der Produktion von Daten für Facebook verbringt, ausgeweitet wird – zum relativen Mehrwert – bei dem die für Facebook aufgewendete Zeit produktiver gemacht wird. Beim Tech-Humanismus geht es nicht darum, die Menschen vom digitalen Kapitalismus zu befreien, sondern darum, die eigene Reichweite zu vergrößern und die Nutzer*innen zu profitableren Aktivitäten zu bewegen: qualitative Zeit, die in quantitativen Wert umgewandelt wird.

Als Ausweg aus der digitalen Tretmühle wird oft eine romantische Sehnsucht nach analogen, persönlichen Gesprächen oder ein Rückzug auf humanistische Werte und sinnstiftendes Verhalten propagiert. Leider fehlt beiden sowohl der Antagonismus als auch die Verallgemeinerbarkeit, die wir brauchen, um aus den digitalen Dystopien auszubrechen. Die Verweigerungsstrategie der früheren Industriearbeiter*innen könnte eine aussichtsreichere Maßnahme gegen die Unterdrückungsmaschinerien der sozialen Medien sein. Wie der Medienwissenschaftler und Aktivist Trebor Scholz anmerkt, reichen organisierte Boykotte von Facebook bis ins Jahr 2010 zurück.[81] Eine Umfrage des Pew Research Center zeigt eine massive Unzufriedenheit mit der Plattform, wobei über 40 Prozent der befragten Facebook-Nutzer*innen längere Pausen einlegten oder ihr Konto ganz kündigten.[82] Ein endgültiger Bruch ist jedoch schwer: Das Meinungsforschungsinstitut fand heraus, dass sich die Nutzung sozialer Medien kaum verändert hat, obwohl junge Menschen zunehmend versuchen, dem Überwachungskapitalismus zu entkommen.[83] Marketingfirmen warnen bereits, dass sich in Bezug auf die Generation Z und die sozialen Medien »allmählich erhebliche Risse zeigen«.[84] Bei Menschen, die ihre Präsenz in den sozialen Medien professionalisieren, wie es bei dem Phänomen der für Produkte werbenden »Influencer*innen« der Fall ist, sind die Auswirkungen noch stärker. Burnout-Videos von YouTuber*innen sind ein so auffälliger Trend, dass YouTube eine seiner »Partner*innen« – die Betreiberin eines erfolgreichen Youtube-Kanals – beauftragte, für seine »Creator-Academy« Aufklärungsvideos zur psychischen Gesundheit zu erstellen. Doch die von YouTube angeheuerte Therapeutin Kati Morgan leidet unter demselben Druck, den sie mit ihren Videos zu lindern versucht – dem Druck, ständig etwas leisten und schaffen zu müssen: »Ich habe ständig das Gefühl, dass ich eigentlich arbeiten sollte, dass Leute sich auf mich verlassen.«[85]

Verweigerung ist nur eine Form des Widerstands, und auch konfrontativere Methoden lassen sich beobachten. Im Jahr 2013 entwickelten zwei kanadische Forscher*innen einen Anhalter-Automaten mit dem Namen HitchBOT (vom englischen Wort »hitchhiker« für Anhalter). HitchBOT, programmiert mit einem rudimentären Wortschatz und einem LED-Smiley, konnte sich nicht von allein fortbewegen, sondern war auf die Hilfe freundlicher Menschen angewiesen, die ihn zu seinem nächsten Ziel bringen sollten. Das Design des Roboters, der aus Schrottteilen zusammengebastelt war – »ein Plastikeimer als Körper, Poolnudeln als Arme und Beine sowie passende Gummihandschuhe und -stiefel« –, war ein Versuch, charmant zu wirken: »Durch seinen Low-Tech-Look sollte er Zugänglichkeit signalisieren und nicht wie ein komplexes High-End-Spielzeug aussehen«, erklärten seine Schöpfer*innen Frauke Zeller und David Harris Smith.[86] HitchBOT reiste erfolgreich durch Kanada und gewann eine große Fangemeinde in den Sozialen Medien; Leute nahmen ihn mit nach Hause und fotografierten ihn am Esstisch. Doch seine Erfinder*innen wollten nicht bloß ein herzerwärmendes Stück Mitmach-Kunst inszenieren – auch wenn sie sich damit rühmten, dass ihre Schöpfung als »Robot in Residence« in einigen Museen ausgestellt wurde. Sie verfolgten mit ihrem Experiment ein ernsthaftes utilitaristisches Ziel: Sie wollten herausfinden, »wie sich menschliche und robotische Arbeit optimal kombinieren lassen«. Außerdem beweise der Erfolg ihres Projekts das weitreichende Potenzial von Robotern am Arbeitsplatz: »Roboter sind nicht nur eine Möglichkeit, das Büro effizienter zu machen. Sie bieten auch die Chance, die menschliche Kreativität zu nutzen und die menschliche Aufmerksamkeit zu lenken.«[87] In der weiteren Planung sollte HitchBOT durch die USA trampen, von der Ostküste bis nach San Francisco, dem Herz der High-Tech-Industrie.

HitchBOT schaffte es bis nach Philadelphia, wo er zwei Wochen nach Beginn seiner USA-Reise von Unbekannten zerlegt wurde. Seine Schöpfer*innen, die die Stadt der brüderlichen Liebe eilig von jeglicher Schuld freisprachen, trafen Vorkehrungen für die Rückführung von HitchBOTs Überresten nach Kanada; sein Kopf wurde nie gefunden.[88] Das Experiment, das erkunden sollte, ob Roboter den Menschen vertrauen können, fand auf den sommerlich heißen Straßen von Philadelphia offenbar seine eindeutige Antwort.

Wenn HitchBOT eine cartoon-artige Vorhut dessen war, was der Kolumnist der *Financial Times*, Martin Wolf, den »Aufstieg der Roboter« nennt, dann bilden auch die Attentäter*innen in Philadelphia eine Art Avantgarde: der prompten und energischen Sabotage gegen die zunehmende Verbreitung von Automaten in unserem Leben.[89] In San Francisco wurden Sicherheitsroboter, die zur Schikane von Obdachlosen eingesetzt wurden, wiederholt angegriffen (einer von ihnen wurde mit Barbecuesauce übergossen – ein Beweis für die grenzenlose Kreativität der Massen).[90] In Arizona, einem beliebten Testgebiet für selbstfahrende Autos, stießen die KI-gesteuerten Fahrzeuge auf erbitterten Widerstand: Anwohner*innen schlitzten Reifen auf, warfen Steine, zückten ihre Waffen und versuchten wiederholt, die Autos von der Straße zu drängen. Für die Menschen in Arizona geht es dabei um Selbstschutz: Im März 2018 wurde eine Frau in Tempe beim Überqueren der Straße von einem selbstfahrenden Uber-Fahrzeug angefahren und getötet.[91]

Wenn Roboter am Arbeitsplatz einziehen, ist der Missmut ebenso groß. Als in Krankenhäusern Zusteller*innen durch Roboter ersetzt wurden, fingen die Angestellten an, diese zu sabotieren, berichtet der Forscher Matt Beane:

> Es nahm auch gewalttätige Züge an – sie traten die Roboter, schlugen sie mit einem Baseballschläger, stachen mit Stiften in ihre »Gesichter«, schubsten und boxten sie. Aber ein Großteil der Sabotage war eher passiv – die Roboter wurden im Keller versteckt, abseits ihrer geplanten Routen abgestellt, Sensoren wurden verschmiert, die Menschen gingen extra langsam vor ihnen her, vor allem aber wurde die Nutzung minimiert.[92]

Beane tut die Aktionen der Arbeiter*innen als sinnlos ab: Schließlich könnten niedliche Maschinen keine wirkliche technologische Bedrohung für den Lebensunterhalt der Menschen darstellen. Doch die Sabotage ist eine aufstrebende Praxis des Maschinenstürmens, die sich zu konzentrierteren Kämpfen am Arbeitsplatz verdichten könnte. Beane stellt zudem fest, dass die Angriffe inmitten angespannter Verhandlungen über gerechtere Arbeitsbedingungen und Löhne stattfanden.

Auch in den Lagern von Amazon, wo sich die »vollständige Automatisierung« als ein immer wieder aufgeschobener Traum erweist,[93] richten die Beschäftigten ihren Zorn gegen ihre robotischen Hilfsmittel. »Wir sind Menschen, keine Roboter« wurde zum Schlachtruf für menschlichere und weniger automatisierte Arbeitsbedingungen. Andere Amazon-Beschäftigte benennen ihre Schwierigkeiten als einen Kampf gegen die Maschinen. »Man muss die Maschine besiegen«, sagte ein Zeitarbeiter in einem Amazon-Abwicklungszentrum. »Es ist ein Albtraum, diese ganzen Maschinen, die dir sagen, dass deine Quote zu niedrig ist.« Wenn Arbeiter*innen zu langsam sind, erhalten sie drei automatische Verwarnungen, danach werden sie kurzerhand entlassen, wobei sich die Vorgesetzten hinter der Technik verstecken. »Oh, wir haben dich nicht gefeuert, sondern die Maschine hat dich gefeuert, weil du unterhalb der Norm liegst«, erklärt der Lagerarbeiter Faizal Dualeh.[94]

Und doch finden die Arbeiter*innen in den logistischen Knotenpunkten von Amazon, wo Industriekapitalismus und Überwachungskapitalismus sich nahtlos zu Herrschaftssystemen zusammenfügen, die selbst Fred Taylor erröten lassen würden, Mittel und Wege, sich zu wehren. Der Journalist Sam Adler-Bell dokumentiert die »Waffen der Schwachen« der Amazon-Arbeiter*innen, Methoden, mit denen sie das »Regime der totalen Überwachung und körperlichen Kontrolle« von Amazon untergraben:

> Die Lagerarbeiter*innen, die ich getroffen habe, spielen Spiele, gegen sich selbst oder ihre Kolleg*innen. Sie schummeln, um ihre Produktivitätszahlen künstlich zu erhöhen. Diese Tricks geben sie in verschlüsselter Sprache weiter. Sie benutzen ihre Scanner, um fälschlicherweise zu niedrig bepreiste Artikel zu finden, und kaufen sie in großen Mengen. (Einige stehlen regelrecht.) Sie spielen überheblichen Mana-

> ger*innen (meist harmlose) Streiche. Und fast alle umgehen Sicherheitsvorschriften, um schneller voranzukommen.[95]

Von der Wirksamkeit solcher Taktiken ist Adler-Bell zwar nicht ganz überzeugt, obwohl er glaubt, dass sie das Potenzial haben, sich zu verbreiten: »Kleine Taten – insbesondere solche, die eine Art von koordinierter Täuschung beinhalten – können eine Trotzhaltung wecken, die schließlich größere, entschlossenere Taten hervorbringt.« Seine Gespräche mit Amazon-Arbeiter*innen werfen die Frage auf: Welche großen, entschlossenen Taten könnten das Blatt gegen die Maschinen und die dahinterstehenden Großunternehmen wenden? Wie können wir die Autonomie unserer Arbeit und unseres täglichen Lebens wiederherstellen?

Schluss

Wie ich in den vorangegangenen Kapiteln dokumentiert habe, wiesen die Arbeiterbewegungen der letzten beiden Jahrhunderte nicht selten einen Hang zum Ludditischen auf: Neue Maschinen verstanden sie als Waffen, die man gegen sie und ihren Kampf für ein besseres Leben einsetzte, und als solche behandelten sie sie auch. Intellektuelle auf beiden Seiten des Klassenkampfes bezeichneten diese Sichtweise oft als kurzsichtig oder gar irrational. Trotz des politischen Engagements des Luddismus für die Arbeiterklasse sahen marxistische Theoretiker*innen in der kapitalistischen Entwicklung von Technologien oft ein Mittel zur Schaffung von Wohlstand und Freizeit, die sich verwirklichen würden, sobald die Massen endlich Regierung und Industrie übernähmen. Diese Argumente werden auch heute noch vorgebracht. Um nur zwei Beispiele zu nennen: In ihrem Buch *People's Republic of Walmart* erkennen Leigh Phillips und Michal Rozworski bei dem Supermarkt die Vorahnung einer sozialistischen Logistik, und Aaron Bastani widmet sich in *Fully Automated Luxury Communism* spekulativen Technologien wie selbstfahrenden Autos und Asteroidenbergbau, mit einer »kommunistischen« Koda am Ende.[1] Beide Werke behaupten selbstbewusst, sie würden den Glauben an ein fortschrittliches, aber politisch neutrales technologisches Telos wiederherstellen, im Gegensatz zu einer linken Politik, die kleinlich und »primitivistisch« sei.

Ich hingegen behaupte, gestützt durch die in den vorangegangenen Kapiteln dargestellte Geschichte des Denkens und Handelns, dass die radikale Linke eine Politik der Entschleunigung vertreten kann und sollte: eine Politik, die den Wandel verlangsamt, den technologischen Fortschritt unterminiert und die Raffgier des Kapitals begrenzt, während sie gleichzeitig eine eigene Organisation entwickelt und Militanz kultiviert. Wenn man Walmart oder Amazon erlaubt, die Welt zu schlucken, werden nicht nur ausbeuterische Produktions- und Vertriebsmodelle gefestigt, sondern auch Ressourcen an reaktionäre Milliardär*innen geleitet, die ihren Reichtum dazu nutzen, die relative Position der Arbeiter*innen weiter zu untergraben, indem sie konservative Anliegen wie Steuersenkungen, Schulprivatisierungen und den Widerstand gegen die Ehe für alle finanzieren.[2] Der Technologie ihren Lauf zu lassen, führt nicht zu egalitären, sondern zu autoritären Ergebnissen, weil die Ultrareichen ihre Ressourcen dafür aufwenden, sich jeglicher Verantwortung gegenüber der Gesellschaft zu entziehen: postapokalyptische Bunker, militarisierte Yachten, Privatinseln und sogar Fluchten ins Weltall.[3]

Die Politik der Entschleunigung ist nicht dasselbe wie der »langsame Lebensstil«, der bei Teilen der Bessergestellten beliebt ist: »Seinsweisen«, wie Carl Honoré es im Manifest der Bewegung, *In Praise of Slowness*, ausdrückt, »die gelassen, achtsam, empfänglich, ruhig, intuitiv, ohne Eile, geduldig, nachdenklich sind und Qualität höher bewerten als Quantität«.[4] So ansprechend die Ästhetik der Langsamkeit auch sein mag, will ich meine Argumentation nicht auf die Behauptung stützen, dass ein bestimmtes Lebenstempo »natürlicher und menschlicher« sei,[5] und auch nicht, wie Honoré, dem kapitalistischen System »ein menschliches Gesicht« geben.[6] Das Argument für die Entschleunigung beruht nicht darauf, dass es die menschliche oder sonst eine Natur befriedigt, sondern darauf, dass wir die Herausforderungen erkennen müssen, vor denen die Strategien zur Organisierung der Arbeiterklasse stehen. Das ständige Hin und Her von Neuzusammensetzung und

Reorganisation, das der Medienwissenschaftler Nick Dyer-Witheford als den »digitalen Strudel« des heutigen Kapitalismus bezeichnet, lässt den Arbeiter*innen kaum Zeit zum Verschnaufen, geschweige denn zum Kämpfen.[7] Entschleunigung ist kein Rückzug auf ein langsameres Lebenstempo, sondern die Manifestation des Widerstands gegen den Fortschritt der Eliten auf Kosten von uns allen. Sie ist Walter Benjamins Notbremse. Sie ist der Schraubenschlüssel im Getriebe.

Das soll heißen, dass mein Argument nicht auf einem Lebensstil, dass es nicht einmal auf einer Ethik basiert, sondern auf Politik. Eine der größten Herausforderungen, vor denen die geschwächte und zersplitterte Linke steht, ist die Frage, wie wir uns selbst als Klasse zusammensetzen können – wie wir diverse Sektoren von Menschen organisieren und für einen grundlegenden sozialen Wandel mobilisieren können. Dies ist nötig aufgrund der Veränderungen in der technischen Zusammensetzung des Kapitals, die neue Herausforderungen für die Arbeiterpolitik schaffen: die Erosion stabiler Arbeitsplätze, die Vermehrung von Aufgaben mittels digitaler Technologien, die Einführung der prekären On-Demand-Wirtschaft, die Neuerfindung des Taylorismus, die enorme finanzielle und ideologische Macht von Technologieunternehmen. Mithilfe des Luddismus können wir einigen dieser Kräfte entgegentreten und wie die Arbeiter*innen im 19. Jahrhundert unsere gemeinsamen Ziele – und auch unsere gemeinsamen Feinde – entdecken.

Auf diese Weise ist der Luddismus nicht einfach eine Opposition gegen neue Maschinen oder Technologien, sondern konkrete Politik mit positivem Inhalt. Der Luddismus, inspiriert von Arbeiterkämpfen an den Produktionsstätten, trachtet nach *Autonomie*: nach Handlungsfreiheit, der Fähigkeit, Maßstäbe zu setzen, nach Kontinuität und Verbesserungen bei den Arbeitsbedingungen. Für die Luddit*innen waren neue Maschinen eine unmittelbare Bedrohung, daher beinhaltet der Luddismus eine kritische Perspektive auf die Technik, mit besonderem Augenmerk auf dem Verhältnis dieser zum Arbeitsprozess und den Arbeitsbedingungen. Mit anderen Worten: Er betrachtet die Technik nicht als neutral, sondern als einen *Ort des Kampfes*. Der Luddismus *lehnt die Produktion um der Produktion willen ab*: Er steht der »Effizienz« als finalem Ziel kritisch gegenüber, da es bei der Arbeit um andere Werte geht. Der Luddismus kann *verallgemeinern*: Er ist keine individuelle moralische Haltung, sondern eine Reihe von Praktiken, die sich durch kollektives Handeln verbreiten und weiterentwickeln können. Und schließlich ist der Luddismus *antagonistisch*: Er richtet sich gegen die bestehenden kapitalistischen Gesellschaftsverhältnisse, die nur durch Kampf beendet werden können, nicht aber durch staatliche Reformen, den zunehmenden Überfluss an Gütern oder eine bessere Wirtschaftsplanung.

Mein Argument für den Luddismus beruht auf der Tatsache, dass der Luddismus populär ist, und auf dem Grundsatz, dass radikale Intellektuelle lieber zuhören sollten, was die Menschen sagen, anstatt zu versuchen, deren Gedanken zu lenken. Derzeit sind sich die Menschen im Grunde einig: Sie wollen Entschleunigung. Eine Umfrage des Pew Research Center ergab, dass 85 Prozent der US-Amerikaner*innen dafür sind, die Automatisierung auf die gefährlichsten Formen der Arbeit zu beschränken.[8] Sie lehnen mehrheitlich die algorithmische Automatisierung von Gerichtsurteilen in Bewährungsfällen, bei Bewerbungen und bei der Beurteilung von Finanzangelegenheiten ab, selbst wenn sie anerkennen, dass solche Technologien effizient sein könnten.[9] Trotz der Bemühungen der Akzelerationist*innen, die uns den technologischen Fortschritt schmackhaft machen wollen, leben wir nicht in technikoptimistischen Zeiten.

Der Luddismus ist nicht nur populär, er könnte auch funktionieren. Carl Benedikt Frey, der Wirtschaftswissenschaftler, der vor einigen Jahren mit seiner Behauptung, dass 47 Prozent der Arbeitsplätze bis 2034 verschwinden würden, Panik auslöste, würdigte zuletzt ludditische Bestrebungen. »Es gibt keine Garantie dafür, dass sich die Technik immer ununterbrochen weiterentwickeln kann«, schreibt er. »Es ist durchaus möglich, dass die Automatisierung zu einem politischen Ziel wird.«[10] Er verweist auf eine Vielzahl von ludditischen Taktiken der Linken: die von Jeremy Corbyn vorgeschlagene Robotersteuer, die Senkung der steuerlichen Anreize für die Robotik in Südkorea durch Moon Jae-in und sogar das französische Gesetz zur »Bibliodiversität«, das den kostenlosen Versand von rabattierten Büchern verbietet, um die Buchläden vor der Konkurrenz durch Amazon zu schützen.[11] Die Geschichte ist voll von derartigen Reformen gegen die schlimmsten Auswüchse der technischen Entwicklung, die ein wichtiger Bestandteil der kommenden Entschleunigung sein werden.

Eine der aussichtsreichsten Entwicklungen ist derzeit die Zunahme militanter Organisierung im Silicon Valley, die die in der Hackerkultur entstandene Tendenz zum Luddismus fortschreibt. So haben etwa Google-Beschäftigte erfolgreich Druck auf das Unternehmen ausgeübt, die KI-Initiative des Pentagons, Project Maven, aufzugeben. Zu den Aktionen gehörte, dass sich Software-Ingenieur*innen gegen ihre Vorgesetzten stellten, indem sie sich weigerten, an dem Projekt mitzuarbeiten.[12] Ihr Erfolg inspirierte die Beschäftigten von Salesforce, Microsoft und Amazon, sich zu organisieren, um zu verhindern, dass durch ihre Unternehmen KI- und Datenverarbeitungsfunktionen für die US-Einwanderungsbehörden bereitgestellt werden.[13] Diese Kämpfe werden von Organisationen wie der Tech Workers Coalition angeführt und gestärkt, geistigen Nachfahren der Computer People for Peace sowie Science for the People, die in der Zeit des Vietnamkriegs versuchten, Stellen in Wissenschaft und Technik mit militanten Gegner*innen von Krieg und Kapitalismus zu besetzen. Der Hashtag #TechWontBuildIt ist zu einem Slogan für Entwickler*innen geworden, die es ablehnen, an schädlichen Technologien zu arbeiten – eine neue Verweigerungsstrategie. Es ist ein umfassender Slogan: Anstatt von technologischen Wunderwerken herumzufantasieren, können wir uns all die Schreckenswerke vorstellen, die zu produzieren Arbeiter*innen sich weigern könnten, und die kreativen Methoden, die sie einsetzen könnten, um diese Arbeit zu stören.

Ingenieur*innen und Programmierer*innen in Technologieunternehmen sind innerhalb der Belegschaft privilegiert, da sie aufgrund ihrer gefragten Fähigkeiten nicht leicht zu ersetzen sind. Dadurch können sie gegenüber der Unternehmensleitung ihre Interessen besser vertreten. Doch die Angestellten, die sich innerhalb von Big Tech organisieren, beziehen bewusst auch die prekäreren Sektoren dieser Unternehmen ein und unterstützen beispielsweise Aktionen zur gewerkschaftlichen Organisierung von Cafeteria-Beschäftigten bei Facebook und von Sicherheitspersonal in der Bay Area.[14] Bei Google empörten sich Vollzeitbeschäftigte gegen den ausbeuterischen Einsatz von Leiharbeiter*innen – eine bemerkenswerte Solidaritätsbekundung, die das Unternehmen dazu veranlasste, seine Mindeststandards für Löhne und Sozialleistungen anzuheben.[15] Möglicherweise entwickeln sich innerhalb der Technologieunternehmen Kräfte, die diese in eine weniger destruktive und ausbeuterische Richtung drängen.

Über die Technologiebranche hinaus könnte ludditische Politik sich auch mit anderen aufkommenden kritischen intellektuellen und politischen Kämpfen verbinden. Hier wären insbesondere die Bewegungen zur Bewältigung der

Umweltkrise von hervorgehobener Bedeutung. Trotz einiger prominenter Stimmen, die behaupten, dass die gegenwärtigen Produktions- und Konsummuster durch den Einsatz neuer Technologien klimaneutral fortgesetzt werden könnten, wird immer deutlicher, dass grundlegende Veränderungen des Wirtschaftssystems notwendig sind, wenn wir auch nur die geringste Hoffnung haben wollen, einen katastrophalen Klimawandel zu vermeiden.[16] Grüner Luddismus könnte eine Alternative zu den Sackgassen sowohl des technologischen Solutionismus als auch des Zurück-zur-Natur-Primitivismus sein: eine Suche nach langsameren, weniger intensiven, weniger entfremdeten, sozialeren Methoden zur Deckung unserer Bedürfnisse. Alyssa Battistoni bietet eine beispielhafte Skizze einer »CO_2-armen Gesellschaft, die auf das Wohlergehen aller ausgerichtet ist« und in deren Mittelpunkt die Sorgearbeit steht: »Unterrichten, Gärtnern, Kochen und Pflegen«, alles emissionsarme Tätigkeiten von Arbeiter*innen, die zunehmend in Kämpfe am Arbeitsplatz verwickelt sind.[17] Und der Umwelthistoriker Troy Vettese blickt in seiner ambitionierten Forderung nach »natürlichem Geo-Engineering« nach Kuba als Modell für eine renaturierte Welt ohne fossile Brennstoffe und mit einem erhöhten Lebensstandard für die große Mehrheit der Erdbevölkerung.[18]

Hier könnte der Luddismus mit dem Interesse an der Postwachstums-Politik verbunden werden. Postwachstum oder Degrowth hat seinen Ursprung in der Kritik an den modernistischen Entwicklungsplänen für den globalen Süden, die davon ausgingen, dass die betreffenden Länder ein Entwicklungsmodell verfolgen müssten, das dem des industrialisierten Nordens entspricht. Wie der Wirtschaftswissenschaftler Serge LaTouche es ausdrückt, »ist die Idee des Degrowth gewissermaßen im Süden entstanden, genauer gesagt in Afrika«.[19] Das Scheitern der Entwicklung im wirtschaftlichen Sinn, gepaart mit dem Unmut über die eurozentrische Abwertung lokaler Gepflogenheiten und Kenntnisse, hatte afrikanische Intellektuelle dazu veranlasst, nach alternativen Optionen zu suchen. Parallel zu diesen Bedenken, so LaTouche, erkannte man die drohende ökologische Krise: »Nicht nur, dass die Wachstumsgesellschaft keine wünschenswerte Welt schafft, sie ist auch nicht nachhaltig!«[20] Postwachstum hat mit dem Luddismus die Erkenntnis gemein, dass Befreiung nicht an endlose Kapitalakkumulation gebunden ist und Wohlbefinden nicht auf wirtschaftliche Statistiken reduziert werden kann. Der Umweltwissenschaftler Giorgios Kallis und seine Mitforscher*innen beschreiben es so: »Bei Degrowth geht es nicht nur um die Verringerung des Energie- und Ressourcenverbrauchs, sondern auch um ein umfassendes Projekt zum Ausstieg aus dem Ökonomismus, d. h. um die Entkolonialisierung des sozialen Imaginären und die Loslösung der öffentlichen Debatte von den vorherrschenden Diskursen, die in wirtschaftlichen Begriffen verfasst und auf Wachstum ausgerichtet sind.«[21] Dabei ist Postwachstum jedoch kein Primitivismus: LaTouche zufolge wäre »eine Rückkehr zu einer Produktion wie in den Jahren 1960 bis 1970« wünschenswert und möglich.[22]

Es gibt noch andere Überschneidungen mit diesem Schema der Entschleunigung. Nehmen wir zum Beispiel die Maintainer (von englisch »maintenance«, also Wartung oder Erhaltung), ein Forschungsnetzwerk, das versucht, den Fokus des technischen Diskurses weg von der »Innovation« und hin zur lebenswichtigen Praxis des Erhalts bestehender technischer Infrastrukturen zu verschieben. »Innovation – der soziale Prozess der Einführung von Neuem – ist zwar wichtig«, erklären die Co-Direktoren Andy Russell und Lee Vinsel, »doch die meisten Technologien um uns herum sind alt, und für das reibungslose Funktionieren des täglichen Lebens ist deren Instandhaltung wichtiger.«[23] Darüber hinaus wollen die Maintainer »wichtige Menschen, die die Systeme der Gesellschaft am Laufen halten«, wertschätzen und sich für sie einsetzen: Menschen, die Aufzüge reparieren, die Fehler in Computercodes beheben, Klempner*innen, Sicherheitsbeauftragte.[24] Wie die Medienanthropologin Shannon Mattern feststellt, teilen die Maintainer viele der Anliegen der Degrowth-Befürworter*innen – den Kampf gegen »die Verschwendung durch geplante Obsoleszenz, die Umweltauswirkungen nicht nachhaltiger Lieferketten, die Geringschätzung von Care-Arbeit, die Unterfinanzierung von Infrastrukturerhalt usw.«[25] Und obwohl die Maintainer ihre Bemühungen oft in der Sprache des Alltäglichen und Bescheidenen formulieren, sind ihre Forderungen nichts weniger als ein radikaler Bruch mit unserem Umgang mit Technologie. Anstelle einer disruptiven Innovation, die von mächtigen Kapitalisten von oben geliefert wird, plädieren sie für fragile soziotechnische Infrastrukturen, die in den Rhythmus unseres täglichen Lebens eingebettet und für uns von grundlegender Bedeutung sind. Es ist also eine Politik, die den Schwerpunkt auf die soziale Reproduktion statt auf die Produktion legt und einen langsameren und demokratischeren Umgang mit der Technologie will.[26]

Die »Right to Repair«-Bewegung für ein »Recht auf Reparatur« ist eine weitere ludditische technologische Initiative im Sinne einer ressourcenschonenden Instandhaltung. Gegenwärtig wird ein Großteil unserer digitalen Technologie von den Herstellern unter Verschluss gehalten, die das ausschließliche Recht beanspruchen, die von uns gekauften Geräte zu reparieren und zu überholen. Apple schützt den Zugang zu billigen Ersatzteilen und zockt seine Kund*innen an der Genius Bar ab, so dass schließlich der Kauf eines Ersatzgeräts die billigere Alternative zur Reparatur ist – ein offensichtlicher Segen für Apple und eine ebenso offensichtliche Verschwendung von Ressourcen. Selbst Technologien, die nicht als digital gelten, unterliegen solchen Zwängen. So wird beispielsweise die proprietäre Software in neuen John-Deere-Traktoren mit einer Lizenz ausgeliefert, bei der das Unternehmen den Einbau neuer Teile genehmigen muss. Landwirt Kevin Kenney berichtet:

> Angenommen, ich will ein Getriebe austauschen und bringe den Traktor zu einem unabhängigen Mechaniker. Er kann das neue Getriebe zwar einbauen, aber der Traktor fährt dann nicht aus der Werkstatt. Deere berechnet mir 230 Dollar plus 130 Dollar pro Stunde, damit ein Techniker zu mir rauskommt und einen Stecker in den USB-Anschluss steckt, um das Teil zu autorisieren.[27]

Als Reaktion darauf hacken einige Landwirt*innen ihre Software mit Hilfe von Cracks, die sie aus osteuropäischen Foren herunterladen, um ihre Geräte stabil, offen und reparaturfähig zu halten. Das ist purer Luddismus in Aktion: eine Weigerung, das eigene Können und die eigene Autonomie den Ansprüchen der Technokapitalisten zu opfern, ein Aufreißen der ummauerten Gärten des Codes.

Die »Right to Repair«-Bewegung versucht, diese Praktiken durch Gesetzesreformen zu legitimieren, und sie hat dafür mächtige politische Verbündete gewonnen, wie etwa die Senatorin von Massachusetts, Elizabeth Warren.[28] Andere Organisationen arbeiten an der Basis. In Großbritannien will das Restart Project Menschen wieder in die Lage versetzen, ihre Geräte nach eigenem Gutdünken selbst zu reparieren und an ihnen herumzubasteln, anstatt dass sie sich den Zwängen des Marktes beugen müssen, der das Wegwerfen und die Überproduktion belohnt. Restart will den Verbraucher*innen nicht nur Zeit und Geld sparen, sondern auch die Beziehung zwischen der Technik und ihren Nutzer*innen durch Workshops verändern:

> Wir bringen Menschen zusammen, damit sie ihre Fähigkeiten miteinander teilen und sich trauen, ihre Geräte zu öffnen. Damit geben wir ihnen nicht nur eine praktische Möglichkeit an die Hand, etwas zu verändern, sondern sie können auch über die übergeordnete Frage sprechen, was für Produkte wir eigentlich wollen.[29]

Sicherlich sind diese aktuellen Projekte lebendig, vielfältig und in gewisser Weise auch unzureichend. Das Gleiche gilt für viele der historischen Bewegungen, die ich in diesem Buch behandelt habe. Der Luddismus manifestiert sich je nach Kontext unterschiedlich. Er ist kein politisches Programm, dem sich verschiedene Organisationen und Initiativen im Voraus anschließen, sondern etwas Unfertiges, eine Art diffuses Empfinden, das dennoch einen bedeutenden Gegensatz zur Wirkungsweise des Kapitalismus darstellt. Und er kann sich auf unerwartete Weise in konkrete Koalitionen verwandeln.

Wirksame radikale Politik folgt nicht einem festen Plan, der im Voraus mit Blick auf ein bestimmtes revolutionäres Thema erstellt wurde. Selbst siegreiche Revolutionen sind zufällige Gebilde, in denen sich unterschiedliche Antagonismen aufbauen, zusammenfließen und wieder zersplittern. Zu Lenins Analyse des Erfolgs der bolschewistischen Revolution bemerkte Louis Althusser, dass es nicht so war, dass das Proletariat einfach groß und organisiert genug wurde, um den Staat zu stürzen. Vielmehr sei die Revolution eine »*Einheit des Bruchs*« gewesen: eine »Häufung von ›Umständen‹ und ›Strömungen‹, [...] welchen Ursprungs sie auch sein und in welche Richtung sie auch gehen mögen (viele unter ihnen sind *notwendigerweise* und paradoxerweise der Revolution aufgrund ihres Ursprungs und ihrer Ausrichtung völlig fremd, oder sogar ›absolut entgegengesetzt‹)«.[30] Und der Kulturtheoretiker

Stuart Hall formulierte in seiner eigenen Lektüre von Althusser:

> Das Ziel einer theoriegeleiteten politischen Praxis besteht sicherlich darin, die Artikulation zwischen sozialen oder wirtschaftlichen Kräften und jenen Formen der Politik und Ideologie herbeizuführen, die sie in der Praxis dazu bringen, in progressiver Weise in die Geschichte einzugreifen [...].[31]

Ich hoffe, dass die Anerkennung des Luddismus im Büro, in der Fabrik, in der Schule und auf der Straße die Bestrebungen der heutigen Radikalen unterstützt, indem sie der technikfeindlichen Stimmung eine historische Tiefe, theoretische Raffinesse und politische Relevanz verleiht. Wir können einander durch unsere unzähligen antagonistischen Praktiken in deren unglaublicher Vielfalt entdecken und uns mit anderen Kämpfen gegen die geballte Macht des Kapitals und des Staates verbinden, die, mit Althusser, »weder den gleichen Ursprung noch die gleiche Bedeutung, noch das gleiche *Niveau* und den gleichen *Ort* ihrer Anwendung haben«.[32] Dafür bedarf es keines vorgefertigten Plans, keines Lackmustests dessen, was notwendig ist, um wirklich politisch, authentisch radikal oder legitim links zu sein. Wie Marx es in einem späten Brief an den holländischen Sozialisten Ferdinand Domela Nieuwenhuis formulierte: »Die doktrinäre und notwendig phantastische Antizipation des Aktionsprogramms einer Revolution der Zukunft leitet nur ab vom gegenwärtigen Kampf.«[33] Der erste Schritt für die Organisation verschiedener Missstände zu einer kollektiven Politik erfordert das Erkennen und Wiedererlangen unserer eigenen radikalen Selbsttätigkeit, gemeinsam mit der der anderen. Auch und vielleicht besonders dann, wenn es ums Maschinenstürmen geht.

Anmerkungen

Einleitung

1 Kenneth Chang, »Jeff Bezos Unveils Blue Origin's Vision for Space, and a Moon Lander«, *New York Times,* 9. Mai 2019, nytimes.com.

2 Corey S. Powell, »Jeff Bezos foresees a trillion people living in millions of space colonies. Here's what he's doing to get the ball rolling«, *NBC News,* 15. Mai 2019, nbcnews.com.

3 Ebd.

4 Tom McKay, »Elon Musk: A New Life Awaits You in the Off-World Colonies – for a Price«, *Gizmodo,* 17. Januar 2020, gizmodo.com.

5 Elon Musk, »Making Life Multiplanetary«, gekürztes Transkript der Präsentation auf dem 68th International Astronautical Congress, 28. September 2017, spacex.com.

6 Mark Zuckerberg, »Bringing the World Closer Together«, Facebook-Posting, 22. Juni 2017, facebook.com.

7 Peter Thiel mit Blake Masters, *Zero to One: Wie Innovation unsere Gesellschaft rettet.* Frankfurt a. M., New York: Campus Verlag, 2014, 7f.

8 Ebd., 95.

9 Steven Pinker, *Aufklärung jetzt: Für Vernunft, Wissenschaft, Humanismus und Fortschritt. Eine Verteidigung.* Aus dem Englischen von Martina Wiese. Frankfurt a. M.: Fischer Verlag, 2018, 57.

10 Ebd., 144.

11 Ebd., 156 [Die Formulierung des Originals «[…] encourages Luddite […] policies« wurde in der offiziellen deutschen Übersetzung nicht übernommen und deshalb hier eingefügt, A. d. Ü.].

12 Catherine de Lange; Sherry Turkle, »We're Losing the Raw, Human Part of Being with Each Other«, Interview, *Guardian,* 5. Mai 2013, theguardian.com.

13 Tim Wu, *The Attention Merchants: The Epic Scramble to Get Inside Our Heads.* New York: Knopf, 2016, 343f.

14 Martin Heidegger, »Die Frage nach der Technik«. In: Gesamtausgabe Band 7: Vorträge und Aufsätze. Frankfurt a. M.: Vittorio Klostermann, 2000, 5–36.
15 Jack Rear, »How to Give Yourself a Proper Digital Detox according to Google«, *Telegraph*, 8. Februar 2019, telegraph.co.uk.

Kapitel 1

1 FRAME WORK BILL, HL Deb 27 February 1812 vol 21 cc964-79, parliament.uk.
2 George Gordon Byron, *Lord Byrons sämtliche Werke in drei Bänden*. Frei übersetzt von Adolf Seubert. Dritter Band. Leipzig: Philipp Reclam jun., 1874.
3 E. P. Thompson, *Die Entstehung der englischen Arbeiterklasse*. 2 Bände. Aus dem Englischen von Lotte Eidenbenz, Mathias Eidenbenz, Christoph Groffy, Thomas Lindenberger, Gabriele Mischkowski, Ray Mary Rosedale. Frankfurt a. M.: Suhrkamp, 1987, 665.
4 Jamillah Knowles, »›I'm Not a Luddite‹ – Andrew Keen Talks about His New Book *Digital Vertigo*«, *NextWeb*, 26. Mai 2012, thenextweb.com.
5 Siehe etwa Daniel W. Drezner, »Confessions of a Luddite professor«, *Washington Post*, 28. April 2016, washingtonpost.com; Gareth D. Smith, »Confessions of a Luddite: My Eventual Acceptance of Technology in Performance«, *Thinking about Music*, 3. January 2015, thinkingaboutmusic.com; Sanford Hess, »Confessions of a Closet Luddite«, LinkedIn-Blog-Post, 23. August 2016, linkedin.com.
6 Thomas Pynchon, »Is It O.K. to Be a Luddite?«, *New York Times*, 28. Oktober 1984, nytimes.com.
7 Chellis Glendenning, »Notes toward a Neo-Luddite Manifesto«, *Utne Reader*, März/April 1990.
8 Die radikale Umweltgruppe Earth First! veröffentlichte Kaczynskis Manifeste, und auch der anarcho-primitivistische Autor John Zerzan äußerte Verständnis für Kaczinsky. Vgl. Kenneth B. Noble, »Prominent Anarchist Finds Unsought Ally in Serial Bomber«, *New York Times*, 7. Mai 1995, nytimes.com.
9 Jack Hunter, »Radical Kirk«, *American Conservative*, 16. Juni 2011, theamericanconservative.com.
10 Marco Deseriis, *Improper Names: Collective Pseudonyms from*

the Luddites to Anonymous. Minneapolis: University of Minnesota Press, 2015, 68.

11 Karl Marx, *Das Kapital.* Karl Marx; Friedrich Engels, *Werke,* Band 23. Berlin: Dietz Verlag, 1968, 451f.

12 »Albion's Dark Satanic Mill«, The Printshop Window (blog), 15. November 2013, theprintshopwindow.com.

13 Andrew Ure, *Philosophy of Manufactures: Or, an Exposition of the Scientific, Moral, and Commercial Economy of the Factory System.* London, 1835, 257.

14 Kirkpatrick Sale, *Rebels against the Future: The Luddites and Their War on the Industrial Revolution.* Boston: Addison-Wesley, 1996, 18.

15 Thompson, *Die Entstehung der englischen Arbeiterklasse,* 11.

16 Sale, *Rebels against the Future,* 3.

17 Ebd., 68.

18 Eric J. Hobsbawm, »The Machine Breakers«, *Past and Present 1* (Februar 1952), 58.

19 Kevin Binfield, *Writings of the Luddites.* Baltimore: John Hopkins University Press, 2015, 90.

20 Hobsbawm, »The Machine Breakers«, 60.

21 Ebd., 61.

22 Siehe Steven Wright, *Storming Heaven: Class Composition and Struggle in Italian Autonomist Marxism.* London: Pluto Press, 2002, 107.

23 »General Introduction to Zerowork«, *Zerowork* 1 (1975).

24 Salar Mohandesi, »Class Consciousness or Class Composition?«, *Science and Society* 77:1 (Januar 2013), 79–80.

25 Peter Linebaugh, *Ned Ludd and Queen Mab: Machine-Breaking, Romanticism, and the Several Commons of 1811–12.* Oakland: PM Press, 2012, 10.

26 Ebd., 24.

27 Eugene D. Genovese, *The Political Economy of Slavery.* Middletown: Wesleyan University Press, 1989, 55.

28 Linebaugh, *Ned Ludd,* 23.

29 Andrew Ure, *Philosophy of Manufactures,* 280.

30 David Ricardo, *On the Principles of Political Economy and Taxation.* London: John Murray, 1817.

31 Karl Marx; Friedrich Engels, *Manifest der Kommunistischen Partei.* Karl Marx; Friedrich Engels, *Werke,* Band 4. Berlin: Dietz Verlag, 1977, 467.

32 Ebd., 468.

33 Karl Marx, *Zur Kritik der politischen Ökonomie.* Karl Marx; Friedrich Engels, *Werke,* Band 13. Berlin: Dietz Verlag, 1961, S. 9.

34 Donald MacKenzie, »Marx and the Machine«, *Technology and Culture* 25:3 (Juli 1984), 476f.

35 Karl Marx, *Grundrisse der Kritik der politischen Ökonomie.* Karl Marx; Friedrich Engels, *Werke,* Band 42. Berlin: Dietz Verlag, 1983, 592.

36 Ebd., 602.

37 Ebd., 593.

38 Maurizio Lazzarato, »Immaterial Labor«. In: Paolo Virno; Michael Hardt (Hg.), *Radical Thought in Italy: A Potenzial Politics.* Minneapolis: University of Minnesota Press, 1996, 133–150.

39 Michael Hardt; Antonio Negri, *Empire. Die neue Weltordnung.* Aus dem Englischen von Thomas Atzert und Andreas Wirthensohn. Frankfurt a. M.; New York: Campus Verlag, 2002, 305.

40 Paul Mason, *Postkapitalismus: Grundrisse einer kommenden Ökonomie.* Aus dem Englischen von Stephan Gebauer. Berlin: Suhrkamp 2016; Aaron Bastani, »What Would a Populist Corbyn Look Like?« *Open Democracy,* 22. Dezember 2016, opendemocracy.net. Für eine ausführliche Kritik an Mason siehe Frederick H. Pitts, »Review of Paul Mason – Postcapitalism: A Guide to Our Future«, *Marx and Philosophy Review of Books,* 4. September 2015, marxandphilosophy.org.uk.

41 Michael Heinrich, »The ›Fragment on Machines‹: A Marxian Misconception in the *Grundrisse* and its Overcoming in *Capital*«. In: Riccardo Bellofiore; Guido Starosta; Peter D. Thomas (Hg.), *In Marx's Laboratory: Critical Interpretations of the Grundrisse.* Chicago: Haymarket, 2014

42 Karl Marx: *Das Kapital,* 459.

43 Karl Marx, *Resultate des unmittelbaren Produktionsprozesses. Das Kapital. I. Buch. Der Produktionsprozess des Kapitals.* VI. Kapitel. Archiv sozialistischer Literatur 17. Frankfurt a. M.: Neue Kritik, 1968, 49.

44 Ebd., 50.

45 Ebd., 57.

46 Ebd., 60.

47 Nicolas Thoburn, *Deleuze, Marx, and Politics.* London: Routledge, 2003, 78.

48 Marx, *Resultate,* 61.

49 »A History of Subsumption«, *Endnotes* 2 (2010), 131.

50 Patrick Murray, »The Social and Material Transformation of Production by Capital: Formal and Real Subsumption in *Capital,* Volume I«. In: Riccardo Bellafiore; Nicola Taylor (Hg.), *The Constitution of Capital.* New York: Palgrave Macmillan, 2004, 252.

51 Marx, *Resultate,* 44.

52 Jan Breman, *Footloose Labour: Working in India's Informal Economy.* Cambridge: Cambridge University Press, 1996. Zum Kleinbergbau siehe etwa »Interconnected Supply Chains: A Comprehensive Look at Due Diligence Challenges and Opportunities Sourcing Cobalt and Copper from the Democratic Republic of the Congo«, Arbeitspapier der OECD. Paris: OECD, 2019.

53 Pierre-Joseph Proudhon, *Die Widersprüche der National-Oekonomie oder die Philosophie der Noth,* Erster Band. Deutsch von Wilhelm Jordan. Leipzig: Verlag von Otto Wigand, 1847, 217.

54 Marx, *Kapital,* 452.

55 Karl Marx; Friedrich Engels, *Die Deutsche Ideologie.* Karl Marx; Friedrich Engels: *Werke,* Band 3. Berlin: Dietz Verlag, 1978, 35.

56 Michelle Perrot, »On the Formation of the French Working Class«. In: Ira Katznelson; Aristide R. Zolberg (Hg.), *Working-Class Formation: Nineteenth-Century Patterns in Western Europe and the United States.* Princeton: Princeton University Press, 1987, 72f.

57 Ebd., 74.

58 Ebd., 82.

59 Ebd., 82f.

60 Ebd., 85.

61 Clive Wilmer, »Introduction«. In: William Morris, *News from Nowhere and Other Writings.* New York: Penguin 1994, xxii.

62 Ebd., 289.

63 Ebd., 295.

64 Ebd., 296.

65 Ebd., 302.

66 Ebd., 304.

67 Ebd., 354.
68 Marx; Engels, *Manifest*, 488.
69 Ebd., 489.
70 Morris, *News from Nowhere*, 355.

Kapitel 2

1 Hugh G. J. Aitken, *Taylorism at Watertown Arsenal: Scientific Management in Action 1908–1915*. Cambridge, MA: Harvard University Press, 1960, 8f.
2 Ebd., 50.
3 Robert Kanigel, »Taylor-Made: How the World's First Efficiency Expert Refashioned Modern Life in His Image«, *Sciences* 37:3 (Mai/Juni 1997), 18–23.
4 Harry Braverman, *Die Arbeit im modernen Produktionsprozeß*. Übersetzung von Karin de Sousa Ferreira. Frankfurt a. M.; New York: Campus Verlag, 1977, 77.
5 Zitiert nach Charles Wrege; Anne Marie Stotka, »Cooke Creates a Classic: The Story Behind F. W. Taylor's Principles of Scientific Management«, *Academy of Management Review* 3:4 (Oktober 1978), 736.
6 James Hoopes, *False Prophets: The Gurus Who Created Modern Management and Why Their Ideas Are Bad for Business Today*. New York: Basic Books, 2003; Jill Lepore, »Not So Fast«, *New Yorker*, 5. Oktober 2009, newyorker.com
7 Zitiert nach David Stark, »Class Struggle and the Transformation of the Labor Process: A Relational Approach«, *Theory and Society* 9:1 (Januar 1980), 105.
8 Bryan Palmer, »Class, Conception, and Conflict: The Thrust for Efficiency, Managerial Views of Labor, and the Working Class Rebellion, 1903–22«, *Review of Radical Political Economics* 7:2 (Juli 1975), 36.
9 Zitiert nach: Adam Smith, *Untersuchung über das Wesen und die Ursachen des Volkswohlstandes*. Aus dem Englischen übertragen von F. Stöpel. Berlin: Verlag von R. L. Prager, 1907, Vierter Band, 111.
10 Frederick W. Taylor, *The Principles of Scientific Management*. New York; London: Harper & Brothers, 1913. [Das Zitat wurde aus dem englischen Original neu übersetzt, weil die Tiervergleiche in der deutschen Übersetzung (vgl. An-

merkung 12 in diesem Kapitel) nicht übernommen wurden; A. d. Ü.]

11 David R. Roediger; Elizabeth D. Esch, *The Production of Difference: Race and the Management of Labor in US History.* New York: Oxford University Press, 2012, 148.

12 Frederick W. Taylor, *Die Grundsätze wissenschaftlicher Betriebsführung.* Deutsche autorisierte Übersetzung von Rudolf Roesler (1913). Weinheim; Basel: Beltz Verlag, 1977, 54.

13 Testimony of Frederick W. Taylor before Special Committee of the US House of Representatives to Investigate the Taylor and Other Systems of Shop Management, January 1912. Washington, DC: Government Printing Office, 1912, 1879.

14 Robert F. Hoxie, »Why Organized Labor Opposes Scientific Management«, *Quarterly Journal of Economics* 31:1 (November 1916), 62–85.

15 Aitken, *Taylorism at Watertown Arsenal,* 45.

16 Karl Kautsky, *Das Erfurter Programm in seinem grundsätzlichen Teil erläutert.* Stuttgart: Dietz Verlag, 1892, 138.

17 Ebd., 105.

18 Ebd., 106.

19 Ebd., 136.

20 Geoff Eley, *Forging Democracy: The History of the Left in Europe, 1850–2000.* New York: Oxford University Press, 2002, 110.

21 Rosa Luxemburg, *Sozialreform oder Revolution?* Leipzig, 1899.

22 Lucio Colletti, *From Rousseau to Lenin.* New York: New York University Press, 1975, 54.

23 Ebd., 65.

24 Diese gesamte technisch-deterministische Theorie des Übergangs vom Kapitalismus zum Sozialismus, einschließlich des damit verbundenen Fehlers, die »Produktionskräfte« strikt im Sinne der kapitalistischen Produktionstechniken zu betrachten, wurde in den 1970er Jahren von G. A. Cohen und der Schule des »analytischen Marxismus« wiederbelebt. Vgl. dazu Derek Sayers *The Violence of Abstraction* (1987), dessen Kritik sich an vielen Stellen auf die gleichen Argumente wie Colletti stützt.

25 Karl Kautsky, *Die Diktatur des Proletariats.* In: Karl Kautsky, *Die Diktatur des Proletariats* / W. I. Lenin, *Die proletarische Revolution und der Renegat Kautsky* / Karl Kautsky, *Terrorismus und Kommunismus.* Berlin: Dietz Verlag, 1990, 42.

26 Eley, *Forging Democracy,* 126.

27 Dick Geary, *Karl Kautsky.* Manchester: Manchester University Press, 1987, 91.
28 Karl Kautsky, *Die proletarische Revolution und ihr Programm.* Stuttgart: J. H. W. Dietz Nachf., 1922, 193.
29 Bhaskar Sunkara, *The Socialist Manifesto: The Case for Radical Politics in an Age of Extreme Inequality.* New York: Basic Books, 2017, 118.
30 Mike Davis, »The Stopwatch and the Wooden Shoe«, *Radical America* (Januar/Februar 1975), 74.
31 Walker C. Smith, *Sabotage: Its History, Philosophy, and Function.* Chicago: Black Swan Press, 1913.
32 Ebd.
33 Elizabeth Gurley Flynn, *Sabotage.* Cleveland: IWW Publishing Bureau, 1916.
34 Thorstein Veblen, *On the Nature and Uses of Sabotage.* New York: Dial Press, 1919, 5.
35 Siehe Graham Cassano, »Stylistic Sabotage and Thorstein Veblen's Scientific Irony«, *Journal of Economic Issues* 39:3 (September 2005), 741–764.
36 John F. Henry, »Fred Lee, the Industrial Workers of the World, and Heterodox Economics«, *Review of Radical Political Economics* 49:1, (März 2017), 148–152.
37 Sidney Plotkin; Rick Tilman, *The Political Ideas of Thorstein Veblen.* New Haven: Yale University Press, 2011, 214–252.
38 Veblen, *Sabotage,* 45.
39 Beverly H. Burris, *Technocracy at Work.* New York: SUNY Press, 1993, 28f.
40 »Technocracy: A Bloodless Revolution«, *Technocrat's Magazine,* 1933, 4–5.
41 Ebd., 6.
42 Ebd., 13.
43 David F. Noble, *America By Design: Science, Technology, and the Rise of Corporate Capitalism.* New York: Oxford University Press, 1979, 63.
44 Andor Wiener, *Technocracy or Industrial Unionism.* Cleveland: Bermunkas, 1933.
45 Alexei Kojevnikov, »The Phenomenon of Soviet Science«, *Osiris,* 23:1 (2008), 116.
46 Nikolai Bucharin, *Theorie des historischen Materialismus. Gemeinverständliches Lehrbuch der marxistischen Soziologie.*

Autorisierte Übersetzung aus dem Russischen von Dr. Frieda Rubiner. Verlag der kommunistischen Internationale, 1922, 136f.

47 Georg Lukács, »Technology and Social Relations«, *New Left Review* 39 (September/Oktober 1966).

48 Wladimir. I. Lenin, »Das Taylorsystem – Die Versklavung des Menschen durch die Maschine«. In: *Werke,* Band 20, Berlin: Dietz Verlag, 1961, 147.

49 Wladimir I. Lenin: »Die nächsten Aufgaben der Sowjetmacht«. In: *Werke,* Band 27, Berlin: Dietz Verlag, 1960, 249.

50 Ebd., 249f.

51 Alexander Bogdanow, *A Short Course of Economic Science.* London: Communist Party of Great Britain, [1919] 1925, 384.

52 Zenovia A. Sochor, »Soviet Taylorism Revisited«, *Soviet Studies* 33:2 (1981), 248f.

53 Richard Stites, *Revolutionary Dreams: Utopian Vision and Experimental Life in the Russian Revolution.* New York: Oxford University Press, 1991, 152.

54 Zitiert ebd., 151.

55 Zitiert nach Kendall E. Bailes, »Alexei Gastev and the Soviet Controversy over Taylorism, 1918–24«, *Soviet Studies* 29:3 (Juli 1977), 378.

56 Paul Avrich, *Kronstadt, 1921.* Princeton: Princeton University Press, 1970, 29.

57 Stites, *Revolutionary Dreams,* 164.

58 Stephen Kotkin, *Magnetic Mountain: Stalinism as a Civilization.* Berkeley: University of California Press, 1995, 3.

59 Ebd.

60 Louis Althusser: »Über den Primat der Produktionsverhältnisse über die Produktivkräfte«. In: *Über die Reproduktion. Ideologie und ideologische Staatsapparate,* 2. Halbband: Fünf Thesen über die Krise der katholischen Kirche; Über die Reproduktion der Produktionsverhältnisse. Aus dem Französischen übertragen, herausgegeben und mit einem Nachwort versehen von Frieder Otto Wolf. Hamburg: VSA Verlag, 2012, 301.

61 Kotkin, *Magnetic Mountain,* 45.

62 Jeffrey Rossman, *Worker Resistance under Stalin: Class and Revolution on the Shop Floor.* Cambridge, MA: Harvard University Press, 2005, 6.

63 Ebd., 150.

64 Ebd., 125.
65 Walter Benjamin, *Das Passagen-Werk. Gesammelte Schriften,* Band V. Frankfurt a. M.: Suhrkamp, 1982, 574.
66 Walter Benjamin, »Das Kunstwerk im Zeitalter seiner technischen Reproduzierbarkeit«. *Gesammelte Schriften,* Band I. Frankfurt a. M.: Suhrkamp, 1980, 499.
67 Ebd., 493.
68 Walter Benjamin, »Der Autor als Produzent. Ansprache im Institut zum Studium des Fascismus in Paris am 27. April 1934«. In: *Gesammelte Schriften,* Band II. Frankfurt a. M.: Suhrkamp, 1982, S. 683–701.
69 Gary D. Rhodes, *The Perils of Moviegoing in America: 1896–1950.* New York: Continuum, 2012, 109f.
70 Walter Benjamin: »Über den Begriff der Geschichte«. *Gesammelte Schriften,* Band I. Frankfurt a. M.: Suhrkamp, 1980, 691–704, 698.
71 Michael Löwy, *Fire Alarm: Reading Walter Benjamin's »On the Concept of History«.* London; New York: Verso, 2016, 70.
72 Mary Nolan, *Visions of Modernity: American Business and the Modernization of Germany.* Oxford: Oxford University Press, 1994, 25.
73 Ebd., 41.
74 Ebd., 82.
75 Ebd., 168.
76 Ebd., 231.
77 Benjamin, »Über den Begriff der Geschichte«, 697.
78 Walter Benjamin, *Paralipomena zum Begriff der Geschichte.* In: *Gesammelte Schriften,* Band I. Frankfurt a. M.: Suhrkamp, 1980, 1223–1266, 1232.
79 Benjamin, »Über den Begriff der Geschichte«, 694.
80 Löwy, *Fire Alarm,* 95.

Kapitel 3

1 David Hounsell, »Ford Automates: Technology and Organization in Theory and Practice«, *Business and Economic History* 24:1 (Herbst 1995), 69.
2 David Hounsell, »Planning and Executing ›Automation‹ at Ford Motor Company, 1945–1965: The Cleveland Engine Plant and its Consequences«. In: Haruhito Shiomi; Kazuo Wada

(Hg.), *Fordism Transformed: The Development of Production Methods in the Automobile Industry.* Oxford: Oxford University Press, 1996, 70.

3 Nelson Lichtenstein, *The Most Dangerous Man In Detroit: Walter Reuther And The Fate Of American Labor.* New York: Basic Books, 1995, 290.

4 Carl Benedikt Frey; Michael A. Osborne, »The Future of Employment: How Susceptible Are Jobs to Computerization«, Arbeitspapier der Oxford Martin School, September 2013.

5 Nick Srnicek; Alex Williams, *Die Zukunft erfinden. Postkapitalismus und eine Welt ohne Arbeit.* Aus dem Englischen von Thomas Atzert. Berlin: Edition Tiamat, 2016, 178.

6 Peter Frase, *Four Futures: Life after Capitalism.* London; New York: Verso, 2016, 42.

7 Aaron Bastani, *Fully Automated Luxury Communism.* London; New York: Verso, 2019, 189.

8 David H. Autor, »Why Are There Still So Many Jobs? The History and Future of Workplace Automation«, *Journal of Economic Perspectives* 29:3 (2015), 3–30.

9 Ebd., 11.

10 Jefferson Graham, »Flippy the burger-flipping robot is on a break, already«, *USA Today,* 9. März 2018, usatoday.com.

11 Siehe Harry Cleaver, *Reading Capital Politically.* San Francisco: AK Press, 2000, 115–117.

12 »Automation«, Oral Answers to Questions, House of Commons Debate, May 8, 1959, abrufbar auf api.parliament.uk.

13 Ebd.

14 Cornelius Castoriadis, *Political and Social Writings,* Band 2. Minneapolis: University of Minnesota Press, 1988, 35.

15 David F. Noble, *Forces of Production: A Social History of Industrial Production.* New York: Oxford University Press, 1986, 5.

16 Ebd., 83f.

17 Ebd., 22f.

18 Peter Galison, »The Ontology of the Enemy: Norbert Wiener and the Cybernetic Vision«, *Critical Inquiry* 21:1 (Herbst 1994), 233.

19 Norbert Wiener, *Kybernetik. Regelung und Nachrichtenübertragung im Lebewesen und in der Maschine.* Übertragung aus dem Amerikanischen von E. H. Serr, unter Mitarbeit von

Dr. E. Heinze. Zweite, revidierte und ergänzte Auflage, Düsseldorf; Wien: Econ Verlag, 1963, 59f.

20 Norbert Wiener, *The Human Use of Human Beings: Cybernetics and Society.* Boston: Houghton Mifflin, 1950, 181. [Die deutsche Übersetzung *Mensch und Menschmaschine – Kybernetik und Gesellschaft.* Autorisierte Übersetzung von Gertrud Walther. Frankfurt a. M.: Alfred Metzner Verlag, 1952, enthält diese Passage nicht, weshalb hier aus dem englischen Original zitiert wird; A. d. Ü.]

21 Norbert Wiener, *Letter to UAW President Walter Reuther,* 13. August 1949, abrufbar auf libcom.org.

22 Zitiert nach Peter Hudis, »Workers as Reason: The Development of a New Relation of Worker and Intellectual in American Marxist Humanism«, *Historical Materialism* 11:4 (Januar 2003), 270.

23 Zitiert nach Noble, *Forces of Production,* 249.

24 Paul Romano, Ria Stone, *The American Worker.* Detroit: Bewick, [1947] 1972, abrufbar auf libcom.org.

25 Hudis, »Workers as Reason«, 273.

26 C. L. R. James; Grace C. Lee, *Facing Reality.* Correspondence Publishing, 1958, 26f.

27 Raya Dunayevskaya, *Marxism and Freedom: From 1776 until Today.* London: Pluto, 1975, 3.

28 Ebd., 264f.

29 Ebd., 269.

30 Ebd., 270.

31 Siehe Kevin B. Anderson, »Introduction«. In: Kevin B. Anderson; Russell Rockwell (Hg.), *The Dunayevskaya-Marcuse-Fromm Correspondence 1954–1978.* Lanham: Lexington Books, 2012.

32 Charles Denby, »Workers Battle Automation«, *News and Letters,* November 1960, 29.

33 Ebd., 13.

34 Ebd., 46.

35 Ebd., 47.

36 Herbert Marcuse, *Der eindimensionale Mensch. Studien zur Ideologie der fortgeschrittenen Industriegesellschaft.* Deutsch von Alfred Schmidt. München: Deutscher Taschenbuch Verlag, 1994, 50.

37 Ebd., 57.

38 Anderson; Rockwell, *Dunayevskaya-Marcuse-Fromm Correspondence,* 227.

39 Ebd., 228.

40 Denby, »Workers Battle Automation«, 44.

41 Marc Levinson, *The Box: How the Shipping Container Made the World Smaller and the World Economy Bigger.* Princeton: Princeton University Press, 2006, 24ff.

42 Stan Weir, *Singlejack Solidarity.* Minneapolis: University of Minnesota Press 2004, 95.

43 E. P. Thompson, *Die Entstehung der englischen Arbeiterklasse,* 315.

44 Weir, *Singlejack Solidarity,* 104.

45 Marco d'Eramo, »Dock Life«, *New Left Review* 96 (November / Dezember 2015), 89.

46 Weir, *Singlejack Solidarity,* 48.

47 Ebd., 49.

48 Ebd., 94f.

49 Levinson, *The Box,* 100.

50 Weir, *Singlejack Solidarity,* 45.

51 Levinson, *The Box,* 184.

52 Ebd., 186ff.

53 Martin Glaberman, »›Be His Payment High or Low‹: The American Working Class in the Sixties«, *International Socialism* 21 (Sommer 1965), 18–23.

54 Ebd., 23.

55 Steven Greenhouse, »Union Dispute, Turning Violent, Spreads and Idles Ports«, *New York Times,* 8. September 2011, nytimes.com.

56 Aaron Corvin, »United Grain Corp. Accuses ILWU of Sabotage, Locks Out Workers«, *Daily Columbian,* 26. Februar 2013, columbian.com.

57 Martin Luther King Jr., zitiert nach Marcus D. Pohlmann, *African American Political Thought: Capitalism vs. Collectivism, 1945 to the Present.* New York: Taylor & Francis, 2003, 77.

58 A. B. Spellman, »Interview with Malcolm X«, *Monthly Review* 16:1 (Mai 1964).

59 Ad Hoc Committee on the Triple Revolution, *The Triple Revolution,* Pamphlet, 1964.

60 Ebd.

61 John Pomfret, »Guaranteed Income Asked for All, Employed or Not«, *New York Times,* 23. März 1964.

62 Daniel Bell, »The Bogey of Automation«, *New York Review of Books,* 26. August 1965.
63 Herbert R. Northrup, »Equal Opportunity and Equal Pay«. In: H. R. Northrup; Richard L. Rowan, *The Negro and Equal Opportunity.* Ann Arbor: Bureau of Industrial Relations, 1965, 85–107.
64 Paul M. Sweezy; Paul A. Baran, *Monopolkapital. Ein Essay über die amerikanische Wirtschafts- und Gesellschaftsordnung.* Aus dem Amerikanischen von Hans-Werner Saß. Frankfurt a. M.: Suhrkamp, 1967, 255f.
65 Ebd., 256.
66 Ernest Mandel, »Where Is America Going?«, *New Left Review* 54 (März / April 1969).
67 Robert L. Allen, *Black Awakening in Capitalist America. An Analytic History.* Trenton: Africa World Press, [1969] 1990, 3.
68 Sidney Willhelm, *Who Needs the Negro?* New York: Schenkman, 1970, 3.
69 Ebd., 136.
70 Ebd., 165.
71 Ebd.
72 Eldridge Cleaver, *On the Ideology of the Black Panther Party.* Oakland: Black Panther Party, 1969, 7.
73 Ebd.
74 Huey Newton, »Revolutionary Intercommunalism«, Vortrag am Boston College, 18. November 1970, abrufbar auf libcom.org.
75 Dan Georgakas; Marvin Surkin, *Detroit: I Do Mind Dying.* New York: South End Press, 1998, 102.
76 Clayborne Carson; David Malcolm Carson, »Black Panther Party«. In: Mari Jo Buhle et al. (Hg.), *Encyclopedia of the American Left.* New York: Garland Publishing, 1990.
77 Cynthia Cockburn, »Caught in the Wheels: The High Cost of Being a Female Cog in the Male Machinery of Engineering«. In: Donald MacKenzie; Judith Wajcman (Hg.), *The Social Shaping of Technology.* Buckingham: Open University Press, 1999, 56.
78 Venus Green, *Race on the Line: Gender, Labor, and Technology in the Bell System, 1880–1980.* Durham: Duke University Press, 2001, 91.
79 Ebd., 187.

80 Ebd., 128.

81 Frank B. Gilbreth Jr.; Ernestine Gilbreth Carey, *Im Dutzend billiger.* Aus dem Amerikanischen übertragen von Susanna Rademacher. Berlin: Blanvalet, 1950.

82 Tilla Siegel; Nicholas Levis, »It's Only Rational: An Essay on the Logic of Social Rationalization«, *International Journal of Political Economy* 24:4 (Winter 1994–95), 35–70.

83 Antonio Gramsci, *Gefängnishefte,* Band 9: 22. bis 29. Heft. Übersetzt von Klaus Bochmann, Ruedi Graf, Wolfgang Fritz Haug, Peter Jehle, Gerhard Kuck und Leonie Schröder. Hamburg: Argument, 1999, 2069.

84 Selma James; Mariarosa Dalla Costa, *Die Macht der Frauen und der Umsturz der Gesellschaft.* Aus dem Englischen und Italienischen von Gisela Bock. Berlin: Merve Verlag, 1978.

85 Ruth Cowan, *More Work For Mother: The Ironies of Household Technology from the Open Hearth to the Microwave.* New York: Basic Books, 1983, 44.

86 Ebd., 47.

87 Ebd., 197.

88 Firestone ist eine Vorreiterin von Donna Haraways Cyborg-Feminismus. Mit ihrer Aufnahme in den Sammelband *#Accelerate: The Accelerationist Reader* (Falmouth: Urbanomic, 2014) wurde sie auch als proto-akzelerationistische Vordenkerin kanonisiert. Siehe Debora Halbert, »Shulamith Firestone«, *Information, Communication and Society* 7:1 (2007), 115–135.

89 Shulamith Firestone, *The Dialectic of Sex: The Case for Feminist Revolution.* New York: Bantam Books, 1970, 8.

90 Shulamith Firestone, *Frauenbefreiung und sexuelle Revolution.* Aus dem Amerikanischen von Gesine Strempel-Frohner. Frankfurt a. M.: Fischer Verlag, 1975, 17.

91 Ebd., 34.

92 Ebd., 184.

93 Donna Haraway, »Ein Manifest für Cyborgs. Feminismus im Streit mit den Technowissenschaften«. Aus dem Englischen von Fred Wolf. In: Donna Haraway, *Die Neuerfindung der Natur. Primaten, Cyborgs und Frauen.* Frankfurt a. M.; New York: Campus Verlag, 1995, 33–72.

94 Firestone, *Frauenbefreiung,* 188.

95 FINRRAGE, »Resolution and Comilla Declaration«. In: Penny

A. Weiss (Hg.), *Feminist Manifestos: A Global Documentary Reader.* New York: New York University Press, 2018, 307.

96 Sophie Lewis, »Defending Intimacy against What? Limits of Antisurrogacy Feminisms«, *Signs: Journal of Women in Culture and Society* 43:1 (2017), 98.

97 Judy Wajcman, *Feminism Confronts Technology.* University Park: Pennsylvania State University Press, 1991, 62.

98 FINRRAGE, »Resolution«, 309.

Kapitel 4

1 Seth Rosenfeld, »How the man who challenged ›the machine‹ got caught in the gears and wheels of J. Edgar Hoover's bureau«. *San Francisco Chronicle,* 10. Oktober 2004, sfgate.com.

2 Steven Lubar, »›Do Not Fold, Spindle or Mutilate‹: A Cultural History of the Punch Card«, *Journal of American Culture* 15:4 (Winter 1992), 46.

3 Ebd., 48.

4 Donald Fisher Harrison, »Computers, Electronic Data, and the Vietnam War«, *Archavia* 26 (Sommer 1988), 18.

5 Address by General W. C. Westmoreland to the Association of the US Army, US Senate Congressional Record, October 16, 1969, 30348.

6 Ian G. R. Shaw, »Scorched Atmospheres: The Violent Geographies of the Vietnam War and the Rise of Drone Warfare«, *Annals of the American Association of Geographers* 106:3 (2016), 695.

7 Science and Engineers for Social and Political Action, *Science against the People.* Berkeley: SESPA, 1972, 8.

8 Paul Dickson, *The Electronic Battlefield.* Takoma Park: FoxAcre Press, 2012, 85.

9 Immanuel Wallerstein; Paul Starr (Hg.), *University Crisis Reader,* Vol. 2. New York: Vintage, 1971, 240f.

10 Jonathan Croyle, »Throwback Thursday: Student Protests Close Syracuse University in 1970«, *Post-Standard* (Syracuse), 5. Mai 2016, syracuse.com.

11 »Vietnam War Protests at the University of Wisconsin-Milwaukee: The Student Strike and Later Protests, 1970–1972«, University of Wisconsin-Milwaukee Libraries, guides.library.uwm.edu.

12 James Barron, »The Mathematicians Who Ended the Kidnapping of an NYU Computer«, *New York Times,* 6. Dezember 2015, nytimes.com.

13 US Senate Congressional Record, February 21, 1972, 4786–7.

14 Für eine detaillierte historische Darstellung dieses Übergangs siehe Fred Turners meisterhaftes Werk *From Counterculture to Cyberculture* (Chicago: University of Chicago Press, 2006) sowie den Aufsatz von Richard Barbrook und Andy Cameron »The Californian Ideology«, *Science as Culture* 6:1 (1996), 44–72.

15 Braverman, *Die Arbeit im modernen Produktionsprozeß,* 256.

16 Zitiert nach Shoshana Zuboff, *In the Age of the Smart Machine: The Future of Work and Power.* New York: Basic Books, 1989, 120.

17 Braverman, *Die Arbeit im modernen Produktionsprozeß,* 257.

18 Nicos Poulantzas, »The New Petty Bourgeoisie«. *Insurgent Sociologist* 9:1 Juli 1979, 56–60.

19 Zuboff, *In the Age of the Smart Machine,* 7.

20 Ebd., 10.

21 Ebd., 291.

22 Ebd., 347.

23 Ebd., 352f.

24 Chris Carlsson; Adam Cornford, »Talking Heads«. In: Chris Carlsson; Adam Cornford (Hg.), *Bad Attitude: The Processed World Anthology.* London; New York: Verso, 1990, 7.

25 Ebd., 13.

26 Steven Wright, »Beyond a Bad Attitude? Information Workers and Their Prospects through the Pages of Processed World«, *Journal of Information Ethics* 20:2 (2011).

27 »J. M.« in: *Bad Attitude,* 43.

28 Gidget Digit, »Sabotage: The Ultimate Video Game«. In: *Bad Attitude,* 59.

29 »D. E.« in: *Bad Attitude,* 31.

30 Digit, »Sabotage«, 59.

31 Ebd., 63.

32 Ebd., 64.

33 Tom Athanasiou, »New Information Technology: For What?«, *Processed World* 1 (April 1981).

34 Maxine Holz, »Letters«, *Processed World* 9 (November 1983), 7–8.

35 Digit, »Sabotage«, 65.

36 Wichtige Beiträge zu dieser Debatte sind unter anderem Gabriella Coleman; Adam Golub, »Hacker Practice: Moral Genres and the Cultural Articulation of Liberalism«, *Anthropological Theory* 8 (2008), 255–277; sowie Gabriella Coleman, *Hacker, Hoaxer, Whistleblower, Spy: The Many Faces of Anonymous.* New York: Verso, 2014. Siehe auch David Golumbia, »Cyberlibertarianism: The Extremist Foundations of ›Digital Freedom‹«, Vortrag an der Clemson University am 5. September 2013, abrufbar auf seinem Blog *Uncomputing*, uncomputing.org.

37 Richard Stallman, *Free Software, Free Society.* Boston: Free Software Foundation, 2002, 17.

38 Bill Gates, »An Open Letter To Hobbyists«, *Homebrew Computer Club Newsletter* 2:1, Januar 1976, 2.

39 Nadia Eghbal, *Roads and Bridges: The Unseen Labor Behind Our Digital Infrastructure.* Report, Ford Foundation, 14. Juli 2016.

40 Gavin Mueller, *Media Piracy in the Cultural Economy: Intellectual Property Under Neoliberal Restructuring.* New York: Routledge, 2019, 64.

41 Trevor Merriden, *Irresistible Forces: The Business Legacy of Napster and the Growth of the Underground Internet.* Mankato, MN: Capstone Publishers, 2001, 5.

42 Siehe Kevin Driscoll, »Social Media's Dial-Up Ancestor: The Bulletin Board System«, *IEEE Spectrum,* 24. Oktober 2016, spectrum.ieee.org.

43 Humanaesfera, »A Social History of the Internet«, *Intransigence* 3 (Oktober 2018).

44 Der Medienhistoriker Michael Stevenson verortet den Ursprung der Informatisierung des Internets etwas früher, nämlich an dem Zeitpunkt, als der Hacker-Newsticker Slashdot seine redaktionellen Funktionen automatisierte. Siehe Stevenson, »Slashdot, Open News and Informated Media: Exploring the Intersection of Imagined Futures and Web Publishing Technology«. In: Wendy H. K. Chun; Anna Watkins Fisher; Thomas Keenan (Hg.), *New Media, Old Media: A History and Theory Reader,* 2. Auflage, London: Routledge, 2015, 616–630.

45 Tim O'Reilly, »What Is Web 2.0?«, *O'Reilly Media,* 30. September 2005, oreilly.com.

46 Ebd.

47 Mark Andrejevic, »Surveillance in the Digital Enclosure«, *Communication Review* 10:4 (2007), 295–317.

48 Shoshana Zuboff, »Big Other: Surveillance Capitalism and the Prospects of an Information Civilization«, *Journal of Information Technology* 30 (2015), 75.

49 Ebd., 80f.

50 Maxigas, »Hackers against Technology: Critique and Recuperation in Technological Cycles«, *Social Studies of Science* 47:6 (2017), 850f.

51 Matthew Belvedere, »AI Will Obliterate Half of All Jobs, Starting with White Collar, Says Ex-Google China President«, *CNBC*, 13. November 2017, cnbc.com.

52 Jon Agar, *The Government Machine: A Revolutionary History of the Computer.* Cambridge, MA: MIT Press, 2003.

53 Virginia Eubanks, *Automating Inequality: How High-Tech Tools Profile, Police, and Punish the Poor.* New York: St. Martin's Press, 2018, 16.

54 Ebd., 82.

55 Ebd., 62.

56 Frank Pasquale, »Secret Algorithms Threaten Rule of Law«, *MIT Technology Review*, 1. Juni 2017, technologyreview.com.

57 Cathy O'Neil, *Weapons of Math Destruction: How Big Data Increases Inequality and Threatens Democracy.* New York: Broadway Books, 2017, 95.

58 Alexandra Mateescu; Madeline Clare Elish, *AI in Context: The Labor of Integrating New Technologies*, Report, *Data and Society*, 30. Januar 2019, 10.

59 Ebd., 49.

60 Brian Merchant, »Why Self-Checkout Is and Has Always Been the Worst«, *Gizmodo*, 7. März 2019.

61 Michael Palm, *Technologies of Consumer Labor: A History of Self-Service.* New York: Routledge, 2016.

62 Rene Chun, »The Banana Trick and Other Acts of Self-Checkout Thievery«, *Atlantic*, März 2018.

63 Ivan Illich, »Shadow-Work«, *Philosophica* 26:2 (1980), 8.

64 Craig Lambert, *Zeitfresser: Wie uns die Industrie zu ihren Sklaven macht.* Übersetzung aus dem Englischen von Petra Pyka. München: Redline Verlag, 2015, 112.

65 Ebd., 113f.

66 Atul Gawande, »Why Doctors Hate Their Computers«, *New Yorker,* 12. November 2018, newyorker.com.
67 Sean Coughlan, »Surgery Students ›Losing Dexterity to Stitch Patients‹«, *BBC News,* 30. Oktober 2018, bbc.com.
68 Jathan Sadowski, »Potemkin AI«, *Real Life,* 6. August 2018, reallifemag.com.
69 Astra Taylor, »The Automation Charade«, *Logic* 5, 2018, logicmag.io.
70 Stephanie Olsen, »ReCaptcha: Reusing Your ›Wasted‹ Time Online«, *CNET,* 16 Juli 2008, cnet.com.
71 Mary L. Gray; Siddharth Suri, *Ghost Work: How to Stop Silicon Valley from Building a New Global Underclass.* Boston: Houghton Mifflin Harcourt, 2019.
72 Dave Lee, »Why Big Tech Pays Poor Kenyans to Teach Self-Driving Cars«, *BBC News,* 3. November 2018, bbc.com.
73 Sarah O'Connor, »How to Manage the Gig Economy's Growing Global Jobs Market«, *Financial Times,* 30. Oktober 2018, ft.com.
74 Ian Bogost, »Why Nothing Works Anymore«, *Atlantic,* 23. Februar 2007, theatlantic.com.
75 Nolen Gertz, *Nihilism and Technology.* London: Rowman & Littlefield International, 2018, 3.
76 Jeanette Purvis, »Why Using Tinder Is So Satisfying«, *Washington Post,* 14. Februar 2017, washingtonpost.com.
77 »About Tinda Finger«, offizielle Website von Tinda Finger, tinda-finger.com.
78 Rana Foroohar, »Year in a Word: Techlash«, *Financial Times,* 16. Dezember 2018, ft.com.
79 Chris Weller, »Silicon Valley Parents Are Raising Their Kids Tech-Free – and It Should Be a Red Flag«, *Business Insider,* 18. Februar 2018, businessinsider.com.
80 Ben Tarnoff; Moira Weigel, »Why Silicon Valley Can't Fix Itself«, *Guardian,* 3. Mai 2018, theguardian.com.
81 Trebor Scholz, *Uberworked and Underpaid: How Workers Are Disrupting the Digital Economy.* Cambridge, UK: Polity, 2016, 159.
82 Andrew Perrin, »Americans Are Changing Their Relationship with Facebook«, Pew Research Center, 5. September 2018, pewresearch.org.
83 Andrew Perrin; Monica Anderson, »Share of US Adults Using

Social Media, including Facebook, Is Mostly Unchanged Since 2018«, Pew Research Center, 10. April 2019, pewresearch.org.

84 Sirin Kale, »Logged Off: Meet the Teens Who Refuse to Use Social Media«, *Guardian,* 29. August 2018, theguardian.com.

85 Simon Parkin, »The Youtube Stars Heading for Burnout: ›The Most Fun Job Imaginable Became Deeply Bleak‹«, *Guardian,* 8. September 2018, theguardian.com.

86 Frauke Zeller; David Harris Smith, »What a Hitchhiking Robot Can Teach Us about Automated Coworkers«, *Harvard Business Review,* 18. Dezember 2014, hbr.org.

87 Ebd.

88 Adam Gabbat, »Hitchbot's Decapitators Avoided Capture by the Hitchhiking Android's Cameras«, *Guardian,* 3. August 2015, theguardian.com.

89 Martin Wolf, *The Rise of the Robots: Technology and the Threat of a Jobless Future.* New York: Basic Books, 2015.

90 Paris Martineau, »Someone Covered This Robot Security Guard in Barbecue Sauce and Bullied It Into Submission«, *New York Magazine,* 15. Dezember 2017, nymag.com.

91 Simon Romero, »Wielding Rocks and Knives, Arizonans Attack Self-Driving Cars«, *New York Times,* 31. Dezember 2018, nytimes.com.

92 Matt Beane, »Robo-Sabotage Is Surprisingly Common«, *MIT Technology Review,* 4. August 2015, technologyreview.com.

93 Nick Statt, »Amazon Says Fully Automated Shipping Warehouses Are at Least a Decade Away«, *Verge,* 1. Mai 2019, theverge.com.

94 Josh Dzieza, »›Beat the Machine‹: Amazon Warehouse Workers Strike to Protest Inhumane Conditions«, *Verge,* 16. Juli 2019, theverge.com.

95 Sam Adler-Bell, »Surviving Amazon«, *Logic,* 3. August 2019, logicmag.io.

Schluss

1 Leigh Phillips; Michal Rozworski, *The People's Republic of Walmart. How the World's Biggest Corporations are Laying the Foundation for Socialism.* London; New York: Verso, 2019; Aaron Bastani, *Fully Automated Luxury Communism: A Manifesto.* London and New York: Verso, 2018.

2 Catherine Ruetschlin; Sean McElwee, »The Big Influence of the Big Box«, *American Prospect,* 3. Dezember 2014, prospect.org.
3 Julie Turkewitz, »A Boom Time for the Bunker Business and Doomsday Capitalists«, *New York Times,* 13. August 2019, nytimes.com. Meine eigene Zusammenfassung einiger dieser Tendenzen findet sich in »Bad and Bourgeois«, *Jacobin,* 5. Februar, 2017, jacobinmag.com.
4 Carl Honoré, *In Praise of Slow: How a Worldwide Movement is Challenging the Cult of Speed.* New York: HarperCollins, 2005, 14.
5 »Why Slow?«, offizielle Website des World Institute of Slowness, theworldinstituteofslowness.com.
6 Honoré, *In Praise of Slow,* 16.
7 Nick Dyer-Witheford, *Cyber-Proletariat: Global Labour in the Digital Vortex.* London: Pluto, 2015.
8 A. W. Geiger, »How Americans See Automation and the Workplace in 7 Charts«, Pew Research Center, 8. April 2019, pewresearch.org.
9 Aaron Smith, »Public Attitudes toward Computer Algorithms«, Pew Research Center, 16. November 2018, pewresearch.org.
10 Carl Benedikt Frey, *The Technology Trap: Capital, Labor, and Power in the Age of Automation.* Princeton: Princeton University Press, 2019, 291.
11 Ebd., 291f.
12 Marc Bergen, »Google Engineers Refused to Build Security Tool to Win Military Contracts«, *Bloomberg,* 21. Juni 2018, bloomberg.com.
13 Nitasha Tiku, »Why Tech Worker Dissent Is Going Viral«, *Wired,* 29. Juni 2018, wired.com.
14 Jillian D'Onfro, »Google Walkouts Showed What the New Tech Resistance Looks Like, with Lots of Cues from Union Organizing«, *CNBC,* 3. November 2018, cnbc.com.
15 Julia Carrie Wong, »Google Staff Condemn Treatment of Temp Workers in ›Historic‹ Show of Solidarity«, *Guardian,* 2. April 2019, theguardian.com.
16 Das vom Breakthrough Institute veröffentlichte *Ecomodernist Manifesto* (15. April 2015, abrufbar auf thebreakthrough.org) ist ein Beispiel für den Versuch, technische Lösungen für die

Krise zu finden. Bruno Latour formulierte in seiner Kritik an dem Dokument: »Sie glauben allen Ernstes, dass ihnen nichts passieren wird und dass sie für immer so weitermachen können wie bisher.« Siehe Latour, »Fifty Shades of Green«, Präsentation auf dem Panel zu Modernismus beim Breakthrough Dialog, Juni 2015, Sausalito, Kalifornien.

17 Alyssa Battistoni, »Living, Not Just Surviving«, *Jacobin,* 15. August 2017, jacobinmag.com.

18 Troy Vettese, »To Freeze the Thames«, *New Left Review* 111 (Mai/Juni 2018).

19 Serge LaTouche, *Es reicht! Abrechnung mit dem Wachstumswahn.* Aus dem Französischen übersetzt von Barbara Reitz und Thomas Wollermann. München: oekom verlag, 2015, 91.

20 Ebd., 32.

21 Giorgios Kallis et al., »Research on Degrowth«, *Annual Review of Environment and Resources* 43 (2018), 296.

22 LaTouche, *Es reicht!*, 109.

23 Andrew Russell; Lee Vinsel, »Let's Get Excited about Maintenance«, *New York Times,* 22. Juli 2017, nytimes.com.

24 »About Us«, offizielle Website der Maintainer, themaintainers.org.

25 Shannon Mattern, »Minimal Maintenance«, *Lapsus Lima,* 2. Oktober 2019, lapsuslima.com.

26 An anderer Stelle erinnert Mattern an eine feministische Tradition, die diese Arbeit kritisch betrachtet. Siehe »Maintenance and Care«, *Places Journal,* November 2018, placesjournal.org.

27 Jason Koebler, »Why American Farmers Are Hacking Their Tractors with Ukrainian Firmware«, *Motherboard,* 21. März 2017, vice.com.

28 Nathan Proctor, »Right to Repair Is Now a National Issue«, *Wired,* 1. April 2019, wired.com.

29 »About«, offizielle Website des Restart Project, therestartproject.org.

30 Louis Althusser, »Widerspruch und Überdetermination. Anmerkungen für eine Untersuchung«. Übersetzt von Gabriele Sprigath. In: *Für Marx.* Frankfurt a. M.: Suhrkamp, 2011, 105–144, 119.

31 Stuart Hall, »Bedeutung, Repräsentation, Ideologie. Althusser und die poststrukturalistischen Debatten«. Aus dem Englischen von Stefan Howald. In: *Ideologie, Identität, Repräsen-*

tation. Ausgewählte Schriften, Band 4. Hamburg, Argument Verlag, 2004, 39.

32 Louis Althusser, »Widerspruch und Überdetermination«, 120.

33 Karl Marx, »Marx an Ferdinand Domela Nieuwenhuis, 22. Februar 1881«. In: Karl Marx; Friedrich Engels, *Werke* Band 35. Berlin: Dietz Verlag, 1967, 161.

Bibliografie

AD HOC COMMITTEE ON THE TRIPLE REVOLUTION, *The Triple Revolution*, Pamphlet, 1964.

ADLER-BELL, SAM, »Surviving Amazon«, *Logic*, 3. August 2019, logicmag.io.

AGAR, JON, *The Government Machine: A Revolutionary History of the Computer.* Cambridge, MA: MIT Press, 2003.

AITKEN, HUGH G. J., *Taylorism at Watertown Arsenal: Scientific Management in Action 1908–1915.* Cambridge, MA: MIT Press, 1960.

ALLEN, ROBERT L., *Black Awakening in Capitalist America. An Analytic History.* Trenton: Africa World Press, [1969] 1990.

ALTHUSSER, LOUIS, »Über den Primat der Produktionsverhältnisse über die Produktivkräfte«. In: *Über die Reproduktion. Ideologie und ideologische Staatsapparate*, 2. Halbband: Fünf Thesen über die Krise der katholischen Kirche; Über die Reproduktion der Produktionsverhältnisse. Aus dem Französischen übertragen, herausgegeben und mit einem Nachwort versehen von Frieder Otto Wolf. Hamburg: VSA Verlag, 2012.

– »Widerspruch und Überdetermination. Anmerkungen für eine Untersuchung«. Übersetzt von Gabriele Sprigath. In: *Für Marx.* Frankfurt a. M.: Suhrkamp, 2011, 105–144.

ANDERSON, KEVIN B., »Introduction«. In: Kevin B. Anderson; Russell Rockwell (Hg.), *The Dunayevskaya-Marcuse-Fromm Correspondence 1954–1978.* Lanham: Lexington Books, 2012.

ANDREJEVIC, MARK, »Surveillance in the Digital Enclosure«, *Communication Review* 10:4 (2007), 295–317.

ATHANASIOU, TOM, »New Information Technology: For What?«, *Processed World* 1 (April 1981).

AUTOR, DAVID H., »Why Are There Still So Many Jobs? The History and Future of Workplace Automation«, *Journal of Economic Perspectives* 29:3 (2015), 3–30.

AVRICH, PAUL, *Kronstadt, 1921.* Princeton: Princeton University Press, 1970.

BAILES, KENDALL E., »Alexei Gastev and the Soviet Controversy over Taylorism, 1918–24«, *Soviet Studies* 29:3 (Juli 1977), 373–394.

Barbrook, Richard; Cameron, Andy, »The Californian Ideology«, *Science as Culture* 6:1 (1996), 44–72.

Barron, James, »The Mathematicians Who Ended the Kidnapping of an NYU Computer«, *New York Times*, 6. Dezember 2015, nytimes.com.

Bastani, Aaron, »What Would a Populist Corbyn Look Like?« *Open Democracy*, 22. Dezember 2016, opendemocracy.net.

– *Fully Automated Luxury Communism: A Manifesto*. London; New York: Verso, 2019.

Battistoni, Alyssa, »Living, Not Just Surviving«, *Jacobin*, 15. August 2017, jacobinmag.com.

Beane, Matt, »Robo-Sabotage Is Surprisingly Common«, *MIT Technology Review*, 4. August 2015, technologyreview.com.

Bell, Daniel, »The Bogey of Automation«, *New York Review of Books*, 26. August 1965, 23–25.

Belvedere, Matthew, »AI Will Obliterate Half of All Jobs, Starting with White Collar, Says Ex-Google China President«, *CNBC*, 13. November 2017, cnbc.com.

Benjamin, Walter, *Das Passagen-Werk*. In: *Gesammelte Schriften*, Band V. Frankfurt a. M.: Suhrkamp, 1982.

– »Das Kunstwerk im Zeitalter seiner technischen Reproduzierbarkeit«. In: *Gesammelte Schriften*, Band I, Suhrkamp: Frankfurt a. M., 1980, 471–508.

– »Der Autor als Produzent. Ansprache im Institut zum Studium des Fascismus in Paris am 27. April 1934«. In: *Gesammelte Schriften*, Band II. Frankfurt a. M.: Suhrkamp, 1982, 683–701.

– »Über den Begriff der Geschichte«. In: *Gesammelte Schriften* Band I. Frankfurt a. M.: Suhrkamp, 1980, 691–704.

– »Paralipomena zum Begriff der Geschichte«. In: *Gesammelte Schriften*, Band I. Frankfurt a. M.: Suhrkamp, 1980, 1223–1266.

Bergen, Marc, »Google Engineers Refused to Build Security Tool to Win Military Contracts«, *Bloomberg*, 21. Juni 2018, bloomberg.com.

Binfield, Kevin, *Writings of the Luddites*. Baltimore: Johns Hopkins University Press, 2015.

Bogdanow, Alexander, *A Short Course of Economic Science.* London: Communist Party of Great Britain, [1919] 1925.

Bogost, Ian, »Why Nothing Works Anymore«, *Atlantic,* 23. Februar 2007, theatlantic.com.

Braverman, Harry, *Die Arbeit im modernen Produktionsprozeß* [Orig.: *Labor and Monopoly Capital*]. Übersetzung von Katrin De Sousa Ferreira. Frankfurt a. M.; New York: Campus Verlag, 1977.

Breakthrough Institute, *An Ecomodernist Manifesto.* 15. April 2015, thebreakthrough.org.

Breman, Jan, *Footloose Labour: Working in India's Informal Economy.* Cambridge, MA: Cambridge University Press, 1996.

Bucharin, Nikolai, *Theorie des historischen Materialismus. Gemeinverständliches Lehrbuch der marxistischen Soziologie.* Autorisierte Übersetzung aus dem Russischen von Dr. Frieda Rubiner. Verlag der kommunistischen Internationale, 1922.

Burris, Beverly H., *Technocracy at Work.* New York: SUNY Press, 1993.

Byron, George Gordon, *Lord Byrons sämtliche Werke in drei Bänden.* Frei übersetzt von Adolf Seubert. Dritter Band. Leipzig: Philipp Reclam jun., 1874.

Carlsson, Chris; Cornford, Adam (Hg.), *Bad Attitude: The Processed World Anthology.* London; New York: Verso, 1990.

– »Talking Heads«. In: Chris Carlsson; Adam Cornford (Hg.), *Bad Attitude: The Processed World Anthology.* London; New York: Verso, 1990.

Carson, Clayborne; Carson, David Malcolm, »Black Panther Party«. In: Mari Jo Buhle et al. (Hg.), *Encyclopedia of the American Left.* New York: Garland Publishing, 1990.

Cassano, Graham, »Stylistic Sabotage and Thorstein Veblen's Scientific Irony«, *Journal of Economic Issues* 39:3 (September 2005), 741–764.

Castoriadis, Cornelius, *Political and Social Writings,* Band 2. Minneapolis: University of Minnesota Press, 1988.

Chang, Kenneth, »Jeff Bezos Unveils Blue Origin's Vision for Space, and a Moon Lander«, *New York Times,* 9. Mai 2019, nytimes.com.

Chun, Rene, »The Banana Trick and Other Acts of Self-Checkout Thievery«, *Atlantic*, März 2018, theatlantic.com.

Cleaver, Eldridge, *On the Ideology of the Black Panther Party.* Oakland: Black Panther Party, 1969.

Cleaver, Harry, »General Introduction to Zerowork«, *Zerowork* 1 (1975).

– *Reading Capital Politically.* San Francisco: AK Press, 2000, 115–117.

Cockburn, Cynthia, »Caught in the Wheels: The High Cost of Being a Female Cog in the Male Machinery of Engineering«. In: Donald MacKenzie; Judy Wajcman (Hg.), *The Social Shaping of Technology*. Buckingham: Open University Press, 1999.

Coleman, Gabriella, *Hacker, Hoaxer, Whistleblower, Spy: The Many Faces of Anonymous.* New York: Verso, 2014.

Coleman, Gabriella; Golub, Adam, »Hacker Practice: Moral Genres and the Cultural Articulation of Liberalism«, *Anthropological Theory* 8 (2008), 255–277.

Colletti, Lucio, *From Rousseau to Lenin.* New York: New York University Press, 1975.

Corvin, Aaron, »United Grain Corp. Accuses ILWU of Sabotage, Locks Out Workers«, *Daily Columbian*, 26. Februar 2013, columbian.com.

Coughlan, Sean, »Surgery Students ›Losing Dexterity to Stitch Patients‹«, *BBC News*, 30. Oktober 2018, bbc.com.

Cowan, Ruth, *More Work For Mother: The Ironies of Household Technology from the Open Hearth to the Microwave.* New York: Basic Books, 1983.

Croyle, Jonathan, »Throwback Thursday: Student Protests Close Syracuse University in 1970«, *Post-Standard* (Syracuse), 5. Mai 2016, syracuse.com.

Davis, Mike, »The Stopwatch and the Wooden Shoe«, *Radical America* (Januar/Februar 1975).

de Lange, Catherine; Turkle, Sherry, »We're Losing the Raw, Human Part of Being with Each Other«, Interview, *Guardian*, 5. Mai 2013, theguardian.com.

d'Eramo, Marco, »Dock Life«, *New Left Review* 96 (November / Dezember 2015).

Denby, Charles, »Workers Battle Automation«, *News and Letters*, November 1960.

Deseriis, Marco, *Improper Names: Collective Pseudonyms from the Luddites to Anonymous*. Minneapolis: University of Minnesota Press, 2015.

Dickson, Paul, *The Electronic Battlefield*. Takoma Park: FoxAcre Press, 2012.

Digit, Gidget, »Sabotage: The Ultimate Video Game«. In: Chris Carlsson; Adam Cornford (Hg.), *Bad Attitude: The Processed World Anthology*. London; New York: Verso, 1990.

D'Onfro, Jillian, »Google Walkouts Showed What the New Tech Resistance Looks Like, with Lots of Cues from Union Organizing«, *CNBC*, 3. November 2018, cnbc.com.

Drezner, Daniel W., »Confessions of a Luddite professor«, *Washington Post*, 28. April 2016, washingtonpost.com.

Driscoll, Kevin, »Social Media's Dial-Up Ancestor: The Bulletin Board System«, *IEEE Spectrum*, 24. Oktober 2016, spectrum.ieee.org.

Dunayevskaya, Raya, *Marxism and Freedom: From 1776 until Today*. London: Pluto, 1975.

Dyer-Witheford, Nick, *Cyber-Proletariat: Global Labour in the Digital Vortex*. London: Pluto, 2015.

Dzieza, Josh, »›Beat the Machine‹: Amazon Warehouse Workers Strike to Protest Inhumane Conditions«, *Verge*, 16. Juli 2019, theverge.com.

Eghbal, Nadia, *Roads and Bridges: The Unseen Labor Behind Our Digital Infrastructure*, Ford Foundation, 14. July 2016.

Eley, Geoff, *Forging Democracy: The History of the Left in Europe, 1850–2000*. New York: Oxford University Press, 2002.

Eubanks, Virginia, *Automating Inequality: How High-Tech Tools Profile, Police, and Punish the Poor*. New York: St. Martin's Press, 2018.

FINRRAGE, »Resolution and Comilla Declaration«. In: Penny A. Weiss (Hg.), *Feminist Manifestos: A Global Documentary Reader*. New York: New York University Press, 2018.

Firestone, Shulamith, *The Dialectic of Sex: The Case for Feminist Revolution*. New York: Bantam Books, 1970.

– *Frauenbefreiung und sexuelle Revolution*. Aus dem Amerikanischen von Gesine Strempel-Frohner. Frankfurt a. M.: Fischer Verlag, 1975.

Fisher Harrison, Donald, »Computers, Electronic Data, and the Vietnam War«, *Archavia* 26 (Sommer 1988).

Foroohar, Rana, »Year in a Word: Techlash«, *Financial Times*, 16. Dezember 2018, ft.com.

Frase, Peter, *Four Futures: Life after Capitalism*. London; New York: Verso, 2016.

Frey, Carl Benedikt, *The Technology Trap: Capital, Labor, and Power in the Age of Automation*. Princeton: Princeton University Press, 2019.

Frey, Carl Benedikt; Osborne, Michael A., »The Future of Employment: How Susceptible Are Jobs to Computerization?«, Oxford Martin School Working Paper, September 2013.

Gabbat, Adam, »Hitchbot's Decapitators Avoided Capture by the Hitchhiking Android's Cameras«, *Guardian*, 3. August 2015, theguardian.com.

Galison, Peter, »The Ontology of the Enemy: Norbert Wiener and the Cybernetic Vision«, *Critical Inquiry* 21:1 (Herbst 1994).

Gates, Bill, »An Open Letter To Hobbyists«, *Homebrew Computer Club Newsletter* 2:1, Januar 1976.

Gawande, Atul, »Why Doctors Hate Their Computers«, *New Yorker*, 12. November 2018, newyorker.com.

Geary, Dick, *Karl Kautsky*. Manchester: Manchester University Press, 1987.

Geiger, A. W., »How Americans See Automation and the Workplace in 7 Charts«, Pew Research Center, 8. April 2019, pewresearch.org.

Genovese, Eugene D., *The Political Economy of Slavery*. Middletown: Wesleyan University Press, 1989.

Georgakas, Dan; Surkin, Marvin, *Detroit: I Do Mind Dying*. New York: South End Press, 1998.

Gertz, Nolen, *Nihilism and Technology*. London: Rowman & Littlefield International, 2018.

Gilbreth Jr., Frank B.; Gilbreth Carey, Ernestine, *Im Dutzend billiger* [Orig.: *Cheaper by the Dozen*]. Aus dem Amerikanischen übertragen von Susanna Rademacher. Berlin: Blanvalet, 1950.

Glaberman, Martin, »›Be His Payment High or Low‹: The American Working Class in the Sixties«, *International Socialism* 21 (Sommer 1965), 18–23.

GLENDENNING, CHELLIS, »Notes toward a Neo-Luddite Manifesto«, *Utne Reader,* März/April 1990.

GOLUMBIA, DAVID, »Cyberlibertarianism: The Extremist Foundations of ›Digital Freedom‹«, Vortrag an der Clemson University, 5. September 2013, abrufbar auf seinem Blog *Uncomputing*, uncomputing.org.

GRAHAM, JEFFERSON, »Flippy the burger-flipping robot is on a break already«, *USA Today*, 9. März 2018, usatoday.com.

GRAMSCI, ANTONIO, *Gefängnishefte,* Band 9: 22. bis 29. Heft. Übersetzt von Klaus Bochmann, Ruedi Graf, Wolfgang Fritz Haug, Peter Jehle, Gerhard Kuck und Leonie Schröder. Hamburg: Argument, 1999, 2069.

GRAY, MARY L.; SURI, SIDDHARTH, *Ghost Work: How to Stop Silicon Valley from Building a New Global Underclass.* Boston: Houghton Mifflin Harcourt, 2019.

GREEN, VENUS, *Race on the Line: Gender, Labor, and Technology in the Bell System, 1880–1980.* Durham: Duke University Press, 2001.

GREENHOUSE, STEVEN, »Union Dispute, Turning Violent, Spreads and Idles Ports«, *New York Times*, 8. September 2011, nytimes.com.

GURLEY FLYNN, ELIZABETH, *Sabotage.* Cleveland: IWW Publishing Bureau, 1916.

HALBERT, DEBORA, »Shulamith Firestone«, *Information, Communication and Society* 7:1 (2007), 115–135.

HALL, STUART, »Bedeutung, Repräsentation, Ideologie. Althusser und die poststrukturalistischen Debatten« [Orig.: »Signification, Representation, Ideology: Althusser and the Post-Structuralist Debates«]. Aus dem Englischen von Stefan Howald. In: *Ideologie, Identität, Repräsentation. Ausgewählte Schriften,* Band 4. Hamburg, Argument Verlag, 2004.

HARAWAY, DONNA, »Ein Manifest für Cyborgs. Feminismus im Streit mit den Technowissenschaften«. [Orig.: »A Cyborg Manifesto«] Aus dem Englischen von Fred Wolf. In: *Die Neuerfindung der Natur. Primaten, Cyborgs und Frauen.* Frankfurt a. M.; New York: Campus Verlag 1995, 33–72.

HARDT, MICHAEL; NEGRI, ANTONIO: *Empire. Die neue Weltordnung* [Orig.: *Empire*]. Aus dem Englischen von Thomas

Atzert und Andreas Wirthensohn. Frankfurt a. M.; New York: Campus Verlag, 2002.

Heidegger, Martin: »Die Frage nach der Technik«. In: *Gesamtausgabe,* Band 7: *Vorträge und Aufsätze.* Frankfurt a. M.: Vittorio Klostermann, 2000, 5–36.

Heinrich, Michael, »The ›Fragment on Machines‹: A Marxian Misconception in the *Grundrisse* and its Overcoming in *Capital*«. In: Riccardo Bellofiore; Guido Starosta; Peter D. Thomas (Hg.), *In Marx's Laboratory: Critical Interpretations of the Grundrisse.* Chicago: Haymarket, 2014.

Henry, John F., »Fred Lee, the Industrial Workers of the World, and Heterodox Economics«, *Review of Radical Political Economics* 49:1 (März 2017), 148–152.

Hess, Sanford, »Confessions of a Closet Luddite«, LinkedIn blog post, 23. August 2016, linkedin.com.

Hobsbawm, Eric J., »The Machine Breakers«, *Past and Present* 1 (Februar 1952), 57–70.

Holz, Maxine, »Letters«, *Processed World* 9 (November 1983), 7–8.

Honoré, Carl, *In Praise of Slow: How a Worldwide Movement is Challenging the Cult of Speed.* New York: HarperCollins, 2005.

Hoopes, James, *False Prophets: The Gurus Who Created Modern Management and Why Their Ideas Are Bad for Business Today.* New York: Basic Books, 2003.

Hounsell, David, »Ford Automates: Technology and Organization in Theory and Practice«, *Business and Economic History* 24:1 (Herbst 1995).

– »Planning and Executing ›Automation‹ at Ford Motor Company, 1945–1965: The Cleveland Engine Plant and its Consequences«. In: Haruhito Shiomi; Kazuo Wada (Hg.), *Fordism Transformed: The Development of Production Methods in the Automobile Industry.* Oxford: Oxford University Press, 1996.

Hoxie, Robert F., »Why Organized Labor Opposes Scientific Management«, *Quarterly Journal of Economics* 31:1 (November 1916), 62–85.

Hudis, Peter, »Workers as Reason: The Development of a New Relation of Worker and Intellectual in American Marxist Humanism«, *Historical Materialism* 11:4 (Januar 2003).

HUMANAESFERA, »A Social History of the Internet«, *Intransigence* 3 (Oktober 2018).

HUNTER, JACK, »Radical Kirk«, *American Conservative*, 16. Juni 2011, theamericanconservative.com.

ILLICH, IVAN, »Shadow-Work«, *Philosophica* 26:2 (1980).

JAMES, C. L. R.; LEE, GRACE C., *Facing Reality.* Correspondence Publishing, 1958.

JAMES, SELMA; DALLA COSTA, MARIAROSA, *Die Macht der Frauen und der Umsturz der Gesellschaft* [Orig.: *The Power of Women and the Subversion of the Community*]. Aus dem Englischen und Italienischen von Gisela Bock. Berlin: Merve Verlag, 1978.

KALE, SIRIN, »Logged Off: Meet the Teens Who Refuse to Use Social Media«, *Guardian*, 29. August 2018, theguardian .com.

KALLIS, GIORGIOS ET AL., »Research on Degrowth«, *Annual iReview of Environment and Resources* 43 (2018).

KANIGEL, ROBERT, »Taylor-Made: How the World's First Efficiency Expert Refashioned Modern Life in His Image«, *Sciences* 37:3 (Mai/Juni 1997), 18–23.

KAUTSKY, KARL, *Das Erfurter Programm in seinem grundsätzlichen Teil erläutert.* Stuttgart: Dietz Verlag, 1892.

– »Die Diktatur des Proletariats«. In: Karl Kautsky, *Die Diktatur des Proletariats* / W. I. Lenin, *Die proletarische Revolution und der Renegat Kautsky* / Karl Kautsky, *Terrorismus und Kommunismus.* Berlin: Dietz Verlag, 1990.

– *Die proletarische Revolution und ihr Programm.* Stuttgart: Dietz Verlag, 1922.

KNOWLES, JAMILLAH, »›I'm Not a Luddite‹ – Andrew Keen Talks about His New Book *Digital Vertigo*«, *NextWeb*, 26. Mai 2012, thenextweb.com.

KOEBLER, JASON, »Why American Farmers Are Hacking Their Tractors with Ukrainian Firmware«, *Motherboard*, 21. März 2017, vice.com.

KOJEVNIKOV, ALEXEI, »The Phenomenon of Soviet Science«, *Osiris*, 23:1 (2008).

KOTKIN, STEPHEN, *Magnetic Mountain: Stalinism as a Civilization.* Berkeley: University of California Press, 1995.

LAMBERT, CRAIG, Zeitfresser: *Wie uns die Industrie zu ihren Sklaven macht* [Orig.: *Shadow Work: The Unseen, Unpaid*

Jobs That Fill Your Day]. Übersetzung aus dem Englischen von Petra Pyka. München: Redline Verlag, 2015.

LATOUR, BRUNO, »Fifty Shades of Green«, Präsentation auf dem Panel zu Modernismus beim Breakthrough Dialog, Juni 2015, Sausalito, Kalifornien.

LATOUCHE, SERGE, *Es reicht! Abrechnung mit dem Wachstumswahn* [Orig.: *Farewell to Growth*]. Aus dem Französischen übersetzt von Barbara Reitz und Thomas Wollermann. München: oekom verlag, 2015.

LAZZARATO, MAURIZIO, »Immaterial Labor«. In: Paolo Virno; Michael Hardt (Hg.), *Radical Thought in Italy: A Potential Politics*. Minneapolis: University of Minnesota Press, 1996, 133–150.

LEE, DAVE, »Why Big Tech Pays Poor Kenyans to Teach Self-Driving Cars«, *BBC News*, 3. November 2018, bbc.com.

LENIN, WLADIMIR I., »Das Taylorsystem – Die Versklavung des Menschen durch die Maschine«. In: *Werke*, Band 20. Berlin: Dietz Verlag, 1961, 145–147.

– »Die nächsten Aufgaben der Sowjetmacht«. In: *Werke*, Band 27. Berlin: Dietz Verlag, 1960, 225–268.

LEPORE, JILL, »Not So Fast«, *New Yorker*, 5. Oktober 2009, newyorker.com.

LEVINSON, MARC, *The Box: How the Shipping Container Made the World Smaller and the World Economy Bigger*. Princeton: Princeton University Press, 2006.

LEWIS, SOPHIE, »Defending Intimacy against What? Limits of Antisurrogacy Feminisms«, *Signs: Journal of Women in Culture and Society* 43:1 (2017).

LICHTENSTEIN, NELSON, *The Most Dangerous Man In Detroit: Walter Reuther And The Fate Of American Labor*. New York: Basic Books, 1995.

LINEBAUGH, PETER, *Ned Ludd and Queen Mab: Machine-Breaking, Romanticism, and the Several Commons of 1811–12*. Oakland: PM Press, 2012.

LÖWY, MICHAEL, *Fire Alarm: Reading Walter Benjamin's »On the Concept of History«*. London; New York: Verso, 2016.

LUBAR, STEVEN, »›Do Not Fold, Spindle or Mutilate‹: A Cultural History of the Punch Card«, *Journal of American Culture* 15:4 (Winter 1992).

Lukács, Georg, »Technology and Social Relations«, *New Left Review* 39 (September/Oktober 1966).

Luxemburg, Rosa, *Sozialreform oder Revolution?* Berlin, 1899.

Mackay, Robin; Avanessian, Armen (Hg.), *#Accelerate: The Accelerationist Reader.* Falmouth: Urbanomic, 2014.

MacKenzie, Donald, »Marx and the Machine.« *Technology and Culture,* 25:3 (Juli 1984).

Mandel, Ernest, »Where Is America Going?«, *New Left Review* 54 (März/April 1969).

Marcuse, Herbert, *Der eindimensionale Mensch. Studien zur Ideologie der fortgeschrittenen Industriegesellschaft* [Orig.: *One-Dimensional Man: Studies in the Ideology of Advanced Industrial Society*]. Deutsch von Alfred Schmidt. München: Deutscher Taschenbuch Verlag, 1994.

Martineau, Paris, »Someone Covered This Robot Security Guard in Barbecue Sauce and Bullied It Into Submission«, *New York Magazine,* 15. Dezember 2017, nymag.com.

Marx, Karl, *Zur Kritik der politischen Ökonomie.* Karl Marx; Friedrich Engels, *Werke,* Band 13. Berlin: Dietz Verlag, 1961.

– *Das Kapital.* Karl Marx, Friedrich Engels, *Werke,* Band 23. Berlin: Dietz Verlag, 1962.

– »Marx an Ferdinand Domela Nieuwenhuis, 22. Februar 1881«. In: Karl Marx; Friedrich Engels, *Werke,* Band 35. Berlin: Dietz Verlag, 1967.

– *Grundrisse der Kritik der politischen Ökonomie.* Karl Marx; Friedrich Engels, *Werke,* Band 42. Berlin: Dietz Verlag, 1983.

– *Resultate des unmittelbaren Produktionsprozesses. Das Kapital. I. Buch. Der Produktionsprozess des Kapitals.* VI. Kapitel. Archiv sozialistischer Literatur 17. Frankfurt a. M.: Neue Kritik, 1968.

Marx, Karl; Engels, Friedrich, *Die Deutsche Ideologie.* Karl Marx; Friedrich Engels, *Werke,* Band 3. Berlin: Dietz Verlag, 1978.

– *Manifest der Kommunistischen Partei.* Karl Marx; Friedrich Engels, *Werke* Band 4. Berlin: Dietz Verlag, 1977.

Mason, Paul, *Postkapitalismus: Grundrisse einer kommenden Ökonomie.* Aus dem Englischen von Stephan Gebauer. Berlin: Suhrkamp 2016.

Mateescu, Alexandra; Elish, Madeline Clare, »AI in Context: The Labor of Integrating New Technologies«, *Report, Data and Society*, 30. Januar 2019.

Mattern, Shannon, »Maintenance and Care«, *Places Journal*, November 2018, placesjournal.org.

– »Minimal Maintenance«, *Lapsus Lima*, 2. Oktober 2019, lapsuslima.com.

Maxigas, »Hackers against Technology: Critique and Recuperation in Technological Cycles«, *Social Studies of Science* 47:6 (2017).

McKay, Tom, »Elon Musk: A New Life Awaits You in the Off-World Colonies – for a Price«, *Gizmodo*, 17. Januar 2020, gizmodo.com.

Merchant, Brian, »Why Self-Checkout Is and Has Always Been the Worst«, *Gizmodo*, 7. März 2019, gizmodo.com.

Merriden, Trevor, *Irresistible Forces: The Business Legacy of Napster and the Growth of the Underground Internet*. Mankato: Capstone Publishers, 2001.

Mohandesi, Salar, »Class Consciousness or Class Composition?«, *Science and Society* 77:1 (Januar 2013).

Morris, William, *News from Nowhere and Other Writings*. New York: Penguin [1890], 1994.

Mueller, Gavin, »Bad and Bourgeois«, *Jacobin*, 5. Februar 2017, jacobinmag.com.

– *Media Piracy in the Cultural Economy: Intellectual Property Under Neoliberal Restructuring*. New York: Routledge, 2019.

Murray, Patrick, »The Social and Material Transformation of Production by Capital: Formal and Real Subsumption in Capital, Volume I«. In: Riccardo Bellafiore; Nicola Taylor (Hg.), *The Constitution of Capital*. New York: Palgrave Macmillan, 2004.

Musk, Elon, »Making Life Multiplanetary«, gekürztes Transkript der Präsentation auf dem 68th International Astronautical Congress, 28. September 2017, spacex.com.

Newton, Huey, »Revolutionary Intercommunalism«, Vortrag, Boston College, 18. November 1970, abrufbar auf libcom.org.

Noble, David F., *America By Design: Science, Technology, and the Rise of Corporate Capitalism*. New York: Oxford University Press, 1979.

– *Forces of Production: A Social History of Industrial Production.* New York: Oxford University Press, 1986.

Noble, Kenneth B., »Prominent Anarchist Finds Unsought Ally in Serial Bomber«, *New York Times*, 7. Mai 1995, nytimes.com.

Nolan, Mary, *Visions of Modernity: American Business and the Modernization of Germany.* Oxford: Oxford University Press, 1994.

Northrup, Herbert R., »Equal Opportunity and Equal Pay«. In: H. R. Northrup; Richard L. Rowan (Hg.), *The Negro and Equal Opportunity.* Ann Arbor: Bureau of Industrial Relations, 1965, 85–107.

OECD, »Interconnected Supply Chains: A Comprehensive Look at Due Diligence Challenges and Opportunities Sourcing Cobalt and Copper from the Democratic Republic of the Congo«, OECD Working Paper. Paris: OECD, 2019.

Olsen, Stephanie, »ReCaptcha: Reusing Your ›Wasted‹ Time Online«, *CNET*, 16. Juli 2008, cnet.com.

O'Connor, Sarah, »How to Manage the Gig Economy's Growing Global Jobs Market«, *Financial Times*, 30. Oktober 2018, ft.com.

O'Neil, Cathy, *Weapons of Math Destruction: How Big Data Increases Inequality and Threatens Democracy.* New York: Broadway Books, 2017.

O'Reilly, Tim, »What Is Web 2.0?«, *O'Reilly Media*, 30. September 2005, oreilly.com.

Palm, Michael, *Technologies of Consumer Labor: A History of Self-Service.* New York: Routledge, 2016.

Palmer, Bryan, »Class, Conception, and Conflict: The Thrust for Efficiency, Managerial Views of Labor, and the Working Class Rebellion, 1903–22«, *Review of Radical Political Economics* 7:2 (Juli 1975).

Parkin, Simon, »The Youtube Stars Heading for Burnout: ›The Most Fun Job Imaginable Became Deeply Bleak‹«, *Guardian*, 8. September 2018, theguardian.com.

Pasquale, Frank, »Secret Algorithms Threaten Rule of Law«, *MIT Technology Review*, 1. Juni 2017, technologyreview.com.

Perrin, Andrew, »Americans Are Changing Their Relationship with Facebook«, Pew Research Center, 5. September 2018, pewresearch.org.

Perrin, Andrew; Anderson, Monica, »Share of US Adults Using Social Media, including Facebook, Is Mostly Unchanged Since 2018«, Pew Research Center, 10. April 2019, pewresearch.org.

Perrot, Michelle, »On the Formation of the French Working Class«. In: Ira Katznelson; Aristide R. Zolberg (Hg.), *Working-Class Formation: Nineteenth-Century Patterns in Western Europe and the United States.* Princeton: Princeton University Press, 1987.

Phillips, Leigh; Rozworski, Michal, *The People's Republic of Walmart. How the World's Biggest Corporations are Laying the Foundation for Socialism.* London; New York: Verso, 2019.

Pinker, Steven: *Aufklärung jetzt: Für Vernunft, Wissenschaft, Humanismus und Fortschritt. Eine Verteidigung* [Orig.: *Enlightenment Now: The Case for Reason, Science, Humanism, and Progress*]. Aus dem Englischen von Martina Wiese. Frankfurt a. M.: Fischer Verlag, 2018.

Pitts, Frederick H., »Review of Paul Mason – *Postcapitalism: A Guide to Our Future*«, *Marx and Philosophy Review of Books*, 4. September 2015, marxandphilosophy.org.uk.

Plotkin, Sidney; Tilman, Rick, *The Political Ideas of Thorstein Veblen.* New Haven: Yale University Press, 2011.

Pohlmann, Marcus D., *African American Political Thought: Capitalism vs. Collectivism, 1945 to the Present.* New York: Taylor & Francis, 2003.

Pomfret, John, »Guaranteed Income Asked for All, Employed or Not«, *New York Times*, 23. März 1964.

Poulantzas, Nicos, »The New Petty Bourgeoisie«, *Insurgent Sociologist*, 9:1, 1. Juli 1979, 56–60.

Powell, Corey S., »Jeff Bezos foresees a trillion people living in millions of space colonies. Here's what he's doing to get the ball rolling«, *NBC News*, 15. Mai 2019, nbcnews.com.

Proctor, Nathan, »Right to Repair Is Now a National Issue«, *Wired*, 1. April 2019, wired.com.

Proudhon, Pierre-Joseph, *Die Widersprüche der National-Oekonomie oder die Philosophie der Noth* [Orig.: *Système des contradictions économiques ou Philosophie de la misère*]. Deutsch von Wilhelm Jordan. Leipzig: Verlag von Otto Wigand, 1847.

Purvis, Jeanette, »Why Using Tinder Is So Satisfying«, *Washington Post*, 14. Februar 2017, washingtonpost.com.

Pynchon, Thomas, »Is It O.K. to Be a Luddite?«, *New York Times*, 28. Oktober 1984.

Rear, Jack, »How to Give Yourself a Proper Digital Detox according to Google«, *Telegraph*, 8. Februar 2019, telegraph.co.uk.

Rhodes, Gary D., *The Perils of Moviegoing in America: 1896–1950*. New York: Continuum, 2012.

Ricardo, David, *On the Principles of Political Economy and Taxation*. London: John Murray, 1817.

Roediger, David R.; Esch, Elizabeth D., *The Production of Difference: Race and the Management of Labor in US History*. New York: Oxford University Press, 2012.

Romano, Paul; Stone, Ria, *The American Worker*. Detroit: Bewick, [1947] 1972, abrufbar auf libcom.org.

Romero, Simon, »Wielding Rocks and Knives, Arizonans Attack Self-Driving Cars«, *New York Times*, 31. Dezember 2018, nytimes.com.

Rosenfeld, Seth, »How the man who challenged ›the machine‹ got caught in the gears and wheels of J. Edgar Hoover's bureau«, *San Francisco Chronicle*, 10. Oktober 2004, sfgate.com.

Rossman, Jeffrey, *Worker Resistance under Stalin: Class and Revolution on the Shop Floor*. Cambridge, MA: Harvard University Press, 2005.

Ruetschlin, Catherine; McElwee, Sean, »The Big Influence of the Big Box«, *American Prospect*, 3. Dezember 2014, prospect.org

Russell, Andrew; Vinsel, Lee, »Let's Get Excited about Maintenance«, *New York Times*, 22. Juli 2017, nytimes.com.

Sadowski, Jathan, »Potemkin AI«, *Real Life*, 6. August 2018, reallifemag.com

Sale, Kirkpatrick, *Rebels against the Future: The Luddites and Their War on the Industrial Revolution*. Boston: Addison-Wesley, 1996.

Sayer, Derek, *The Violence of Abstraction*. Oxford: Basil Blackwell, 1987.

Scholz, Trebor, *Uberworked and Underpaid: How Workers Are Disrupting the Digital Economy*. Cambridge: Polity, 2016.

Science and Engineers for Social and Political Action, *Science against the People.* Berkeley: SESPA, 1972.

Shaw, Ian G. R., »Scorched Atmospheres: The Violent Geographies of the Vietnam War and the Rise of Drone Warfare«, *Annals of the American Association of Geographers* 106:3 (2016).

Siegel, Tilla; Levis, Nicholas, »It's Only Rational: An Essay on the Logic of Social Rationalization«, *International Journal of Political Economy* 24:4 (Winter 1994–95), 35–70.

Smith, Aaron, »Public Attitudes toward Computer Algorithms«, Pew Research Center, 16. November 2018, pewresearch.org.

Smith, Adam, *Untersuchung über das Wesen und die Ursachen des Volkswohlstandes* [Orig.: *An Inquiry into the Nature and Causes of the Wealth of Nations*]. Aus dem Englischen übertragen von F. Stöpel. Berlin: Verlag von R. L. Prager, 1907.

Smith, Gareth D., »Confessions of a Luddite: My Eventual Acceptance of Technology in Performance«, *Thinking about Music*, 3. Januar 2015, thinkingaboutmusic.com

Smith, Walker C., *Sabotage: Its History, Philosophy, and Function.* Chicago: Black Swan Press, 1913.

Sochor, Zenovia A., »Soviet Taylorism Revisited«, *Soviet Studies* 33:2 (1981).

Spellman, A. B., »Interview with Malcolm X«, *Monthly Review* 16:1 (Mai 1964).

Srnicek, Nick; Williams, Alex, *Die Zukunft erfinden. Postkapitalismus und eine Welt ohne Arbeit* [Orig.: *Inventing the Future: Postcapitalism and a World without Work*]. Aus dem Englischen von Thoms Atzert. Berlin: Edition Tiamat, 2016.

Stallman, Richard, *Free Software, Free Society.* Boston: Free Software Foundation, 2002.

Stark, David, »Class Struggle and the Transformation of the Labor Process: A Relational Approach«, *Theory and Society* 9:1 (Januar 1980).

Statt, Nick, »Amazon Says Fully Automated Shipping Warehouses Are at Least a Decade Away«, *Verge*, 1. Mai 2019, theverge.com.

Stevenson, Michael, »Slashdot, Open News and Informated Media: Exploring the Intersection of Imagined Futures and

Web Publishing Technology«. In: Wendy H.K. Chun; Anna Watkins Fisher; Thomas Keenan (Hg.), *New Media, Old Media: A History and Theory Reader*, 2. Auflage. London: Routledge, 2015, 616–630.

Stites, Richard, *Revolutionary Dreams: Utopian Vision and Experimental Life in the Russian Revolution*. New York: Oxford University Press, 1991.

Sunkara, Bhaskar, *The Socialist Manifesto: The Case for Radical Politics in an Age of Extreme Inequality*. New York: Basic Books, 2017.

Sweezy, Paul M.; Baran, Paul A., *Monopolkapital. Ein Essay über die amerikanische Wirtschafts- und Gesellschaftsordnung* [Orig.: *Monopoly Capital: An Essay on the American Economic and Social Order*]. Aus dem Amerikanischen von Hans-Werner Saß. Frankfurt a. M.: Suhrkamp, 1967.

Tarnoff, Ben; Weigel, Moira, »Why Silicon Valley Can't Fix Itself«, *Guardian*, 3. Mai 2018, theguardian.com.

Taylor, Astra, »The Automation Charade«, *Logic* 5 (2018), logicmag.io.

Taylor, Frederick W., *The Principles of Scientific Management*. New York; London: Harper & Brothers, [1911] 1913.

– *Die Grundsätze wissenschaftlicher Betriebsführung*. Deutsche autorisierte Übersetzung von Rudolf Roesler (1913). Weinheim; Basel: Beltz Verlag, 1977.

Thoburn, Nicolas, *Deleuze, Marx, and Politics*. London: Routledge, 2003.

Thompson, E. P., *Die Entstehung der englischen Arbeiterklasse*. 2 Bände [Orig.: *The Making of the English Working Class*]. Aus dem Englischen von Lotte Eidenbenz, Mathias Eidenbenz, Christoph Groffy, Thomas Lindenberger, Gabriele Mischkowski, Ray Mary Rosedale. Frankfurt a. M.: Suhrkamp, 1987.

Tiku, Nitasha, »Why Tech Worker Dissent Is Going Viral«, *Wired*, 29. Juni 2018, wired.com.

Turkewitz, Julie, »A Boom Time for the Bunker Business and Doomsday Capitalists«, *New York Times*, 13. August 2019, nytimes.com.

Turner, Fred, *From Counterculture to Cyberculture. Stewart Brand, the Whole Earth Network, and the Rise of Digital Utopianism*. Chicago: University of Chicago Press, 2006.

Ure, Andrew, *Philosophy of manufactures, or an exposition of the science, moral and commercial economy of the factory system of Great-Britain.* London: Kessinger Publishing, 1835.

Veblen, Thorstein, *On the Nature and Uses of Sabotage.* New York: Dial Press, 1919.

Vettese, Troy, »To Freeze the Thames«, *New Left Review* 111 (Mai/Juni 2018).

Wajcman, Judy, *Feminism Confronts Technology.* University Park: Pennsylvania State University Press, 1991.

Wallerstein, Immanuel; Starr, Paul (Hg.), *University Crisis Reader*, Band 2. New York: Vintage, 1971.

Weir, Stan, *Singlejack Solidarity.* Minneapolis: University of Minnesota Press 2004.

Weller, Chris, »Silicon Valley Parents Are Raising Their Kids Tech-Free – and It Should Be a Red Flag«, *Business Insider*, 18. Februar 2018, businessinsider.com.

Wiener, Andor, *Technocracy or Industrial Unionism.* Cleveland: Bermunkas, 1933.

Wiener, Norbert, Brief an den UAW-Vorsitzenden Walter Reuther, 13. August 1949, abrufbar auf libcom.org

– *The Human Use of Human Beings: Cybernetics and Society.* Boston: Houghton Mifflin, 1950.

– Kybernetik. *Regelung und Nachrichtenübertragung im Lebewesen und in der Maschine* [Orig.: *Cybernetics; or, Control and Communication in the Animal and the Machine*]. Übertragung aus dem Amerikanischen von E. H. Serr, unter Mitarbeit von Dr. E. Heinze. Zweite, revidierte und ergänzte Auflage, Düsseldorf; Wien: Econ Verlag, 1963.

Willhelm, Sidney, *Who Needs the Negro?* New York: Schenkman, 1970.

Wilmer, Clive, »Introduction«. In: William Morris, *News from Nowhere and Other Writings.* New York: Penguin, 1994.

Wolf, Martin, *The Rise of the Robots: Technology and the Threat of a Jobless Future.* New York: Basic Books, 2015.

Wong, Julia Carrie, »Google Staff Condemn Treatment of Temp Workers in ›Historic‹ Show of Solidarity«, *Guardian*, 2. April 2019, theguardian.com.

Wrege, Charles; Stotka, Anne Marie, »Cooke Creates a Classic: The Story Behind F. W. Taylor's Principles of Scientific Management«, *Academy of Management Review* 3:4 (Oktober 1978).

Wright, Steven, Storming Heaven: *Class Composition and Struggle in Italian Autonomist Marxism.* London: Pluto Press, 2002.

– »Beyond a Bad Attitude? Information Workers and Their Prospects through the Pages of *Processed World*«, *Journal of Information Ethics* 20:2 (2011).

Wu, Tim, *The Attention Merchants: The Epic Scramble to Get Inside Our Heads.* New York: Knopf, 2016.

Zeller, Frauke; Smith, David Harris, »What a Hitchhiking Robot Can Teach Us about Automated Coworkers«, *Harvard Business Review*, 18. Dezember 2014, hbr.org.

Zuboff, Shoshana, *In the Age of the Smart Machine: The Future of Work and Power.* New York: Basic Books, 1989.

– »Big Other: Surveillance Capitalism and the Prospects of an Information Civilization«, *Journal of Information Technology* 30 (2015).

Zuckerberg, Mark, »Bringing the World Closer Together«, Facebook-Posting, 22. Juni 2017, facebook.com.

Ohne Autor*in, anonym

»The History of Subsumption«, *Endnotes* 2 (2010), 130–153.

»Technocracy: A Bloodless Revolution«, *Technocrat's Magazine*, 1933.

»Vietnam War Protests at the University of Wisconsin-Milwaukee: The Student Strike and Later Protests, 1970–1972«, University of Wisconsin-Milwaukee Libraries, guides.library .uwm.edu.

Parlamentsdokumentationen

FRAME WORK BILL, HL Deb 27 February 1812 vol 21 cc964-79, parliament.uk.

Testimony of Frederick W. Taylor before Special Committee of the US House of Representatives to Investigate the Taylor and Other Systems of Shop Management, January 1912 (Washington, DC: Government Printing Office, 1912), 1879.

»Automation«, Oral Answers to Questions, House of Commons Debate, May 8, 1959, available at api.parliament.uk.

Address by General W. C. Westmoreland to the Association of the US Army, US Senate Congressional Record, October 16, 1969, 30348.

US Senate Congressional Record, February 21, 1972, 4786–7.

Websites und Blogs

»About Tinda Finger«, offizielle Website von Tinda Finger, tinda-finger.com.

»Why Slow?«, offizielle Website des World Institute of Slowness, theworldinstituteofslowness.com.

»About Us«, offizielle Website der Maintainer, themaintainers.org.

»About«, offizielle Website des Restart Project, therestartproject.org.

»Albion's Dark Satanic Mill«, *The Printshop Window* (Blog), 15. November 2013, theprintshopwindow.com.

Namensregister